集人文社科之思 刊专业学术之声

刊　　名：都市社会工作研究
主办单位：上海大学社会学院社会工作系
主　　编：张文宏
执行主编：范明林　杨　锃

Vol.4 RESEARCH ON URBAN SOCIAL WORK

第4辑

集刊序列号：PIJ-2016-184

中国集刊网：http://www.jikan.com.cn/

集刊投约稿平台：http://iedol.ssap.com.cn/

RESEARCH ON URBAN SOCIAL WORK　Vol.4

张文宏 / 主编

范明林　杨　锃 / 执行主编

都市社会工作研究

上海大学社会学院社会工作系主办

第 4 辑

社会科学文献出版社
SOCIAL SCIENCES ACADEMIC PRESS (CHINA)

目　录

都市社会工作研究　第4辑

第1～14页

© SSAP, 2018

"空房子"：身体社会学视角下的女性身体叙事与性别认同

张宇莲　王丽虹*

摘　要　相较于医学中的病体与治愈的关系，本文立足于"空房子"身体，关注经历子宫全切术后女性主体的身体叙事与性别认同，展现了女性在治疗中身体机能与心理想象的转变历程，通过身体叙事（身体缺场、身体治疗与认同、亲密关系构建、身体休养与人际互动、身体管理与重构），表达了女性身体从病体转入社会个体时，从"女人"到不符合社会规范的女人再到正常化女人的这一身体想象与叙事的阶段性特征，及女性主体"假女人"性别价值观所表现的身体与性别认同，以促进性别平等、社会公平与发展。

关键词　身体社会学　身体叙事　性别认同　"空房子"

一　身体观：问题意识及框架设计

（一）身体：社会学的想象力

18世纪末，国外学者开始关注与心理相对的身体，身体问题逐渐在学

---

* 张宇莲，上海师范大学社会学系主任、副教授；王丽虹，上海师范大学社会学系社会学硕士研究生。

术界处于社会理论的重要地位。福柯将身体置于政治之上，一方面，身体是生命的有机体，是一种人们日常共同认可的社会存在，贯穿出生、发育、衰弱、死亡的全过程；另一方面，身体是社会所阐释的一个符号结果，我们的身体被建构、被规范、被叙述，是实践世界"有意义"的一个物件儿（佟新，2005）。

安东尼·吉登斯从自我的角度分析了现代身体、自我认同和死亡之间的关系，他认为，身体越来越成为现代人自我认同感中的核心要素。特纳在身体应当成为社会学组织原则的基础上，提出"身体性社会"（Somatic Society）术语，描述身体如何成为"政治和文化活动"的重要领域。戈夫曼认为，从日常的身体接触、社会互动和关系来说，身体的管理至关重要且成为一种资源，以便建构特定版本的自我（希林，2010）。

社会化的身体意识形态、性器官的社会符号是一种历史和文化的存在。如果说乳房被定义为性器官，那么其存在直接与男性的性欲望相关，但也有研究表明，在某些原始部落，女人们一直裸露上身，裸露的乳房并没有让男性产生性冲动。而在把"母亲"视为女性天职的父权制社会文化生活中，女性的生育器官子宫则是至关重要的女性标志。在社会生产生活中，无论家庭制度以何种形式出现，女性的生育功能从原始社会具有社会价值发展到父权制社会背景下具有私人领域（家庭）的生育价值从未改变。

（二）疾病：对子宫恶性肿瘤的想象

身体，在病态时方显其"在场性"（Drew，1990），身体逐渐老化、衰朽、死亡都是让人悲哀的事情（希林，2010）。只有在这个时候，人们变得非常关注身体而凸显自我认同的重要性，身体不仅成为生命意义的基础，更是一切社会互动与关系的核心。近年来，随着对子宫恶性肿瘤的重视与女性健康防护发展，国内学者不仅从医学角度研究子宫恶性肿瘤的临床病症及治疗方案，也开始从患者家庭功能、人际关系方面研究女性患者的境遇。正如诺贝特·艾利亚斯所说，这时候我们的语言能力与意识能力更加寄寓于身体，从属于身体，并且受限于身体（艾利亚斯，1998）。

子宫恶性肿瘤在全国的医治方案可能因医院和医生的不同而有所差异，但是就笔者深度访谈的医院来说，对子宫恶性肿瘤的保守治疗是为生育年龄阶段未生育患者而准备的手术与放化疗综合治疗方案，而子宫全切术或放化疗方案是为已生育的女性患者所采用的方案。"恶性肿瘤"是多么让人想要逃离的字眼，它像一颗随时可以终结生命的定时炸弹一样加在患者的心头，她们开始思索为什么噩耗会降临在自己身上，就像笛卡儿所描述的"我们的身体会使我们趋向于非理性的情感与冲动之中"（笛卡儿，2016）。

（三）"空房子"与"假女人"概念的提出

然而，患者不仅需要面对身体上"空房子"的残酷现实，在保全生命长度之后，还需要对其充斥着社会意义的身体充满现实想象。布迪厄指出：女性较低的社会地位也与男女生殖器相联系，阴道作为倒挂男性生殖器的形状的存在，是玛丽－普沙勒在中世纪的一个外科医生那里发现的，这样的形状和中国传统社会秩序中的阴与阳、天与地、夫和妻的平衡相同，同样遵从基本的对立与和谐原则（布迪厄，2002）。以男性原则作为衡量一切事物的标准被提出之后，女性在社会传统性别观中的美不仅是外形曲线的美，更是女性母性的美，而"空房子"与"假女人"是患者在生理上对自己性别身体的最大质疑。

中国传统文化一直强调女性母性光环和具身性，青春焕发的女性代表着良好的生育能力和活力，而子宫恶性肿瘤的女性患者从接到化验报告单被告知需要手术切除的那一刻起，她需要与无数个残缺的自我做斗争。代表女性的孕育生命的子宫和自己的生命相比较，挽救生命是脑海里冲出来的第一个价值观；而在保障生命的前提下，随之便是"自己不是一个真正的女人"的自我身体认同扑面而来。对于一个女人来说，没有子宫就意味着不是一个真正的女人，就像对于一个厨师来说，失去了味觉；而不同的是，女人是生物本质属性，而厨师仅仅是职业罢了。

当女性抚摸着自己腹部的"空房子"时，性别身体观崩塌了。从个人本身来讲，她难以面对身为一个女人没有子宫的事实；从亲密关系来说，爱人又将如何看待自己，两性关系能否如初？从人际关系来说，单位的同事、社区的邻居、亲朋好友又将如何看待自己？此时的患者，并不能被单纯地看作前来医院找医生就诊的恶性肿瘤病人，她发出的求救信号及所获得的帮助更加需要从"身体社会学"角度予以探索。

二 研究方法与主体

在本文研究调查过程中，笔者深入某三甲医院妇科住院部对 10 名子宫恶性肿瘤患者进行深度访谈，其中包含进行子宫全切术的被访者 3 名和进行全切术及放化疗综合治疗的患者 7 名，以深度访谈为主，以参与观察为辅。

在参与观察和深度访谈的过程中笔者发现，患者家庭成员的支持与安慰情况、家庭经济条件、患者自身受教育情况和个人对待事情的乐观状况、生活工作的人际环境都影响着患者对自身身体的想象与重构。本文以身体叙事这一身体想象与重构的过程为主线，保持中立态度，在被访者叙说过程中尊重其差异性，力求完整叙述女性患者主体经验图式，表达女性身体这一社会性别符号的价值多重性与重要性，以及为这一受难群体带去经验借鉴与慰藉。

但是在访问的最初，身心俱痛的患者并不愿意进行过多的交流，其家人也不希望打扰她们。但在笔者充分运用社会工作方法与案主进行交谈，并给予其倾听、移情、同理心、积极能量的传递和大量的理解与生命意义引导后，患者愿意沟通交流并渴望得到帮助和慰藉。患者具体情况见表 1。

表 1　被访者基本信息

单位：岁

代码	性别	年龄	职业	婚姻状况	受教育程度	治疗方式
W01	女	45	制药厂员工	离异	高中	子宫全切术
W02	女	46	个体经营	已婚	大专	子宫全切术 + 化疗
W03	女	63	退休职工	已婚	高中	子宫全切术 + 放疗
W04	女	24	在职教师	未婚	大学	保守治疗 + 化疗
W05	女	80	退休老干部	已婚	大专	子宫全切术
W06	女	62	退休职工	已婚	初中	子宫全切术
W07	女	48	退养在家	已婚	高中	子宫全切术 + 化疗
W08	女	55	退休职工	已婚	大专	子宫全切术 + 化疗
W09	女	21	学生	未婚	大学	保守治疗 + 化疗
W10	女	34	大学教师	已婚	博士	子宫全切术 + 化疗

三　从患病到治愈：自身人设管理过程的身体叙事

对于患者而言，她们拿到诊断单准备入院的阶段是病症空白期，因对子宫恶性肿瘤一无所知而发出的第一个问题便是"自己会不会死"。"恶性肿瘤"并不是一个友好的名词，它像一把刀扎在患者的心上；手术过后，在清除恶性组织的同时，也清除掉了身为女人的标志物"子宫"，患者心理的矛盾迎面而来；放化疗的痛苦是常人难以想象的，身心俱疼让患者有口难言；治疗结束回到家里，面对爱人，哪怕对方的一个皱眉都让患者内心掀起一层波浪。然而，生活总要继续，亲密关系的重建、休养与人际关系的回归，适应"不完美"的自己与身体管理是必要的过程。

（一）诊断单：身体缺场与生命意义

人类日常生活意识与身体机能相分离，在无病痛的时间内，除了为了审美而照镜子与减肥，几乎很少有人注视自己身体的各个部位感知自己，这便是我们所要关注的身体在场与缺场状态叙事。每一份病痛出场的方式都格外不同，有在单位组织身体检查中"无病无痛"住进医院的，有在经历几天的疼痛难耐后检查入院的，有在家人患病后医生告诫其进行同类病症检查下入院治疗的，还有在伺候住院的家人后自己为求安心而检查入院治疗的。无论哪种方式，被访者在拿到检查单的瞬间都是呆滞而懵傻的状态，她们不是专业人士，看不懂报告单，只是看着"CA 系列"的肿瘤标记物值的爆破性升高，知道大事不妙了。

> 我女儿单位有体检指标，就让我也去检查检查，当时拿着医生让我检查的单子我就去了，拿着报告单我也看不懂，就是箭头向上，老高老高的值，一千多了，正常的范围最高也（就）42，我就知道大事不好了，但还是乐观一点，想着说应该还好吧！医生给我讲解了病情，让我住院接受治疗，但没有细说，就说需要做手术。坦白说，我当时还是存着一丝侥幸，想着即使手术，切掉就切掉，能保命就行。但是从那一刻我开始明白，我的身体不行了，也有毛病了，还不小。
>
> ——被访者 W06

被访者 W06 是一位劳动女性，父母家里兄弟姐妹多，身为老大的她初中便辍学开始去工厂工作；结婚后孕育了三个子女，两个女儿和一个儿子，为了给儿子娶媳妇，退休后一直做工直到住院前一天，从来没有休息过。在诸多的被访者里，W06 是一名较为乐观的女性，与众多的普通人一样，只有当"身体出问题"了，才真正意识到应该休息了。她才会笑着发出感悟："钱是赚不完哒，等出了院我就不硬干了，娶媳妇儿多少是个够啊，行了，也够了！"人的意识一直理所当然地支配着身体，女性只有在面对报告单上诊断的时候，才意识到自己的身体出了问题，并且很可能危及生命。面对生命与身体，女性已然无暇顾及自己身体的其他意义，只是在意识到生命的长短问题的同时认识到了身体在场的重要性。

> 医生给我讲解时我都懵了，我不知道该怎么办好，家里还有两个儿子，还小，我男人在 8 年前因为工伤腰一直不好，干不了重活儿，家里大大小小都是我，如果我不在了，他们可怎么办？我还这么年轻，身体一直有小毛病，但突然这么一重击，我该怎么办？
>
> ——被访者 W07

与 W06 处理身体缺场性的方式不同，被访者 W07 在接受访谈的时候表现出焦虑、弱势。W07 是一位贤妻良母型的女性，由于身体不好退养在家，家里的大小事宜全部由她承担，两个儿子一个 18 岁，一个 9 岁，用她的话来说就是"从小作业都得我来抄"。对于她来说，身体的缺位不仅仅是自己的，生命的意义更是家庭的，所以她一直在强调，如果没有她家里可怎么办！由此可见，女性在面对身体缺场甚至危及生命的境遇时略显不同。W07 在面对诊断单身体缺场的情境中思考的是生命对于家庭的意义，作为一个妻子、一个母亲，两个孩子变成心头大患，如果自己身体缺场不慎离去，家庭将不能支持原有的分工，身体的缺场就意味着生命将不再为原有家庭服务。而对于 W06 而言，身体的缺场意味着对生命的重新审视，意味着自身对身体不关注的悔过和重新看待女性对于家庭的生命意义。传统上女性在婚姻中承担着生育子女的责任，现代社会女性还要承担家庭经济功能，当身体缺场危及生命时，她们开始意识到身体健康的重要性而善待身体。

（二）手术恢复期：从"女人"到不是"真正的女人"的身体性别认同

子宫恶性肿瘤全切术意味着将女性的生殖器官及孕育生命的子宫一起切掉，这意味着除了乳房，被访女性再无其他女性生理特质的符号。社会文化性别是在生理性别基础上构建的，除了生育子女与性是生理上女性与男性最本质的差异外，并不影响日常生活。然而，在经历过生死之后，手术恢复期的女性开始意识到自己身体上的生理变化，不是"真正的女人"

这一性别意识本身就造成了患者群体的心理创伤，正如被访者 W06 所说，手术只是简单地"切掉就好了"，但是医生不能把心理的创伤也一同切掉。

> 这样的我已经不是以前那个完美的我了，现在看着肚子上的一条长长的刀疤，我已经不是一个完整的女人。
>
> ——被访者 W02

女性在医生保护患者生命的治疗使命下挽救身体之后，才开始真正了解病理及自身身体机能和疼痛的缘由。为避免恶性肿瘤的扩散危及生命，医生在手术中采取全切术之后，意味着患者在心理上可能生病了。手术留给女性的不仅仅是一条长长的刀疤，更是心理的应激创伤。女性身体是大自然所赋予的健康完整的、符合社会规范的身体，手术意味着孕育生命的希望破灭，对生育适龄的女性更是严重打击。然而，我们不得不承认的是，主动选择是否生育是一种境遇，而被动不能生育是另一种境遇；我们有选择不生育的权利，但我们不能被剥夺生育的权利。对于女性而言，除了身体上的不完整，更多的是心理上的不完整，即"不完整"女人的心声。

> 虽然考虑到我的生育问题采取了保守治疗，可是心里还是很难受。莫名其妙得这么严重的病，如果我行为有什么不检点也就算了，问题是我从来没有做过什么坏事，老天为什么这么对我！不管我怎么坚强，在别人眼里我都是一个有病史的人，写简历有一栏"病史"，当我写下来的时候，如果不幸就会碰到一些人因为自己的知识受限产生出无数个对我的想象！而我自己也很难受，我和常人总有十万八千里的距离！
>
> ——被访者 W09

古典身体社会学对女性身体所谓"正常"所赋予的价值是一个充满生命活力、生育能力和母性功能的身体，身体的界限会不自觉由"自然身体"转向"社会身体"，现代性已经成功削弱了身体是自然而然的人的生命的基础，只有在身体与死亡对立的命题中才会将敬畏之心摆到至高地位，这便是整个社会环境绑架下的女性身体，从而产生的女性被访者的困境。这个困境，一方面是自我对身体认知的"不正常"，另一方面便是社会环境戴着有色眼镜看其身体的"不正常"，是女性身体的多重性和重要性的表现。

> 没想到啊，80岁了还要经历这么一回，不过对于我来说，也无所谓了，老了身体器官总会出问题的，不出问题是庆幸，出问题也没什么不正常的。
>
> ——被访者 W05

艾利亚斯和布迪厄在著述中强调了第三种思路，即死亡对于自我认同与身体之间关系的重要性，老年意味着身体的符号价值的下降。人类很容易接受一个患有重大疾病的八十多岁的高龄老人，但很难接受一个患有重大疾病的十岁的孩子，其中最核心的社会事实就是人的生命周期的本质属性。年轻的生命应该是富有活力而健康的，而老弱的生命身体机能注定要衰败，这是人们普遍接受的健康与死亡的价值意识，因此，这可能是被访者 W05 对自身"女人与假女人"的感受并没有其他被访者深刻的原因。

（三）呕吐与掉发：从心痛到身痛的身体感知

对于这类女性患者群体来说，整个治疗过程最残酷的时刻便是化疗所带来的身体痛苦对精神的打击，身体的感知是那么实实在在且强烈的存在。对突如其来的病痛还没有完全接受，放化疗的疼痛无形中又加筑了一道吞噬坚强的符咒，在绝望与希望的风向中飘摇。

不同于自然主义身体社会学对于身体经济、政治功能的重视，也不同于福柯强调身体话语与建构的身体社会学观，在疾病与身体缺场的境遇下，我们很难沿着福柯寻找身体快乐和欲望而忽略身体的具象性。特纳指出，所谓对于我的身体的理解，它包含女性个体对于具身感官的直接体验，然而，个人化的身体并不被社会所重视，对于自身身体的感受与体验被权威和外部调控所控制，身体在场这种性质并没有引起多少关注（Turner，1984）。

> 化疗后第十五天，头发开始大把大把掉，就像广告里的一样，一个星期就掉光了。每天最难受的一件事就是捡头发，地上、床上、沙发上，哪里都是我的头发，我对着镜子哭了，那个光秃秃的我，我甚至会埋怨自己为什么得病，让身边的家人跟着我痛苦。
>
> ——被访者 W08

头发是被访者继身上的刀疤之后第二个重要身体特征叙事。头发是女性爱美的标志之一，自古美人长发飘飘是对女性的传统定义；即便是现代社会中精英女性的干练短发也是女性区别于男性的重要性别特征。换句话来说，社会可以接受一个光头的男性，却很难接受一个光头的女性，被访者对着镜子难受，在认识到身体在场对于病体的重要性后，头发的脱落更是身体感知对"正常"自我认同的阻碍。女性由头发刺激到个体，在心理变化上对自我的埋怨和生病的宿命的质疑开始出现，身体感知的不良情绪开始渐渐喷发。

> 每天笑着哭、哭着笑，怕自己不够坚强，让爸爸妈妈看着我难过，可是当化疗的药物进入身体后，整个胃都在翻腾，头晕目眩，呕吐物从饭到胃液，从胃液到白沫，我第一次知道人真的可以吐白沫，就这么持续了六个月，多么心酸的故事。有一次拔掉液之后，我看着医院的大理石的地板，满地板的长长的虫子在爬，我知道我产生幻觉了。
> ——被访者 W09

对于女性来说，化疗是整个治疗过程身体痛苦感最强的阶段，对女性身体的折磨是医学治疗过程预期内的表现，但女性心理上的疾病是医生无法一并医治的。女性由最初感知身体缺场、感知身体掉发变化，继而感受到身体器官的刺激、心酸的感情变化和幻觉的产生，这些是女性意志薄弱的体现。女性在承受身体痛苦的过程内，经常对食物和周围的事物产生厌恶，比如，在吐了一天后想要吃一些酸奶，却在吃过后反吐，在此之后，女性在闻到酸奶的味道后内心就会产生厌恶情绪和不愉快的呕吐生理反应，身体的痛苦使心理承受着更沉重的打击。W09 经过自己专业的社会工作课程的重复自我调节，最终度过情感最脆弱的时刻。

（四）完整与缺失：亲密关系的困苦与重建

一般认为，全切术对生育有影响，对夫妻生活则没有太大的影响，这个时候，社会中男性对女性的价值认同，特别是丈夫对妻子的认同就显得格外重要。这正检验了戈夫曼所强调的身体扮演的重要角色价值，人体具有双重定位，身体充当人的自我认同与其社会认同之间的关系中介（希林，2010），即所谓其创设的"互动秩序"。

> 很痛苦，你生病的时候大家对你是同情，你好了之后很多人开始对你攻击，说我老公怎么这么命苦，我以后怎么给他做女人。我老公有时候让我特别伤心，我都这样了，他还有时候不冷不热的。有一次我们大吵一架，他明明很在意却不承认，不说了，真的很痛苦。
>
> ——被访者 W07

在参与观察被访者 W07 的丈夫时，笔者可以明显感受到其对患者"有礼貌的不关注"。身体沟通与亲密关系的表达困难其实很值得研究，但是被访者很抗拒，拒绝详细说明，不愿意寻找问题，另外又很担心离婚后孩子怎么办。

> 虽然老公没有说什么，还是和以前一样对我好，可是我好担心他会嫌弃我，这样的我已经不是以前那个我了，现在看着肚子上的一条长长的刀疤，何况我已经不是一个完整的女人……
>
> ——被访者 W02

被访者 W02 是一名出身于政治家庭的女性，个体经营；丈夫出身于医学世家，也是一名外科医生。两人生有一个女儿，在天津读大学。据笔者的观察，夫妻俩相敬如宾，但被访者自身带有严重的"男高女低"婚姻观，手术前便嘱咐女儿，术后的尿袋一定不能让爸爸倒，并且认为妇科同产科一样，是一个污秽的地方，所以来探望她的亲友及老公、女儿身上都戴有赋有"辟邪"作用的红色和绿色两条布条。如此，笔者认为女性的亲密关系困苦与重建的关键点在于丈夫的支持与鼓励，其次在于主体自身对女性身体的想象与认知。笔者发挥专业所长，将女性与其丈夫作为个案深入调解，帮助被访者知晓丈夫的想法，了解亲密关系重建的可行性方法及推荐阅读书籍以纠正其错误的性价值观，强化其正确的亲密关系认知。

（五）休养与回归：人际互动的心理挑战与抗争

"人在环境中"是不可辩驳的事实，当被访者走出医院进行一段时间的休养之后，便意味着她们将正常步入工作学习环境，面对同事、同辈群体，处理业缘、趣缘、地缘关系所带来的人际交往。而在沟通与交往的过程中，他人所体现出来的评价与态度会影响被访者对自身的认同，甚至影响与伴侣的亲密关系。

> 身体一天天好起来，我特别害怕别人对我同情的眼神，我还活着，不需要别人可怜的目光，特别是那些无关紧要的人。爱我的家人和朋友会照顾到我恢复中的身体，她们怕我劳累，是发自内心的关心。可是我不需要那些无关紧要人的眼神，还有看似表达同情实则说三道四的，庆幸她们是健康的，我只需要别人把我看作正常人即可。
>
> ——被访者 W04

> 一开始我特别有激情，想要和曾经的朋友一如往常，我把自己看作回归以前的生活，我还是一个正常的生活状态，但是有很多平时（关系）一般般的人一改我生病时期的同情怜悯关怀之心，又开始露出她们自私的嘴脸来，我之前还单纯地以为我生病她们变好了。从那个时候起，我知道这辈子除了工作，生活只和爱我的人打交道就可以了。
>
> ——被访者 W01

我们每个人都有一种普遍的欲望，即在自己的认知范围内把自己呈现为"真正的女人"（Burns，1992），是与变性人不同的真正的女人，而如今患者自己同变性人这样的"假女人"没什么分别。被访者 W04 和 W01 持不同的态度，得出几近相同的人际交往态度，即不需要别人的同情，对不相关的人的伤害则反映出的是社会对于他人的冷漠，特别是同为女性却还要为难女性。笔者认为，从性别社会学的层面考究，人在某种范围内被污名化，被贴标签，大多数人认为人际互动应当与"正常人"交流和发展，但正是如此，一方面被污名化的女性被访者缺失了那份人与人交流最初的热忱，这些人的虚拟社会认同与实际社会认同（Goffman，1990）之间存在差距，迫使其社会认同与自我认同之间的缝隙变成了某种威胁；而另一方面他人群体对被污名化的群体的认同是充满特别的伤害的。不仅如此，就像鲁迅先生在散文《血馒头》中论述的国民的冷漠和看热闹心理，现代社会在文明进步的同时也不得不承认遗留与产生的新的冷漠，这对女性内心的强大及社会文化的发展提出了更高的要求，因此，我们必须正视女性社会性别的平等与自由。

（六）改变与适应：身体管理与自我重构

身体缺场后，才更加知道去感知身体以及身体在场的重要性。女性对自身身体的管理是应激事件后，对自我身体恢复希望和自我社会关系重构与回归的必要阶段。

> 一场生病改变了我，以前长辈和我说人要保养，我觉得是句无所谓的话，我还年轻，应该多拼搏才对。当我切身感受到她们嘴里说的"走走就累了，熬夜根本熬不动，坐着都累"之后，我开始明白身体对我有多重要！现在我按时睡觉、吃饭、爬山、锻炼，把时间规划好，累了就休息，想娱乐就去娱乐，工作学习很重要，但身体永远是第一位的！
>
> ——被访者 W09

身体的缺场主体性经验与想象的过程对于女性来说，犹如上天给予的第二次生命。女性通过身体叙事感知的整体过程加深对身体在场重要性的认知，在身体的阶段性变化中不断改变自我的身体认同，在恢复与回归中重新认识人际交往与亲密关系的构建，在身体康复后改变与适应身体，进入自我管理与构建的新阶段。身体的管理不仅表现在对身体本身健康性的管理，还有心理上对身体的认知和尊重。

> 没有什么比我还活着，我的身体更重要！我首先是一个人，其次是一个女人，我虽失去了一部分，但我要做一个快乐的人。其他人怎么看待不重要，老公和我当作一个新的开始，我接受新的我，他接纳新的我，我们寻找适合我们新生活的方式，重新建立我们的亲密关系，如果有一天他放弃我了，也有这种可能，但我不能放弃我自己，我还是要努力开心地活着。
>
> ——被访者 W10

被访者 W10 是一名受教育程度较高的大学教师，其丈夫也是一名大学教师，他们相互理解与认同的程度较高，且女性本身就是独立而自信的，相比于女性身体价值的传统束缚，她更在乎生命的意义和身体的管理与重构，在心理上对身体的认知和自我的尊重更加明显，对身体价值和生命意义的重构更富有信心。对女性而言，身体的在场是保证身体正常运行、生命意义得以实现的基础，虽然失去主动选择生育的机会，有可能被动承受"空房子"所带来的社会规范的"标签或污名化"，但悦纳与快乐的心理境界变成女性自我重构的身体意义所在。

四 "空房子"与"假女人"：女性主体经验下的性别认同

无论是古典主义身体社会学对身体自然的关注，还是自然主义对身体政治、经济、社会功能的强调，我们都不可忽视的是身体在疾病层面体现的最基础的"在场与缺场"的重要性对主体身体想象的作用。特纳的"身体秩序"理论受到结构主义和功能主义的影响，探讨从身体视角关注身体治理本身与社会系统治理之间的问题，包括社会性别、权利压迫等（Turner，1984），女性被访者在人际互动回归与亲密关系的建构中，自身虚拟认同与实际社会认同、夫妻关系的性别价值观等都需考虑到身体秩序的影响。不仅如此，女性主体在接纳自己的过程中，"正常与不正常"之间呈现表达"正常"的欲望作为对身体的管理与心理重建的重要支柱，而笔者在访谈的过程中希望与被访者建立的是"沟通态身体"，通过充分呈现身体叙事共享来增进承认的能力，以达到寻找问题、形成健康的生活能力的目的。

相比于其他正常的女性身体来说，"空房子"不仅是疾病所带来的结果，更是引发女性生存与生命历程一系列事件的重要源头。笔者将疾病与女性主体身体想象与重构、疾病应对联系起来；以身体想象为框架起点，以女性对疾病的想象为过渡，以"空房子"的身体管理与重构为落笔，从始至终交给身体来叙事。在身体叙事的过程中，关注到女性患者对自我身体的认同，特别是"空房子"这一涉及女性标志特征的疾病结果，涉及夫妻亲密关系、人际关系、社会性别规范等诸多携带社会性别价值的值得关注的问题，如丈夫对妻子的角色认同、人际交往对"真女人"的角色认同及社会对一个"好女人"的角色定位等。

概而言之，女性主体在身体叙事中展现自我心路历程与阶段性特征，通过对自身身体的想象看清有关自我认同与社会认同的关系，身体如何在社会性别观和在多重性与重要性的社会符号价值意义之中发挥自我功能，使女性主体在历经这一身体病症之后回归社会互动，建立亲密关系，获得自身身体管理与价值，感知与倾听身体的声音。

参考文献

诺贝特·艾利亚斯，1998，《文明的进程》，王佩莉译，生活·读书·新知三联书店。

笛卡儿，2016，《第一哲学沉思录》，台海出版社。

福柯、米歇，2010，《不正常的人》，上海人民出版社。

黄盈盈，2008，《身体，性，感性》，社会科学文献出版社。

黄盈盈，2013，《经历乳腺癌：从"疾病"到"残缺"的女性身体》，《社会》第 2 期。

蒋京恩，2015，《身体叙事的伦理研究》，硕士学位论文，河南大学。

克里斯·希林，2010，《身体与社会理论》，北京大学出版社。

克里斯·希林，2011，《文化、技术与社会中的身体》，北京大学出版社。

牟世晶，2006，《从尼采到福柯的身体态度》，硕士学位论文，南京师范大学。

皮埃尔·布迪厄，2002，《男性统治》，海天出版社。

佟新，2005，《社会性别研究导论》，北京大学出版社。

张文彩，2010，《福柯的身体理论》，硕士学位论文，兰州大学。

Burkitt，I. 1999. *Bodies of Thought*，London：Sage.

Burns，T. 1992. *Erving Goffman*，London：Routledge.

Goffman，E. 1998. *Sport and Society in Ancient Greece*，Cambridge：Cambridge University Press.

Goffman，E. 1990［1963］. *Stigma. Notes on the Management of Spoiled Identity*，London：Penguin.

Drew，Leder. 1990. *The Absent Body*，Chicago：University of Chicago Press.

Schover，Leslie R. 1991. "The Impact of Breast Cancer On Sexuality，Bodyimage，and Intimate Relationship，" *A Cancer Journal for Clinicians* 41（21）：114.

Turner，B. S. 1984. *The Body and Society*，Oxford：Blackwell.

都市社会工作研究　第 4 辑
第 15~30 页
© SSAP, 2018

精神康复服务对象院舍服务与社区康复的发展和完善研究

——以上海精神康复服务为例

范明林*

摘　要　上海的精神康复服务发展迅速，不仅已经形成比较有效的精神疾病防治工作的三级网络，而且在精神康复服务对象的院舍服务和社区康复等方面都有非常成功的经验。其中，院舍服务包括药物治疗、音乐疗法、体育锻炼、劳动疗法、健康教育、心理治疗、生活技能训练、社交技能培训等，而社区康复服务的形式则有日间康复照料、心理疏导、娱乐康复、社会适应能力训练等，这些服务为精神康复服务对象及其家庭提供了很大的帮助与支持。自 2010 年起，上海市政府和主管部门颁布了许多有关残疾人和精神康复的政策文件，这些文件极大地推动了上海精神康复服务的完善与发展。

关键词　精神康复服务对象　院舍服务　社区康复

在各方的共同努力下，上海近十年的精神康复服务有了长足的发展，精神障碍人士的院舍服务、社区康复服务和家庭支持服务正在或者已经成为政府相关政策的重要组成部分，也成为有关社会组织在社区层面提供专

---

* 范明林，上海大学社会学院社会工作系教授，主要研究方向为社会工作理论与实务、社会组织等。

业服务的主要内容。

一 上海市精神病患基本现状和精神疾病防治网络

1. 上海精神病患基本现状

上海市精神卫生中心的相关调查资料显示，截至 2015 年，上海市共有在册精神病人 115425 人，精神病人检出率 6.26‰；监护精神病患者 114864 人，监护率达到 99.51%；其中，显好总人数有 113442 人，显好率为 98.28%；社会参与人数为 98494 人，社会参与率为 85.33%。

但是，应该看到，中国的精神疾病患病率总的呈上升趋势，据全国第三次精神卫生工作会议统计，我国各种精神疾病的患病率已上升至 13.47‰，而上海市已达到 16.9‰。另据上海市疾病控制中心统计，全市有精神疾病患者 16 万~20 万人（施泽斌，2010）。

2. 上海市精神疾病防治工作三级网络

上海市精神疾病防治工作率先起步于全国，1956 年成立由卫生、民政和公安三局负责人组成的"三人小组"，下设办公室。这是国内最早的精神病防治工作的领导和协调机构。1958 年召开的全国第一次精神病防治管理工作会议（南京会议），提出了"积极防治、就地管理、重点收容和开放治疗"的指导原则。上海市开展了一系列工作，包括：第一，1958 年，上海市精神病防治院派出专家团队，历时近两年，完成了对全市千万人口的精神病普查；第二，在上海农村开办了精神病疗养村，探索职业康复的方法和途径；第三，派出防治组，深入大专院校，对神经衰弱的进行综合防治和康复指导，还对部分出院病人进行家庭访视和康复指导；第四，20 世纪 60 年代前半期，许多区县建立了精神病防治站（院），开设精神科门诊点，为建立和健全精神科专业网络以及开展社区服务打下了基础；第五，1978 年，市政府主持召开上海市精神病防治管理工作现场经验交流会，推广由街道主办的精神病人工疗组和由居委会组织的精神病看护网。至 20 世纪 80 年代，防治和康复形式迅速在市内普及，许多大中型工厂也相继开展工作，全市的精神病防治工作网络基本形成。

上述网络的基本特色和内容是：形成了市—区（县）—街道（乡镇）三级精神病防治网（详见图 1）。它的主体包括行政管理、专业机构和社区防治康复设施等三个系统。首先，行政领导和协调系统。在上海市，市、区（县）和街道（乡、镇），都有精神病防治管理领导小组，其主要任务为：制订计划、组织宣传、协调分工、总结推广经验和检查督促。领导小组的成员由各级政府和卫生、民政与公安等部门组成。市和区县的领导小组设办公室，定期召开会议。街道或乡镇的领导小组由分工福利或治保的负责人担任组长，根据地区的具体情况，将精神病的社区工作纳入综合治理、福利保障、文明建设或社区卫生等网络，以保证工作的落实和检查。

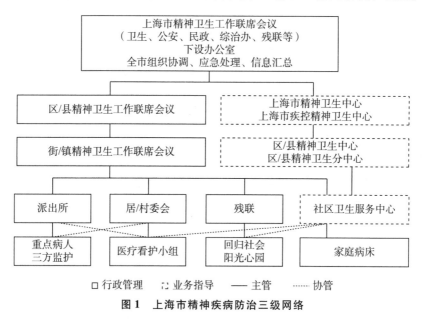

图1 上海市精神疾病防治三级网络

其次，专业系统。上海市市级精神科机构有6所，21个区县均有精神病防治院，合计病床5789张，精神科医生500余名。这些专业机构是全市精神病防治工作的支柱，在实践中努力把住院和社区康复有机地结合起来。市和区县的专业机构，均设防治科（组），分工负责社区工作，指导辖区内的各种康复机构和服务，全市共有158名精神科医生和护士在防治科（组）工作，他们是社区工作的业务骨干，在某种意义上起着各级精神病防治管理领导小组办公室的联络员的作用。街道和乡镇设有精神科专业机构，由经短期精神科培训的街道医院或乡镇卫生院医生兼职，负责门诊和社区工作。

最后，社区康复设施和服务系统。这个系统主要从事以下几项工作。

第一，开展随访服务。建立了市—区县—基层一贯的一人一卡制，按照统一规定的社区随访方案工作。有341所（占总数的98%）街道医院和乡镇卫生院，开设精神科随访门诊，主要对象为需长期服药的慢性或稳定期病人；根据辖区病人的情况，定期访视，指导他们的治疗和康复，定期到精神病工疗组和看护网进行访视和指导。

第二，建立工疗组（福利工厂）。这是由街道或乡镇的民政福利部门主管的社区康复设施，对象为地区内无固定职业、病情比较稳定、有一定劳动能力的慢性精神分裂症和精神发育迟滞者。他们白天来工疗组，晚上回家。康复措施以职业康复为主，结合药物、文娱体育和社会心理教育，病人在社会功能康复的同时，还有一定的经济收益。

第三，组建群众性看护网。这是以居委会为单位的群众性自助组织，由热心社会公益并愿意为地区病人服务的退休工人、邻居、里弄干部和病人家属组成。任务为关心和帮助病人及其家属，预防和制止病人的肇事和闯祸，以及向群众进行精神卫生的宣传。

第四，建设工厂的防治和康复设施。大中型工厂在许多方面类似于社区，参照社区模式和结合工厂特点，它们成立厂和车间精神病防治管理领导小组，派出保健站医生接受专业培训，开设专科门诊，下车间或到病人家进行访视，建立工疗组及车间看护网。

第五，设立日间住院和晚间住院。日间住院是一种作为回归社会过渡型的部分住院。让经住院治疗好转的病人，白天来院，接受治疗和康复训练，晚上回家。市精神卫生中心和部分区县精神病防治院开展本项康复服务。而晚间住院是另一种部分住院方式，对象为无家可归或家庭无法、不愿接受的稳定期病人。他们白天去工作单位，晚上回院。上海第三精神康复院在这方面已进行了多年试点。

为了更好地开展精神疾病管理工作，自 2001 年起，上海市逐渐建立了一个统一的精神卫生信息管理网络，其目的在于通过先进的网络技术，实施分散采集、集中管理的方法，初步形成了覆盖全市 19 个区（县）、200 余个镇（乡）的精神卫生信息网络，对该市在册精神疾病患者的相关信息进行实时、动态、有效的管理。上海的精神疾病康复信息管理系统主要涉及以下内容：人口学资料收集和管理、疾病资料登记及管理、疾病动态资料更新及管理、疾病康复措施落实、康复效果的评估、快速高效的传送及方便的资料查询、数据的统计处理、精神卫生知识的宣传和普及等。上海市精神疾病康复信息管理系统，不仅在社区精神卫生服务中起着重要作用，也为政府有关部门规划精神卫生工作提供科学依据；另外，也为精神疾病的科学研究提供了重要的条件（孟国荣，2005）。

二 上海精神康复服务：院舍治疗

通过对相关文献的检索以及上海部分精神卫生中心网站的查询与资料收集，发现上海约有 33 家精神卫生专科医疗机构，其中三级精神卫生专科医疗机构 2 家，二级精神卫生专科医疗机构 21 家、未定级 10 家（5 家为精神病康复院）。把这些精神卫生医疗机构的具体服务做一个粗略的分类，大致的服务内容或种类可以详见表 1。

表 1　上海精神卫生医疗机构服务种类和服务内容

服务种类	主要服务内容
药物治疗	医务工作者为服务对象提供疾病诊治和精神病治疗药物
音乐疗法	工作人员提供音乐体验，帮助服务对象达到康复的目的，形式包括：感受型音乐治疗（音乐聆听）、合唱训练、乐器授课等
体育锻炼	定期让服务对象开展体育锻炼，形式包括：太极拳、乒乓球、羽毛球、篮球、网球、多功能健骑机、保健操等
娱乐疗法	为服务对象提供娱乐活动及相关服务，形式包括：棋牌活动、集体小游戏、绘画、书法、折纸等
劳动疗法	为服务对象安排简单的日常工作，以充实他们的日常生活，形式包括：农耕、手工编织、辅助就业（如洗餐具、洗衣、室内外环境清扫、养花护绿）、养殖、一次性卫生耗材加工以及其他适应性劳动等
健康教育	对服务对象开展精神疾病相关知识的教育，形式或内容包括：疾病知识（如疾病的成因、症状、特征等）、药物知识（如药物效果、药物管理、药物不良反应识别等）、症状自我监控、重返社会技能训练等
心理治疗	通过与服务对象接触，对他们进行科学的启发、教育和暗示，促使他们了解自身疾病，消除来自他们自身的或者外界的各种消极因素，帮助他们掌握防治疾病和巩固疗效的基本知识，同时增强他们的各种能力，协助修复精神功能，从而适应生活环境和社会环境。形式包括：放松训练、个别心理治疗、团体心理治疗、认知行为治疗等
生活技能训练	工作人员训练服务对象的生活自理和个人卫生处理能力，内容包括：个人卫生整理、铺床叠被、洗衣服、洗碗、烹饪等
社会社交技能	提供服务对象在家庭和社会中与人交往的角色扮演训练以提升其相关能力，形式和内容包括：讨论会、角色扮演、基本人际交往训练、语言技能训练、社会适应能力训练、重返社会技能训练等
物理治疗	提供针对特定精神障碍症状的物理治疗手段，形式包括：低频重复经颅磁刺激、脑电生物反馈、脑波治疗等

进一步探寻发现，并不是所有的精神卫生中心都有上述所列的所有服务，有些机构提供种类较为全面的服务，有些机构则提供相对专一的服务，其中，所有机构都强调以坚持服用抗精神病药物为基础，因此，服用精神病药物是精神障碍康复的主要方法。娱乐疗法、健康教育、劳动疗法和生活技能训练等也是比较常见的服务方法，有超过 20% 的机构提供此类服务，各类康复干预手段或院舍服务方法在机构中的使用比例如表 2 所示。

表 2　上海精神卫生中心精神障碍康复常用干预和服务方法

单位：%

干预和服务方法	使用比例
音乐疗法	3.4
体育锻炼	10.2
娱乐疗法	26.6
劳动疗法	23.7
健康教育	23.7
家庭干预	7.3
心理治疗	13.6
生活技能训练	20.3
社会技能训练	15.3
其他物理治疗	6.2

资料来源：研究者根据上海各个精神卫生中心网上资料整理而得。

三　上海精神康复服务：社区康复

除了在院舍提供服务，上海还大力发展社区层面上的精神康复服务，促进服务对象更好、更快地在社区康复。这项工作上海在 2012 年以前呈零散和无序状，没有规划也没有统一部署，2012 年以后状况有了根本的改变。

1. 上海市残联系统组织的社区康复服务

2010 年 12 月，上海市残疾人康复工作办公室下发《上海市精神残疾人社区康复机构管理意见》，要求全市精神残疾人社区康复机构统一名称为"阳光心园"，并明确规定了机构服务人员职责以及详细的精神残疾人康复管理流程，由此标志着上海市精神残疾人社区康复"阳光心园"模式的确立。

阳光心园是由民政部门和残联主管，2015 年 100% 覆盖全市的街道（乡镇），是全国首个覆盖城市每一个社区的精神残疾人日托机构的模式。阳光心园现有服务对象分为注册学员和非注册学员两种，前者每周 5 天几乎都在阳光心园进行康复。

阳光心园组建了包括精神障碍防治医生（精防医生）、康复专管员、心理咨询师、社会工作者、心园专职工作者、康复者家属及志愿者等人士的专业服务团队，共同为对象提供集日间康复照料、心理疏导、娱乐康复、社会适应能力训练等功能于一体的康复服务。

以上海市长宁区为例，截至 2015 年 12 月，居住人口 707655 人，精神疾病在册患者 4159 人，社区精神康复服务对象 3449 人。长宁区有 1 家二级甲等精神专科医院（长宁区精神卫生中心），区内有 10 个街道 187 个居委会，共设 10 家社区卫生服务中心、40 个卫生服务站。10 个街道各建 1 家"阳光心园"康复机构，由街道提供场所，残联提供康复服务资金，精神卫生专业机构提供技术指导，社区医生、护士、民警、社工、居委干部等协助，并配置全职管理人员 16 名，提供社区精神康复服务，共管理 318 名康复学员。

2. 社会组织提供的社区康复服务

在政府组织、安排"阳光心园"服务的同时，上海的一些社会组织主要通过购买服务的方式向精神障碍人士提供各种各样的帮助与服务，上海市嘉定区的"阳光工坊"和长宁区的"明心社工站"即是很好的案例。

"阳光工坊"成立于 2011 年 4 月，以社会化运作的模式，通过招投标，由徐行镇残疾人服务社承接，旨在通过利用嘉定传统特色黄草编织、嘉定竹刻等国家非物质文化遗产，鼓励、支持残疾人参与文化遗产的学习和传承，帮助他们掌握技能，实现就业并扶持创业。

至 2016 年 9 月，已累计培训机构全日制残疾学员 85 名（其中精障学员 32 名），辐射培训残疾学员 258 名。目前，工坊有全日制学员 23 名，其中草编学员 8 名，竹刻学员 15 名。

近年来，"阳光工坊"主要为精神障碍人士提供以下一些服务。

第一，制定扶持政策。它们包括"安全制度""精障学员防控制度""扶持补贴制度""管理人员考核制度"等一系列制度，确保服务对象在基地有序规范开展培训学习。其中，"扶持补贴制度"规定，在工坊培训的学员，两年内分别给予全日制学员每月 700 元，定期培训学员每月 400 元的生活补贴，以及每天 15 元的午餐补贴。学员在学到技能的同时，还可以拿到所做产品的销售提成。两年后，能够独立完成作品的予以毕业，可以个体创业或居家创业，也可以被其他工作室吸纳就业，项目进行定期继续培训，再给予第三、第四年每月扶持补贴 400 元，第五年每月给予扶持补贴 200元，并对个体创业或居家创业的残疾人作品实行原材料供应到设计、包装、销售的一条龙服务，同时每月请指导老师对他们的作品进行点评，帮助他们提升技艺。

第二，配备专业管理和服务团队。"阳光工坊"聘请拥有十多年草编经验的草编能手 3 名和具有一定声望的竹刻老师 1 名，对精神障碍学员实行全日制辅导，分期分批进行专业培训，让其熟练掌握技能，并独立完成作品。"阳光工坊"还配备了一支专业的管理团队，全面负责日常管理工作。其中配有专业社工 2 名，定期根据学员的需求开展各类活动及辅导工作。

第三，整合家属力量协助服务。"阳光工坊"在 2013 年 4 月成立了家属委员会并举行揭牌仪式。每年定期邀请学员家属参与项目活动、交流互动，让家属能够充分了解学员在基地的培训与学习情况，形成社会、机构、家庭和谐共进的局面，共同促进残疾学员健康发展。

第四，开展形式多样的活动丰富学员生活。"阳光工坊"每年定期开展需求调研，根据学员的切实需求，开展相匹配的活动。例如，针对精障学员，定期开展心理辅导讲座，缓解他们的情绪，舒缓压力。开展养生讲座，让学员了解养生知识，注重身心健康。又如定期举办"比出风采、超越自我"趣味运动会，在增强学员的体质、丰富学员的精神文化生活的同时，也锻炼了学员的团队合作能力及协调能力。再如定期开展"取长补短、再接再厉"技能竞赛。通过举办"草编""竹刻"技能比赛，来检验学员近半年来竹刻、草编的学习成果。同时为学员提供技艺交流的平台，激发学员对竹刻、草编的热情，以及对自身和生活的信心。

几年实践结果表明，"阳光工坊"取得了较大的成效，截至 2016 年 10月底累计销售额约为 90 万元，已经开拓对外销售渠道，如上海城市超市、"幸福转不婷"淘宝店、"阳光工坊"门店零售、京东商城旗舰店，也有爱心企业前来购买，等等。

明心精神卫生社工站是由区卫生与计划生育委员会担任主管单位，在区社会团体管理局正式注册的社会组织，具有政府部门主导、专业机构培育、民办非企业运作的特征。以专科医院门诊和病区、患者家庭、社区康复机构（如阳光心园）及居民委员会为服务场所，以独居、弱监护等重性精神疾病患者及其家属为主要服务对象。贯穿医院社区一体化服务，实现了3个服务层面的对接。在医院社区一体化服务模式中，除精神科医护人员、社区医生、居民委员会干部及社区民警外，还组建了"第三种力量"，即精神卫生社工队伍。

　　明心精神卫生社工站的理事会成员分别来自长宁区精神卫生中心和长宁区卫生工作者协会，理事会下设社工站，现有专、兼职人员15名，分为社工站站长、社工点负责人及普通社工等，负责社工站的日常管理、服务提供、项目设计和执行、绩效评估等工作。员工均具有大专以上学历，70%以上的具有社工师、助理社工师、社工三或四级等专业职称，入职后接受80个学时的精神卫生、社会工作及心理学等岗位培训。社工站组织架构及职责分工见图2。

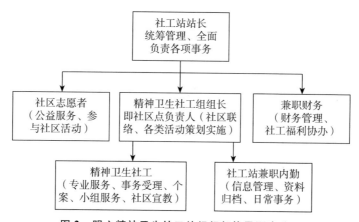

图2　明心精神卫生社工站组织架构及职责分工

　　通过前期的社区调查，梳理并确定符合服务标准的患者，采用书面或电话联系的方式，开展精神康复服务需求调查，愿意接受服务的患者及其家属，与社工站签约或委托服务。具体而言，明心精神卫生社工站与精神卫生中心（医院）连接成一个医院社区一体化服务模式，其服务路径为：（1）院内服务层面：工作场所在专科医院，社工需协同医疗机构的医护人员，介入免费服务门诊、应急干预、紧急住院等环节，提供病区探访、个案管理、信息核实、应急干预协同等专业服务和就医引导、减免申办指导、政策咨询等便民服务；（2）医院-社区服务层面：工作场所在专科医院，社工需介入健康宣教和康复指导等环节，提供离院前指导等专业服务和社区资源推介等便民服务；（3）社区服务层面：工作场所主要在患者家里、社区康复机构（阳光心园）及居民委员会等，社工需介入追踪随访、应急处置、家属护理教育及社区康复指导等环节，提供阳光课堂、小组服务、职业训练指导等专业服务，建档、随访、信息传报、应急协同等公共卫生服务，社区公益倡导、健康宣教等公益服务（详见图3）。

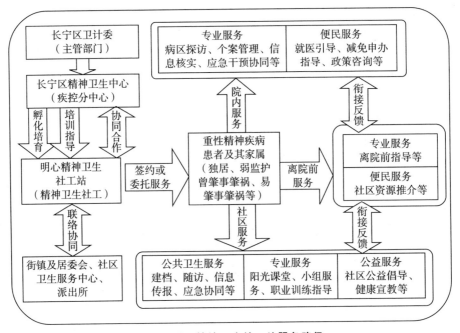

图 3　明心精神卫生社工站服务路径

四　上海精神康复服务存在的问题

尽管在精神卫生医院管理部门、精神卫生医务工作者以及社区相关单位的共同努力下，上海的精神康复服务取得了巨大成绩，但毋庸置疑的是，与欧美发达国家以及我国香港、台湾地区精神康复服务相比，上海的精神卫生服务仍然有进一步改善的空间。

上海精神康复服务主要存在的问题有以下几个。

1. 院舍精神康复服务设施和医护人员不足

随着上海各类精神疾患人数的增加，各级精神卫生中心的服务设施呈明显的应接不暇的态势。以上海市二级精神卫生中心为例，《医疗机构基本标准（试行）》中的配置标准规定：二级精神卫生中心每床建筑面积不小于

$40m^2$；患者室外活动的场地平均每床不少于 $3m^2$；每床至少配备 0.44 名卫生技术人员；每床至少配备 0.30 名护士；等等。但从上海市情况来看，按核定床位计算，每床建筑面积、室外活动场地面积、每床配备的卫生技术人员和护士及其职称条件均符合要求，但由于实际开放床位接近核定床位的 2 倍，故按实际开放床位数计算，则每床建筑面积、每床配备的卫生技术人员和护士均未达到上述标准（详见表 3）。

表 3　上海市精神卫生中心建筑面积与医护人员配置达标情况

项目	标准规定	按核定床位计算	按实际开放床位计算
每床建筑面积（m^2）	≥40	48	27
每床配备卫技人员（人）	≥0.44	0.45	0.25
每床配备护士（人）	≥0.30	0.31	0.17

另有一项研究比较详细地调查和了解了上海市 33 家精神卫生中心，内容涉及医院的床位数、专业医生人数以及专业护士人数，结果发现，许多指标没有达到国家卫生等相关部门颁布的标准（详见表 4）。

表 4　上海市精神卫生中心床位与医护人员配置

机构编号	核定床位（床）	开放床位（床）	医护人员（人）	医师数（人）	护士数（人）	核定床位的床护比（床∶护）	实际开放床位的床护比（床∶护）	医护比（医∶护）
1	877	980	786	249	537	1∶0.61	1∶0.55	1∶2.16
2	290	420	110	36	74	1∶0.26	1∶0.18	1∶2.06
3	250	350	70	19	51	1∶0.20	1∶0.15	1∶2.68
4	33	215	19	5	14	1∶0.42	1∶0.07	1∶2.80
5	300	400	87	26	61	1∶0.20	1∶0.15	1∶2.35
6	200	450	97	34	63	1∶0.32	1∶0.14	1∶1.85
7	100	495	116	50	66	1∶0.66	1∶0.13	1∶1.32
8	90	250	43	20	23	1∶0.26	1∶0.09	1∶1.15
9	280	480	123	37	86	1∶0.31	1∶0.18	1∶2.32
10	450	510	124	34	90	1∶0.20	1∶0.18	1∶2.65
11	150	314	77	22	55	1∶0.37	1∶0.18	1∶2.50
12	200	700	136	38	98	1∶0.49	1∶0.14	1∶2.58

续表

机构编号	核定床位（床）	开放床位（床）	医护人员（人）	医师数（人）	护士数（人）	核定床位的床护比（床：护）	实际开放床位的床护比（床：护）	医护比（医：护）
13	360	445	128	42	86	1：0.24	1：0.19	1：2.05
14	320	560	138	48	90	1：0.28	1：0.16	1：1.88
15	70	250	59	22	37	1：0.53	1：0.15	1：1.68
16	100	400	109	38	71	1：0.71	1：0.18	1：1.87
17	180	360	75	27	48	1：0.27	1：0.13	1：1.78
18	450	800	142	52	90	1：0.20	1：0.11	1：1.73
19	150	400	70	13	57	1：0.38	1：0.14	1：4.38
20	100	200	13	6	7	1：0.07	1：0.04	1：1.17
21	100	700	156	53	103	1：1.03	1：0.15	1：1.94
22	99	108	12	5	7	1：0.07	1：0.06	1：1.40
23	400	800	129	28	101	1：0.25	1：0.13	1：3.61
24	146	460	82	22	60	1：0.41	1：0.13	1：2.73
25	200	265	85	25	60	1：0.30	1：0.23	1：2.40
26	898	1259	414	113	301	1：0.34	1：0.24	1：2.66
27	400	666	135	39	96	1：0.24	1：0.14	1：2.46
28	230	560	86	21	65	1：0.28	1：0.12	1：3.10
29	180	180	14	5	9	1：0.05	1：0.05	1：1.80
30	120	142	10	3	7	1：0.06	1：0.05	1：2.33
31	120	220	16	6	10	1：0.08	1：0.05	1：1.67
32	220	240	16	5	11	1：0.05	1：0.05	1：2.20
33	220	210	16	5	11	1：0.05	1：0.05	1：2.20
合计	8283	14789	3693	1148	2545	1：0.31	1：0.17	1：2.22

资料来源：摘自李戈等，2014。

数据显示，面对迅速增加的精神卫生服务需求，上海市院舍精神卫生服务的基础设施和人力资源队伍建设仍需加强与完善。

2. 社区精神康复服务理念滞后和专业人员匮乏

在上海社区层面，精神康复服务的许多做法虽然一直领先全国，但是仍然有许多明显的不足之处，它们集中表现在社区康复的主要场所——阳光心园中。

（1）服务对象管控逻辑依然根深蒂固

管控逻辑是指政府对精神障碍人士以管控为核心，以科层化的精神卫生管理体系为载体，主要包括街镇和地方残联等实践力量的一套认知和规范体系。利用家庭的力量，采用"锁铐"的方式限制精障者的人身自由，防止其危害社会稳定和安全，这是长期以来我国对待精神病患的主要思维方式和具体做法。管控逻辑参与阳光心园的运作主要体现在两方面：推动阳光心园的建立、构筑心园外部等级分明的精神卫生管理体系。首先，上海市阳光心园作为政府主导的社区康复项目，其设立的最初目的就是借开辟社区精神康复机构的新空间，优化对精神障碍者的管控效果，维持社会稳定。阳光心园项目的出台适逢上海筹办"世博会"，市政府从项目建立之初，就将其作为世博会的相关项目。最大限度地避免病情复发和肇事，这也是平安世博的重要一环。其次，按照政府领导、部门合作的原则，各街镇建立起社区精神康复服务机构，其管控逻辑充分体现在阳光心园所处的精神卫生管理体系中，阳光心园的服务提供、组织管理、资源配置等一系列环节之中（杨锃、陈婷婷，2017）。

（2）专业人员严重匮乏

目前上海社区层面的精神康复服务专业人员的严重缺乏最显著的表现有以下两点。

第一，阳光心园的工作人员全称是"社区残疾人工作助理员"（简称"助残员"），是上海市从全市下岗、协保、失业残疾人中选拔、培训，专为社区残疾人做服务工作的一批基层工作者。助残员的选用，是上海市自2003年起的"万人就业项目"的一部分，其以解决残疾人就业为优先，因此对助残员本身的资质没有太多要求。助残员的工资（或补贴）按照上海市最低工资水平发放。由于阳光心园的工作人员配置的工资发放没有统一标准，阳光心园的工作人员大部分又是助残员，因此目前各区残联基本上按助残员的工资水平——最低工资标准为阳光心园工作人员发放工资和补贴（街道自行与社工团体签约购买服务的除外）。由此带来的问题是难以吸引到有一定专业知识的人才到阳光心园。但由于阳光心园的康复对象特殊，缺乏专业知识的工作人员在开展服务时面临重重困难。

第二，由于工作人员没有统一的资质要求，因此无法对服务开展提出明确的标准甚至专业的要求，从而导致不同阳光心园之间服务开展质量参差不齐。这不仅造成不同阳光心园之间的服务公平性差，也使阳光心园难以产生足够的影响力，吸引社区内有潜在康复需要的精神残疾人到园康复，导致阳光心园学员普遍偏少，资源利用率不高。

五　上海精神康复服务政策发展

上海精神康复服务除了具体服务发展之外，还可以从相关政策的发展窥其一斑，甚至可以说，正是这些政策的颁布和实施逐步推动了上海实务领域里的精神康复服务规范化、科学化的发展。

2001 年 12 月 28 日，上海市第十一届人民代表大会常务委员会第三十五次会议通过《上海市精神卫生条例》（以下简称《条例》），上海市成为中国第一个拥有独立完整的精神卫生地方法规的城市。《条例》第七条规定，"街道办事处和有条件的镇乡人民政府应当设立社会福利性质的工疗站、日托康复站（以下统称社区康复机构），为精神疾病患者提供就近康复的场所"；第三十八条规定，"社区康复机构应当安排精神疾病患者参加有利于康复的劳动、娱乐、体育活动，增强其生活自理和社会适应能力。参加劳动的精神疾病患者应当获得相应的报酬"；等等。

2005 年 4 月，上海市民政局、卫生局、财政局、公安局、残联联合发布了《关于进一步加强本市社区精神病人日间康复照料机构建设的意见》（以下简称《建设意见》）。《建设意见》首次对社区康复机构的功能与形式、建设标准与规模、人员配置和管理制度提出明确要求，并在附件《社区精神病人日间康复照料机构标准》中将社区康复机构建设标准划分为基本型、标准型和示范型三档，对各类型的建筑面积、科室设置、人员配备均有详细的要求。

2006 年和 2007 年，上海市卫生局、民政局、财政局、劳动和社会保障局、残联又联合分别发布了《上海市无业贫困精神病人免费服药项目实施方案》和《上海市精神病防治康复"十五"实施方案》，进一步为精神病患者康复创造条件。

2009 年 9 月，上海市残疾人康复工作办公室下发《关于下发精神病人社区康复机构建设标准及达标验收的通知》，重新明确了 2005 年《社区精神病人日间康复照料机构标准》的机构建设标准，并给出了设备设施配备参考表。12 月，上海市残疾人康复工作办公室下发《上海市精神残疾人社区康复机构管理意见》（以下简称《管理意见》）。

《管理意见》要求全市精神残疾人社区康复机构统一名称为"阳光心园"，并明确规定了机构服务人员职责以及详细的精神残疾人康复管理流程。《管理意见》标志着上海市精神残疾人社区康复"阳光心园"模式的正式确立。

上海市各级政府和主管部门最近 17 年出台了许多政策与措施，从而大大推动了精神障碍人士康复服务的发展（详见表5）。

表5　2001～2017 年上海市精神卫生主要政策文件

年份	颁发部门	文件名称
2001	市人大常委	《上海市精神卫生条例》
2005	市民政局、卫生局、财政局、公安局、残联	《关于进一步加强本市社区精神病人日间康复照料机构建设的意见》
2006	市卫生局、民政局、财政局、劳动和社会保障局、残联	《上海市无业贫困精神病人免费服药项目实施方案》
2007	市卫生局、民政局、教育委员会、财政局、公安局、残联	《上海市精神病防治康复"十一五"实施方案》
2009	市残疾康复工作办公室	《关于对本市精神病人社区康复日间照料机构给予补贴的通知》 《关于下发精神病人社区康复机构建设标准及达标验收的通知》 《上海市精神残疾人社区康复机构管理意见》
2010	上海市卫生局	《上海市重性精神疾病报告管理办法（试行）》
2012	市残疾康复工作办公室	《关于下发创建"上海市街道（乡镇）示范型阳光心园"建设标准的通知》
2015	上海市人民政府	《上海市精神卫生条例》
2016	上海市人民政府	《上海市残疾人事业"十三五"发展规划》
2017	上海市卫计委	《上海市严重精神障碍患者发病报告和信息登记管理办法》

对上海市有关精神康复的政策文件做一解读，发现上海各级政府和相关部门对此项工作越来越予以高度关注，对待服务对象的态度与理念也开始发生转变。比如在 2015 年上海市人民政府颁布的《上海市精神卫生条例》第二条中，强调在该市行政区域内开展维护和增进市民心理健康、预防和治疗精神障碍、促进精神障碍患者康复等活动，推进精神卫生服务体系建设。在第三条中强调市和区、县人民政府领导精神卫生工作，组织编制精神卫生发展规划并将其纳入国民经济和社会发展规划，建设和完善精神障碍的预防、治疗和康复服务体系，建立健全精神卫生工作协调机制和

工作责任制，统筹协调精神卫生工作中的重大事项，对有关部门承担的精神卫生工作进行考核、监督。乡、镇人民政府和街道办事处根据本地区的实际情况，组织开展预防精神障碍发生、促进精神障碍患者康复等工作。而在第六条中则重申精神障碍患者的人格尊严、人身和财产安全不受侵犯。精神障碍患者的教育、劳动、医疗以及从国家和社会获得物质帮助等方面的合法权益受法律保护。学校或者单位不得以曾患精神障碍为由，侵害精神障碍患者康复后享有的合法权益。

2016 年，上海市人民政府发布《上海市残疾人事业"十三五"发展规划》，规划按照"四个全面"战略布局，贯彻落实创新、协调、绿色、开放、共享发展理念，聚焦薄弱环节，关注困难残疾人，进一步加大改革力度，扩大服务供给，满足基本需求，让残疾人享有更好的民生保障和发展机会。禁止一切基于残疾的歧视，保障残疾人的合法权益和人格尊严，优化扶残助残社会环境，促使残疾人平等参与公民政治、经济、社会和文化生活，与全市人民共同迈入更高水平的小康社会。

在中国，精神障碍人士也属于残疾人范围，相信随着经济发展、社会进步，上海的精神障碍人士也如残疾人事业"十三五"发展规划所指出的那样，一起分享更多和更优质的发展成果。

参考文献

孟国荣、姚新伟、李学海，2005，《上海市精神疾病社区康复信息管理系统运作及效果评价》，《上海精神医学》（增刊）第 17 卷。

施泽斌，2010，《社工协助精神病患者再社会化研究》，《上海交通大学学报》第 5 期。

杨锃、陈婷婷，2017，《多重制度逻辑下的社区精神康复机构研究——兼论本土精神卫生公共性建设的可能路径》，《社会科学战线》第 3 期。

李戈、曹晓红、李力达、朱亚捷，2014，《上海市精神卫生医疗机构床位及卫生技术人员配置》，《上海预防医学》第 10 期。

都市社会工作研究　第 4 辑

第 31～55 页

© SSAP, 2018

癌症末期患者的存在状态及
对社会工作的启示

——以 H 医院肿瘤住院部患者为例

俞倩雪[*]

摘　要　本研究从存在主义视角出发，旨在通过多个案例的描述，将癌症末期患者不同维度的存在状态真实地展现出来，包括患者的自我存在感、对自我生命意义的定义、死亡焦虑在日常中的内涵体现、责任与自欺的机能运作、对尊严的渴望与维护，以及由此体现的本土特色。研究采用参与式观察法、半结构式访谈法，通过与患者、家属和医护人员的朝夕相处，以及与患者深入的访谈，将观察、了解到的一手资料整理汇总并归纳分析，研究发现癌症末期患者自身存在状态表现得极为弱势。根据上述研究发现，本文提出了"体验存在状态－理解存在意义－催化中国式觉醒体验－再思考存在意义－改变存在状态"的存在状态循环改善模式，并依据该模式，对临终关怀服务中的医务社会工作服务提出了思考及建议。

关键词　存在主义　存在状态　临终关怀　医务社会工作

---

* 俞倩雪，联桥管理咨询（上海）有限公司，主要研究领域是医务社会工作等。

一 研究背景

1. 问题的提出

自改革开放以来，社会结构转型、经济体制改革，暴露出我国医药卫生体制诸多深层问题。2009 年，《中共中央国务院关于深化医药卫生体制改革的意见》首次明确指出，要"开展医务社会工作，完善医疗纠纷处理机制，增进医患沟通"，这一指示显示了在中国开展医务社会工作与医药卫生体制改革的内在联系与相互作用，也表明了医务社会工作当下的主要职责定位，医务社工是帮助医患有效沟通的桥梁。随着医学模式由生物模式转向生物 - 心理 - 社会模式，现代医务更加注重人文关怀，医务社会工作在为患者提供心理支持、扩大社会效应上扮演着重要角色。目前国内医务社会工作处于初期蓬勃发展阶段，主要的服务内容集中于医院内部。而在与患者的直接服务中，临终关怀是大部分医务社工的重点工作。随着老龄化的加剧、癌症等高致命性疾病的多发，对临终关怀服务的需求与日俱增。

存在主义是以海德格尔（Martin Heidegger）、克尔凯郭尔（Kierkegaard）、萨特（Jean - Paul Sartre）等人为代表的，以揭示人的本真存在为中心论题的现代西方重要哲学流派。存在主义哲学从人的生存视角来进行揭示人存在的意义以及人与他人和世界的关系，重视人的生存、自由和个性的发展。

在社会工作领域，Krill（1978）首次提出了存在主义社会工作（existial social work），Thompson（1992）出版了《存在主义与社会工作》一书，在该书中 Thompson 对萨特（Jean - Paul Sartre）的理论进行了社会工作视角的阐释，并提出了存在主义社会工作的实践原则。存在主义关注死亡与生存，与医务社会工作有很大关联，值得我们在社会工作领域进一步研究探讨。

笔者在医院肿瘤科担任实习医务社工期间，深刻体会到为癌症患者提供服务的无力感，同时当面对他人生命终结时，自身亦产生了对死亡的恐慌。人生的无意义感似乎充斥着生命的过往、当下与未来。于是，笔者寄希望于存在主义，渴望能从中寻求为临终患者提供服务的指南，也坚定自己的内心，不被恐惧打倒。

此次研究的缘起，一是为了解决实务过程中遇到的难题，二是希望通过存在主义找到自己存在的意义。

2. 研究的主要问题

本文希望能够通过定性研究的方法，收集最贴近癌症末期患者真实情况的资料，依此来探讨他/她们的存在状态，以及社会工作学科可以为其提供的应对服务措施，因此，本文致力于研究以下两个问题：

（1）当肿瘤科患者面对有限的剩余生命时，除生物层面的身体状态以外，他/她们的存在状态是怎样的？

（2）医务社工可以提供怎样行之有效的服务来改善癌症末期患者的本真存在状态？

3. 概念界定

（1）存在状态

本文从存在主义角度出发，认为"存在状态"仅指人作为最本真存在时的各种状况、形态上的表现，主要为心理认知以及灵性方面，如自我存在感、死亡态度、生命意义感及其相关衍生的各类情绪、认知、心理状态，不包含生理状态。当然，患者的生理状态、社会支持系统等作为可能的影响因素，不会在研究中被遗忘。

（2）自我存在感

自我存在感在本文中指人能够主动体会到自己存在于世的感觉，能够作为主体知道其他存在正在发生，能够对主体与外部世界进行相对思考的能力。

（3）存在主义视角下的医务社会工作

存在主义视角下的医务社会工作在本文中指面对临终患者存在状态的低迷、焦虑、遗憾、失落等，医务社工与临终者建立非指导性的亲密关系，安抚他/她们的情绪，缓解死亡带来的不安、焦虑、恐惧等负向心理，提升他/她们的自我存在感，找到存在的意义并尽可能去达成，最终能够安详地离世。

二　文献回顾

1. 存在主义相关文献

（1）存在的含义

克尔凯郭尔认为只有人才能谈得上存在，存在的状态是能够不断地提出有关"我是什么"的问题，而这只有人才能做得到。存在不能靠科学或历史的分析去理解，而只能通过个人亲身的经验去领会。海德格尔（Martin Heidegger）则将存在分为非本真的存在（Everyday Mode）和本真的存在（Ontological Mode），非本真的存在追求的是世间万物为何如此，本真的存在追求事物的本来面目以及真正的自我。May指出存在的本质就是存在于世（Being-in-the-world），存在（Being）是一个动词形式，它强调存在的主体性与动态性。Frankl从意义疗法（Logotherapy）出发，赋予了存在三个含义：存在本身，比如人特定模式的存在；存在的意义；对个体存在之意义的追求，即对意义的追求。

虽然存在主义思想家们着眼于不同的视角，但是他们的观点都有一个共同的前提，即人类是唯一认为自身存在是一个问题的动物。总结上述各类说法，"存在"这个词其实没那么复杂，它的含义非常简单，意指存在本身。

（2）死亡焦虑

死亡焦虑（Death Anxiety）是人类面临死亡威胁启动防御机制所产生的一种有意识或无意识的心理状态。北美护理诊断协会（The North American Nursing Disgnosis Association，NANDA）将其定义为个体因与死亡或临终相关而感到不安、忧虑或害怕的状态。

研究死亡焦虑表现形式的学者并不多，大部分是能够长期接受神经官能症患者的心理咨询师或精神科医师。Yalom用他多年工作经验告诉我们，死亡焦虑在临床中很少以原始的形式展现出来，经过人们的防御机制潜抑、置换、合理化，原始的焦虑总是会转化成某种对我们无害的东西。

死亡焦虑的影响因素包括个体变量如性别、年龄、受教育程度、身心健康程度以及职业经验等，以及环境因素如早年家庭变数、文化差异、社会规范等。此外，自尊作为缓冲死亡焦虑的一种心理结构，具有缓解由死亡引起的焦虑的功能。国外学者有研究证明自尊的缓冲效应，在死亡的立体场景下，高自尊的被试和中等自尊的被试相比，呈现较少的焦虑或恐惧。

目前，国内外学者提出缓解死亡焦虑的介入措施大致包括以下几个方面：进行与死亡有关的演讲、死亡教育训练或者死亡教育课程；个体晚年得到较好的照看；发展适宜的人际交往和社会支持，提升自尊；目标管理；降低具有重大意义的死亡相关事件对个体的消极影响；提高医护人员的临终关怀服务技能；完善社会保障制度，改变生死观，采取预立遗嘱等措施；强化个体"存在"也具有缓冲死亡焦虑的作用。

（3）生命意义

对生命意义的含义界定，一般可从动机、认知、情感三个维度进行分类。生命意义是临终患者存在状态的重点，了解生命意义的获得途径有助于存在状态的研究与介入。Frankl 基于临床经验，给出了以下生命意义的获得途径：通过创立某项工作或从事某项事业；通过体验某种事情或面对某个人；在忍受不可避免的苦难时采取某种态度。Yalom 则指出在生命周期的不同阶段，人们分别对不同的生命意义有所侧重。

现有的对影响生命意义获得的相关因素考量，几乎都运用定量研究的方法，其中由心理学家克伦堡（James Crumbaugh）和马侯立克（Leonard Maholick）提出的用来测量生活目标的"生活目标测验"（the Purpose in Life Test，PIL）以及另一种"生命关怀指数"（Life Regard Index）是被用来考察影响生命意义感的最常见工具。

总结实证研究结果，影响生命意义获得或者相互影响的相关因素有以下几个：精神病理，意义感越低，则精神病理的严重程度越高；宗教信仰；自我超越的价值；良好的人际关系、家庭氛围；幸福感。

2. 临终关怀领域相关文献

历史上，临终关怀源自西方带有宗教烙印的实践，早先有"收容院""救济院"，为僧侣所设的"招待所""安息所"等。在这里，教士、修女无偿地为长途跋涉的朝圣者和旅游者提供膳宿和服务，精心照顾患者，替死去的人祈祷和安葬。

时至今日，现代临终关怀的目的不是治疗疾病或延长生命，而是通过提供缓解性照料、疼痛控制和症状处理来改善个人剩余生命的质量。临终关怀的照顾强调要满足患者生理、心理、情感、社会等方面需求，具体内容则包括对症治疗、缓解症状、控制疼痛、保证营养、家庭护理、减轻或消除患者的心理负担和消极情绪，以及家属关怀照顾等多个方面。面对这些复杂的工作，单单传统意义上的医护人员无法完成，因此需要一个团队来承担。世界上许多国家以全科团队的形式为临终患者服务。

根据上述内容可知，国外成熟的临终关怀服务是由一个跨科目医疗团队来共同完成的，并且对临终者心理上的关怀安抚是重点。

在国内，临终关怀被认为是一种有效而积极的对临终患者开展安慰的姑息疗法。它更具人道，更富情感的选择，更易被人们所接受，它的宗旨是减少临终患者的痛苦，增加患者舒适程度，提高患者的生命质量，维护临终患者的尊严，同时希望给予患者家属精神上的支持，给予他们承受所有事实的力量，进而坦然地接受一切即将面对的问题。根据以上可知，临终关怀作为舶来品，在服务理念上与国外是一致的。

但事实上，国内开展临终关怀还面临诸多困境：第一，文化环境，传统中国文化"悦生而恶死"的死亡态度以及宗教信仰的缺失使人们普遍认为死亡是生命的中断，临终关怀也成为不可言说的事情；第二，伦理疑虑，临终者是否需要临终关怀的"知情同意"；第三，孝道阻碍，传统"孝道"使很多子女因惧怕背上不孝的罪名而拒绝将父母送到临终关怀机构；第四，人员专业能力不够。

关于社会工作者在临终关怀服务中的角色与任务，学者们给出了理论上的指导建议，但在实际开展中受到了诸多限制。有学者指出社会工作者在临终关怀中包揽医护工作之外的"剩余领域"，除了对患者及家属提供心理支持外，在缺乏宗教人士时，社工需要承担满足灵性需求的任务，此外，社工还需扮演团队协调者和管理者的角色。但是，目前国内医务社工大多隶属医院，角色定位模糊，且医务社工与医护人员、行政人员的工作界限不清，进一步阻碍了岗位职责的发挥。

根据以上可知，在国内发展临终关怀面临文化环境的困境，以及医务社工自身专业素质能力有限、角色任务定位模糊等问题，临终关怀服务还有很长的一段路要走。

三 研究设计

1. 研究方法

（1）参与式观察法

笔者在 H 医院肿瘤科进行了共 9 个月的社会工作专业实习，实习期间每日查房，有近 6 个小时的时间与患者接触、沟通。存在主义理论是笔者主要运用的指导理论之一，同时结合其他流派的具体实务操作技术，以能够迅速帮助患者及其家属解决问题为目标，并且每日工作均有记录。

在实习的后两个月，笔者经过前几个月的经验积累与观察，对癌症末期患者身心状态变化已经有所掌握，建立了比较稳定的信任关系。此时在具体服务之外，开始逐步与患者探讨本研究的主题，感受患者作为本真存在时的情绪、心理等状态。在恰当时机与患者直接对话死亡，了解他/她们对生命的看法、对自我的认同以及对生活意义的追寻等，有时是几人一起，有时是一对一面谈，所有信息事后均会整理记录。

值得注意的是，在观察、沟通、服务过程中，笔者也十分注重患者家属的表现，有时亦会与家属进行单独对话，了解家属内心的想法、对患者各类状况的看法等。

（2）深度访谈法

在实习的最后三周，笔者根据前一阶段收集到的信息编写了一份半结构式访谈提纲，并锁定了四位与笔者关系密切、信任度高的患者及其家属，开展了循序渐进式的深度访谈。访谈内容分为以下四个议题：自我认同感、生命意义、死亡态度、之后的生活目标与行动。

2. 观察/访谈对象基本情况

本研究在 H 医院肿瘤科住院部展开，该科室所有的入住患者，均是本研究的对象，以癌末临终患者为重点研究人群。本文涉及的患者基本信息如表1所示。

表 1　观察/访谈对象基本信息

人物姓名（化名）	年龄（岁）	性别	病情	照护者
唐先生	61	男	鼻咽癌晚期，卧床不起	妻子、姐姐
盐伯伯	54	男	鼻咽癌中晚期，放疗后创伤严重	妻子
瘦阿姨	48	女	肠癌晚期，卧床不起	丈夫
理先生	60	男	肺癌晚期，行动自如	妻子
詹大叔	45	男	鼻咽癌中晚期，行动自如	妻子
小凯	18	男	尚未确诊（截至论文撰写时）	父亲
邵姑娘	36	女	淋巴癌，行动自如	护工
凯爸	46	男	无	无
巴士大叔	58	男	骨癌，术后创伤严重	妻子
糜阿姨	54	女	宫颈癌复发，行动自如	丈夫
光大叔	43	男	肺癌，即将康复	妻子
小白姑娘	28	女	淋巴癌康复中	母亲、父亲

3. 研究思路

在实习之初，笔者首次与癌症患者进行了零距离的接触，随后详细规划并设计了研究计划，将研究重点落在了观察癌症末期患者的主体表现，以及他/她们与照护者、医护人员之间的互动。在此阶段，笔者通过主客体的划分来观察存在状态，得出了存在状态主要可分为情绪状态、自我存在感、生命意义、死亡态度四个维度。

总结前一阶段掌握到的信息，笔者决定具体围绕患者的自我存在感、生命意义、死亡态度三方面展开调查，拟定了一份针对患者提问的半结构式访谈提纲。为了避免信息的缺损与遗漏，访谈对象均为入院时间较长、与笔者关系较友好并且其照护者也能接受访谈的患者。由于问题的开放性和难以测量性，为了提高访谈资料的准确度，每一个对象都经历了不止一次的访谈，并且其照护者也接受了关于患者自我存在感这一部分的访谈。

访谈结束后，笔者着手整理记录的各类资料，并结合存在主义理论开展分析，将存在状态分为患者主体如何体现、外界对存在状态产生的影响两方面，对癌症末期患者的存在状态进行了详细阐述，并从理论、实务两个角度提出了如何应对并改善患者的存在状态的建议措施。

四 主体自身存在状态的弱势

通过研究发现，癌症末期患者的自我存在感较低，对于自身存在状态的主体掌控较弱，主要体现为自我存在感的逐渐丧失、对自身存在的独特性缺少意义意识、对死亡产生焦虑并为成为真正的自己而焦虑。

1. 生理状态影响下的自我存在感

（1）自我存在感的逐渐丧失

May 指出世界有三个模式，周围世界、人际世界和自我世界，自我世界以自我觉察和自我关系为先决条件，它是人类所特有的。对于癌症末期患者而言，他/她们是否能够敏锐觉察到自我世界？他/她们对自己作为存在的认识和看法又是怎样的呢？

为了搞清楚以上疑问，笔者经常会问患者一个问题："你是谁？"患者们的回答能够很直观地看出他/她们是如何看待自己这个存在的，下面笔者将介绍大致三种答案。

第一类，"我是谁？我是患者啊！"这种不假思索的回答几乎占了 70%。有意思的是，笔者有一次同时提问了四名患者，当第一位回答"我是患者"后，其余全部立马附和："对啊，我们就是患者！"而每当出现这种回答，笔者会进一步提问："这可能是你在医院中的答案，如果出院了你会怎么回答呢？"此时大部分患者会陷入沉思，随后表示不知如何作答："这个问题很难回答，出院了我也不知道怎么说，以前在单位上班，现在没法继续干活了，回去主要就是养病……"

第二类，"……（沉默良久）我不知道你问的是什么意思？我觉得答案有很多，是问我在医院、在公司还是在家是谁呢？每个场合我的身份都是不一样的"。这类答案在 20% 左右，并且回答的患者大多具有较高文化水平。

第三类，"我就是我啊！具体我也不知道怎么说，反正我就是我"。笔者进一步追问："你觉得你是独一无二的？""对！就是这个意思。"然而如以上作答者只出现过一位。

分析以上三种情况，首先可以明显察觉大部分患者的自我存在感是较低的，他/她们内心有着普遍的标签化意识，"我只是个患者"，并且，患者们对自己的认识往往也不是最本质纯粹的，需要依靠社会地位、经济职能来衡量自己，一旦他/她们失去了这一能力，就不知道怎么回应"我是谁"。马瑟尔曾经指出自我存在感的丧失与以下两点有关：将存在从属于机能；当今文化中大规模的集体主义与普遍的顺从倾向。这一说法很好地解释了患者为何会做出以上回答，同时进一步证明了他/她们的自我存在感由于疾病的发生、身体机能的退化而逐渐丧失。

自我存在感的丧失与患者的生理状况有很大的关联，身体健康程度越低，自我存在感就越差，反之身体状态越健康，自我存在感就越强。例如，唐先生身体情况较差，虽热爱美食但不愿意给他人带来更多负担，由此选择忽视自己的需求，降低对食物的品质要求。而光大叔身体情况良好，愿意为自己争取更好的利益，一旦对医院饮食不满就寻求投诉、新闻曝光等较激进的手段。此二者对食物的反应，体现了身体健康程度与自我存在感之间的关联。

（2）自我存在感被剥夺

患者自我存在感的逐渐丧失与外界无意间的能力否定有着很大关联，特别是来自照护者对其标签化的认可，瘦阿姨就是一个很典型的例证。

> 某日上午，一位患者家属主动向我寻求帮助，那位丈夫说他妻子不知为何拒绝治疗，总是在发火。于是我来到其妻子床边，只见她身材瘦小，脸色发白，一副很虚弱的样子，未等我开口，瘦阿姨便喊道："我不要上药！你让我死了算了！"

我观察到她的眉头一直紧锁，看向其丈夫的眼神带有敌意，但这位男子看上去十分爱护妻子，为什么他妻子如此待他呢？于是我先安抚瘦阿姨道："我不是来给你上药的，你放心。我就看看什么事情让你这么生气，告诉我，我来替你打抱不平。"

瘦阿姨抬手指向她丈夫道："你问问他！他是要害死我啊！"

"他具体怎么你了？"

"医生早上和我说只能抽 800～1000 毫升液，他偏要给我抽 1200 毫升，现在我头昏眼花，难过得要死。你说他不是害我是干吗？"

听闻此言，我立即转头看向其丈夫，询问具体是什么情况。原来是瘦阿姨体内积液需要排出，其丈夫认为多抽一些对妻子好，原想着达到医生说的最高值 1000 毫升，结果一不留神就多抽了 200 毫升。大致清楚情况后，我又问瘦阿姨："原本你觉得抽多少是合适的呢？"

"600 毫升就够了，抽多了我会头晕的，之前就有过这个情况。"

"你有和医生沟通过抽多少吗？"

"医生建议是 800～1000 毫升，我听得清清楚楚。但是我说什么没用，医生听他的呀！"

"那你和丈夫之前说过吗？你就想抽 600 毫升。"

"说了他不听，他就是要害我！"

"刚才叔叔那么急着来找我，我相信他肯定是想要你好的。但是他确实是有问题，那就是他不尊重你的想法。"

"对！他就是不尊重我，除了抽液，别的事情他也不肯听我的……"

此时，其丈夫在一旁忍不住插话："我都是为你好呀！"

举这个例子笔者是想说明，在生活中一旦某人患了重大疾病，他/她身边的人都会认为他/她失去了很多能力，只能乖乖与病魔做斗争，其余的事情只要听照护者的就行，甚至连很多医生、护士也都有如此想法，外界对癌症患者"无能感"的肯定直接导致了患者的自我存在感"被剥夺"。

像瘦阿姨这样被剥夺了自我存在感后表现出激烈反抗、斗争的患者是一类，还有一类是选择静静听从安排，默认失去自我存在感的患者，无论是哪一种情况，这都无利于患者的治疗以及临终心理的发展。

2. 意义意识与意义的独特性

（1）世俗观念下的意义意识

Frankl 认为人类的最基本动力是追求意义的意志，即会不断去发现其生命的意义与目的。快乐与自我实现是意义实现后的副产品，而权力只是实现意义之一种手段，这些皆非人类的最基本动力与目标。一个人当追求意义的意志遭受挫折后，才会追求快乐、权力作为补偿。

然而在中国社会，"有意义"这个词似乎与存在主义意义治疗中的"意义"有内在含义上的区别，当我们说做某件事情感到有意义时，暗含着褒扬的潜台词，有意义代表品德高尚、有价值。因此，首先为了界定"有意义"的含义，笔者在与患者访谈时首先会提问他/她们对意义的理解，以下是两个有代表性的回答。

（理先生，60 岁，退休前为公务员，家庭经济状况良好，育有一子，照护者为妻子。）

理先生：我觉得有意义是要比较的，一个是和同龄人相比，我要比他们杰出；二是和自己的期望相比，我能达到原先的设想。

（詹大叔，45 岁，务工人员，家庭经济状况较差，育有一子一女，照护者为妻子。）

詹大叔：有意义就是觉得喜欢但又很难做到的事情，比如说赚钱。

以上两种回答，或直白或隐约地透露出"有意义"分别代表了权力、金钱和地位。随后笔者追问："根据你对有意义的这种理解，你觉得你的生活有意义吗？或者你做过的最有意义的事情是什么呢？"

理先生：我觉得我的人生还是比较有意义的，不瞒你说我还有一个弟弟，我和他的情况就不同。他初中读完以后不想继续念书，后来就去锅炉厂做工人，当了一辈子的工人，他的儿子也是那样，成绩不好，工作也一般。我读完初中还想继续念，总觉得读书就能有出息，后来到了部队……一路这样过来，最骄傲的是我儿子，他比我有出息，考上了大学，现在是博士，字写得好，二胡拉得好，唱歌也好听……我觉得我的人生还是基本达到了自己的目标。

詹大叔：我没做过有意义的事，搞不到钱就没意义。我其实是个很开朗的人，以前在我们那的县城，晚上也会和我儿子他们去唱歌去玩，觉得很开心，一般上了年纪的人都不会这样做。但是生病的事人算不如天算，刚赚了些钱把房子盖好，现在又没钱了。钱总是会花完的，我没做过什么有意义的事，一辈子就是在想怎么多赚点钱。

事实上癌症末期患者对意义的追寻深受世俗观念的影响，认为金钱、地位、权力就是有意义的东西，对真正的"意义"缺乏正确的认知。薄弱的意义意识导致他们将想要什么与认为什么有意义混淆，而当得不到自己想要的东西时，如詹大叔经济上的拮据，就会变得十分苦恼。对"生命意义"的意识和认知尚且没有，去追寻生命意义又从何说起呢？因此，笔者认为当下癌症末期患者的生命意义这一点很难考量，首先要做的是培养人们对生命意义的正确认知。

（2）对自身独特意义的醒悟

小凯今年 18 岁，如果不是在医院，会给人感觉这完全就是一个身体健壮的年轻学生。据他讲述，自去年起开始不间断发烧，每次发烧时间越来越长，近日更是发展成高烧后昏迷不醒的状况，截至目前，他已经随其父各大医院就诊过，这次来到 H 医院也是抱了最后一线希望，但是具体病因仍未确诊。当笔者与其聊起这一年多来生活的转变时，健谈的他说出了以下这番话：

> 我爸爸很看重我的学习成绩，但不像别的爸妈那样管得死，初中时他盯我盯得比较紧，每天陪在边上边看报纸，边看我写作业。到了高中怕我学习压力大，就让我用自己觉得灵活的方法来学习，也不会给我布置别的任务或者上补习班。但是生了病以后，我觉得自己才是真正地成长了，真的感受到了很多。以前爸爸妈妈总是说"这个对你好"，现在我知道这个"好"是在我手中，而不是他们口中，我知道自己想要的是什么了。

小凯对于"好"这个字的解释给我很大触动，这是他在经历了高烧 40 摄氏度、昏迷三天、医生下了病危通知后的体悟，经历了生死一线的惊心动魄，他体会到了作为一个独立的存在，每个人对生命有着属于自己的独特理解，别人的"好"并不是他想要的，他会去为自己想要的那个"好"

而努力奋斗。

命运的大起大落往往能给人以警醒和顿悟，这是古往今来众多文学作品中的经典桥段，而生活中这种活生生的例子也不在少数。对于意义意识淡薄的人而言，有过一次生死体验，便能理解自己存在于世的意义，更能分辨每个人自身独特的生命意义，这种顿悟的力量是十分强大且惊人的。笔者认为，如果能够利用这种强烈的觉醒，会对人们理解存在、改善存在状态起到非同一般的作用。

3. 死亡焦虑的实际内涵

（1）焦虑但不恐惧

死亡焦虑（Death Anxiety）与死亡恐惧（Fear of Death）的概念极其易混淆，然而二者是有区别的，克尔凯郭尔（Kierkegaard）认为恐惧（Fear）是害怕某种东西，而焦虑（Anxiety）是害怕什么东西都没有，人焦虑的是丧失自己成为无物，这种焦虑是无法定位的。访谈中，许多患者持和克尔凯郭尔一样的看法，他/她们清楚地区分了焦虑和恐惧，并往往强调自己不害怕死亡。

（访谈对象：邵姑娘，36 岁，全职妈妈，育有一子，平日精神状态较佳，乐于助人，照护者为其丈夫及护工。）

笔者：想到死亡，你会感到害怕吗？

邵姑娘：不怕，不害怕，不是害怕这么简单的感觉。

笔者：那能具体说说是怎么样的感受吗？

邵姑娘：更多的是担忧、留恋，放不下、舍不得。

笔者：放不下些什么呢？

邵姑娘：放不下我的孩子、爱人，我的爸爸妈妈。

笔者：嗯，亲情是最难割舍的。

邵姑娘：对，我和李开复不在一个高度。

笔者：李开复怎么做了让你觉得他很有高度？

邵姑娘：就是他书里写的那些，抛开身外之物。

笔者：你觉得你抛不下？

邵姑娘：对的，我儿子才 6 岁，虽然他现在很懂事了，有的时候还会照顾我，但是由老一辈的人带小孩我还是不放心，他自己也说希望和妈妈在一起。

笔者：孩子从小由你带大，肯定是彼此都难以分开的。不过刚才你说不是害怕这么简单，那说明在你的感受里还是有害怕的存在？

邵姑娘：对的。

笔者：可以想象下害怕的场景是怎样的吗？

邵姑娘：如果是在医院里的话，我希望最快地走，不要痛苦。但我更希望是在家里，我不会要抢救，那样只会延长我的痛苦。

笔者：所以你害怕的是身体上的疼痛，而不是死亡本身？

邵姑娘：是，我非常怕痛。

在笔者实际与患者的接触过程中，发觉癌症晚期的患者大部分如邵姑娘所讲，对死亡本身并不恐惧，害怕的是临终前肉体疼痛的折磨，而死亡带给他/她们的，更多的是与所爱之人离别的不舍与遗憾。

此外，我们可以看到死亡焦虑并不全是消极的、负面的，一定程度的死亡焦虑能够引发人们更好地去理解生命，促使人们积极面对当下的情况，在临终前由死亡焦虑转变为珍惜时间陪伴所爱之人、完成未尽之事的人不在少数。

（2）为成为自己而焦虑

死亡焦虑从来不只发生在那些即将面对死亡的人身上，和小凯一样，凯爸也是个很健谈的人，46 岁，只有小凯一个儿子，我们的面谈是凯爸主动提出的，笔者全程大多数时间负责倾听，凯爸的对话资料节选如下：

凯爸：以前我很相信人是可以改变自己的命运的。现在我不信了，人的命运很难改变。不只是病很难改变，而且整个人生都难以改变。不瞒你说，我以前高中时读书挺好，后来早恋，喜欢上一个姑娘，但是不能在一起，那时我感到心里很不舒服，后来高考前就发病了，看的心理医生，偷偷吃药，暗中治疗，那时这种病是不能讲出来的。再后来好一些了，但是当中断断续续一直没有完全好，我的心里一直有个声音在问自己："我做的事情是不是和别人一样？"后来我自己看一本国外的书，叫什么名字我记不起来了，那上面有一句话说"你别想把你的病治好，带着它一起生活"，这句话一下子就把我的病治好了，这个病前前后后 20 年，现在也算过去了。

笔者：嗯，再后来呢？

凯爸：其实我现在46岁了，和你讲这么多也没用。我本来就希望通过自己的劳动，让家庭变富裕，管好小孩的教育，让家庭更美好。原本以为自己的那些劫难都已经过去，没想到现在孩子生了这个病。那天坐动车来的路上，看到窗外的树，我心里就想到一个比喻，一棵树，上面的叶子还在，可是下面的根已经被拔掉了。

笔者：这个比喻象征了什么？

凯爸：希望破灭了，支持的是还有1%的侥幸，希望孩子的病最后查出来没什么大问题。

笔者：所以你觉得命运一直在给你坎坷，当你觉得生活好一些时就又来一些挫折？

凯爸：对的。

以上与凯爸的这段对话，很透彻地体现了自由与焦虑之间的关系。May曾经说过如果个体不具有一些自由（无论多么小）来实现某种新的潜能，那么他将不会体验到焦虑。相信宿命论的话，凯爸就相当于选择放弃自由，那么他就可以放下那些深扰他的烦恼。然而，他的内心深处却在不断叫嚣，他真的对宿命论深信不疑吗？他真的不想改变现状吗？他的欲望被潜在压抑，他在为成为自己而焦虑。

当一个人对自己的欲望以及肯定这些欲望的意识进行自我否决时，也就否定了自己的创造性和独特性。让我们来看看凯爸以前患病时一直在心底冒出的那个问句"我做的是不是和别人一样？"，这表明他一直在刻意将自己变得大众化、顺从化，淡化自己的独特性。还有他的那个关于树的比喻，叶子还在根却没了，一种解释是他人生的希望破灭了，这是他自己给出的。但笔者认为还有一种解释，外表看起来与其他树是一致的，心底里却已经腐朽了，这不就代表了凯爸自己的人生吗？他努力保持着外在与社会期待的一致性，内里却为成为自己而焦虑得找不到生命存在的本质。

这种为成为自己而焦虑的情况，笔者认为也是死亡焦虑的一种，很多人直到真正面临死亡时，才发觉人生没有按照自己的意愿走一回是多么可惜，而这种悲伤悔恨情绪更会导致临终前存在状态的质量下降，此时我们就应该努力帮助患者去克服阻碍，选择改变。

五 外界对主体存在状态的束缚

通过研究发现，来自外界正向或负向的压力导致患者主体存在状态被严重束缚。一方面，患者渴望获得尊严与知情权，但是外界一再忽略、否定他/她们的想法与需求；另一方面，来自照护者强烈的中国式关怀容易导致患者的本真存在被压抑，不能为自己发声。

1. 对尊严的渴望

（1）为不幸感到羞耻

几乎很少有人觉得疾病能使人更加高尚，通常认为它是贬损性的。癌症末期患者面对自己每况愈下的病情时，不仅对此感到不幸，他/她们甚至会为这种不幸而感到羞耻。这不仅由于他/她们认为自身"有用性"的下降，还由于外界社会对"癌"的恐慌与躲避，并且后者对患者心理造成的影响远大于前者。

糜阿姨是一位传统上海妇女，原先经营着自己的饭店生意。由于癌症复发，糜阿姨再次入院。笔者每次探望她时，她都一个人安安静静地看剧或者读报，当笔者与其交流时，却又发觉她是一个极其健谈的人，笔者可以感觉到她平日里的孤单寂寞，于是便询问她出院回家后都会做些什么，以下是部分对话内容。

> 笔者：阿姨，那你回家休养的时候一般会做些什么呢？
>
> 糜阿姨：就一个人在家待着呀，其实挺无聊的，都找不到人和我说话，我老公你知道的，不喜欢讲话，我一个人憋着难受得要死。
>
> 笔者：平时会出去走走吗？
>
> 糜阿姨：老早时候会的，会到公园里走走，还会和她们一起跳跳舞。
>
> 笔者：那挺好的，跳舞还可以锻炼身体。
>
> 糜阿姨：是的，是蛮好的，你说跳舞可以瘦下来吗？
>
> 笔者：可以啊，锻炼都能保持身材的。不过阿姨你刚才说的是老早去，现在不去了吗？
>
> 糜阿姨：现在不去了，有些人你知道啊，总是会在你背后说三道四。

笔者：怎么个说三道四法？

糜阿姨：就是你生了病，会在你背后指指点点，"哦哟，伊生了这个毛病你晓得伐"……

笔者：你很不喜欢这样子。

糜阿姨：对的，我以前开饭店不是有很多人认识我的吗，走在路上都会打招呼，叫我"老板娘"，现在我出门都要戴墨镜帽子，生怕被认出来。

笔者：为什么怕被认出来？

糜阿姨：我生这个病不是所有人都知道的，让他们看到我现在这副样子难看伐。

是什么造成了糜阿姨不愿与外界往来？是什么让他/她们一旦感受到一丝可能会被拒绝的气息就将自己彻底排除在外？癌症末期患者们渴望来自他人的支持与理解，但是无用性带来的自我否定、外界有意无意的指责导致他/她们隔断了这种念想，自我防御机制筑起高高的保护堡垒，而自尊感却降到了前所未有的地步。

癌症末期患者的自尊是他/她们存在于世的一种心理保障，是存在状态保持良好水平不可或缺的因素，然而要提升他/她们的自尊，并非凭一己之力便能达成，这需要全社会的认同与理解，然而有时过多的关爱也会成为负担，产生负效应，下文将会详述此点。

（2）知情权的丧失

对于癌症患者来说，"知情权"一直是个特殊的存在。尽管国外医护界已经明确表示医护人员有必要将患者的病情告诉本人，并且将此付诸实践，但是在国内还是很难做到。当笔者访谈邵姑娘时，她曾与我提起另一件令她久久难以忘怀的事情。

邵姑娘：之前有次我住院也在这个病房，我的隔壁床是一个二十几岁的小姑娘，结婚没几年，从外地来看病的。那时候，她查出病时就已经是晚期，癌细胞已经扩散到脑部，所以她每天晚上都会疼，有的时候疼得厉害了还会先和我们道歉，"对不起我今晚可能要吵到你们了"。我记得那时候她不知道自己生什么病，更不知道已经到了快不行的地步。那天李医生下午和她丈夫说患者估计就是这两天走，也许还能再挺几天，叫他快点把家里人叫来见最后一面，幸好最后她的爸爸妈妈赶到了。那个下午她还是好好的，我叫了甜品外卖吃不完，还和她一起分享了，一人一半。当天晚上她家里人请了道士来作法，也许实在是没办法了吧，我们都悄悄瞒着没让医生护士知道。后来她就开始头疼，开始时她说"对不起我又要吵到你们了，而且这次好像比较厉害"，谁知道后来情况越来越严重，最后我听到她丈夫一声嘶吼，她丈夫平时是个很内向不怎么说话的人，我就知道她估计是过不去了。她刚走时眼睛还是睁着的，医生让她丈夫把眼皮翻下来，我看着她被推出去。当时我就在想真的很突然，她什么都不知道，没能和家人好好道别，而且她的孩子在老家也没能见到妈妈最后一面。我觉得有时还是要告诉患者情况，至少能够给她道别的时间。

……

笔者：如果是你的话，你希望怎么离开呢？

邵姑娘：不要没有尊严地走，不知情，什么交代都没有。

那位患者离世时没有闭眼是不是还有没来得及说的话？对她那还年幼的孩子、相伴的丈夫、未能尽孝的父母说很多很多"我爱你们"？正如邵姑娘所言，这种被剥夺了知情权的离世是"没有尊严地走"，何其可悲，何其可叹。

其实，在就医过程中患者的"知情权"充斥着每一个角落，大到他/她们对病情的掌握、治疗方法的选择、药物的副作用，小到何时能够出院、午饭吃哪一个套餐、每日挂水的种类和功效，等等。人不过是众多事物中的一种，最终是自我决定的，可是当下家属、医生却为患者做了太多决定。这种来自外界的权力"被行使"，忽略了患者对尊严的重视与渴求，间接剥削了他/她们的存在意义。尊严作为存在状态的保障，需要来自外界的支持与肯定，以及患者本身的觉知与争取。

2. 被爱束缚的本真存在

照护者往往按照自己的标准关爱患者，导致患者的自我存在感被剥夺，许多患者内心无法得到正视，在生命的最后阶段仍然困惑于各类矛盾之中。患者们时常会感到莫名的烦躁、厌世，或者将内心隐藏的不满以变相争吵的形式发泄出来。他/她们的自我存在意识已经觉醒，只是很多时候被"获得爱"束缚住，导致无法体验作为本真存在的感受。

　　小白姑娘是一位年轻的妈妈，在 H 医院先后接受靶向治疗、化疗和放疗。在大家的眼里，小白姑娘一直是一个单纯的、热爱生命的孩子。然而，当她离开医院回到家休养以后，她在社交网络上的发言却着实令笔者震惊：

　　　　最近总是情绪不好！其实有时候我自己都不能明确地表达到底是什么原因！也许原因太多了，也许根本就是我自身的问题！我不知道是自己变得挑剔了还是真的是身边的人的问题！除了老公，全是我的长辈！而我能说的也只有老公！但是他永远是那个没心没肺的人，我不知道他现在心态是什么样的，我能感受到他真的紧张我也就年初那段时间！……或许这就是有人问我你生病他怎么不瘦的原因之一了！

　　　　其实乐观和治愈不画等号！笑着面对和内心强大也不画等号！最近很多事情绕着我，认识的、不认识的、好转的、恶化的、关心的、冷漠的、真实的、虚伪的！家人朋友的关心和鼓励是不可缺少的！但其实我们这些患者的内心究竟是怎么样的？我只想站在我这样一个明年才 30 岁的年轻人的角度来说！生完这场病，我对我之后的人生是迷茫的！有时候觉得我人生被快进了！什么还都没做就已经什么都做不了了！所谓正常人的生活我真的可以吗？……

　　通过以上两段内心独白，笔者看到了一个活生生的本真存在为自己发声。小白姑娘字里行间透露出对自己糟糕情绪的困惑、对家人的挑剔、由家人关心所带来的压力，这些都令原本乐观的她不堪重负。一方面她挑剔家人不够关心她，不能紧张她的任何不适，甚至达到了非理性的地步——希望丈夫能够为了她变得憔悴、消瘦。相信很多患者会有这样的想法，希望家人用无微不至的关怀来证明对自己的爱意，而这"爱"也正是鼓励患者生存下去的力量。同时，小白姑娘又为家人的各种过度关心以及不理解自己感到烦恼，她想告诉大家患者内心的真实想法，她不想在家人的叮嘱下成为"什么都做不了的人"，开始怀疑自己还能否过上"所谓正常人的生活"。而在实际生活中，她又是一个能够到处散播快乐、给人以正能量的患者。她不吝于自己"付出爱"，却又为"获得爱"而苦恼。

　　笔者认为，这种为爱而产生矛盾的根本原因在于本真存在无法独立，存在状态迟迟难以改变。有这种情绪冲突的患者，其内心已经有了自我存在意识的觉醒，他/她们想要通过本真存在来获得新生，但是由于家本位的责任、中国式关怀等种种因素，他/她们的本真存在被束缚住了，被困住的本真存在总是想要找寻新的突破口，于是就产生了难以言明的坏情绪、莫名的争吵等。解决这种情况的根本途径，就在于真正的觉醒体验和由此带来的存在状态的改善。

六 存在主义视角下医务社会工作的思考

上文笔者从癌症末期患者的自我存在感、生命意义、死亡焦虑、自我尊严、本真存在五方面对存在状态进行了描述，由于主体的弱势、外界的牵绊对癌症末期患者的临终生命质量产生了消极影响，医务社工的当务之急是努力改善患者的存在状态。

1. 中国式觉醒体验

研究发现癌症患者面对死亡时一般能够达成"浅层次的觉醒"，这是一种缺乏以自我存在为导向的醒悟。从第四节关于存在状态的描述可以看出，许多癌症末期患者会出现以家庭为本位的焦虑、遗憾等状态，这就是他/她们的觉醒表征。他/她们会思考已经过去的人生都付出了些什么，得到了什么，还想继续为外界再做些什么，可是这些思考的重点全是以外部为导向的，在面对生命终点时他/她们仍未考虑到自身作为最本质的存在，个体生命的需求是什么，个体的存在意义为何。

究其原因，是本土环境造就了人们与死亡的"绝对距离"，死亡于我们而言是遥远的、不生动的，整个社会充斥着对死亡焦虑的压抑，使患者失去了深度觉醒体验的机会。在医院中，由于传统忌讳，"死亡"比在寻常场合更加难以提及，当患者病危时，说死亡似乎会是件"触霉头"的事；而在离世后，被匆忙抬走的遗体似乎是想证明死亡不曾存在过。中国人这种对死亡几近病态的躲避态度，是有着深厚文化历史根源的。在中国土地真正直面"死"的传统主流哲学是很少的，无论是儒、道、佛，有的只是对死前的积极执着和死后的消极幻想。而存在主义理论正弥补了这一盲点，告诉我们"死"是值得重视和探讨的，懂得如何去"死"，是一件值得庆幸的事。

综合以上内容，笔者提出中国式的觉醒体验，旨在突出觉醒过程中对自身存在的关注。我们要相信个人对死亡的觉察可以催化自我改变的过程，因此对于那些觉醒不足的患者，社工需要帮助他们从观念上体察到自我的重要性，提升自我存在感，当然是否决意改变由患者而定，外界强行干预向来是徒劳无功的。当患者有了能够正面直视死亡的勇气时，社工可以选择合适的死亡观点介绍给患者，或者与其共同探讨对死亡的看法，令其不再压抑心中的焦虑与恐惧，近距离感受死亡，觉察死亡，并催化自身的改变。

因此，社工首先应当做的是帮助患者由"浅层次的觉醒"出发，达至"深层次的觉醒"——也就是能够考量到本真存在的意义与需求。我们应该帮助患者体察到这一点：你就是你自己，所有身外之物都不是你，你的存在在这些事之外；它们都会消逝，但你仍然存在。中国人往往一辈子劳碌，未曾虚度过光阴，但是这些劳碌大部分也是单一的、为他人付出的，若他/她们能够在生命的末端体悟到属于自己的生活的乐趣，那将是临终关怀的终极目标。

社工还应该更多接触、学习不同学术流派的死亡观点，首先做到自身能正视死亡，随后再将死亡哲学介绍给患者。存在心理治疗师十分注重各流派对死亡观点的看法，Yalom认为向患者介绍哲学流派关于死亡的观点是有效改善其对死亡消极想法的举措。这些关于死亡的思考拓展了我们的视野，将我们带入对"死"这个议题的深深思考中。"死亡"离我们不再遥远，开始变得生动而直观，我们内心的恐惧与焦虑变得无处可逃，而只有当我们自己经历了这样一番关于"死"的思索与苦痛挣扎，才能深刻体悟到其意义，能够为患者带去更好的理解与帮助。

2. 存在状态的循环改善模式

基于以上内容，笔者提出存在状态的循环改善模式，具体见图1。

图 1　存在状态循环改善模式

（1）从个体存在状态的表现可以反映出其对存在意义的理解。存在状态的好坏体现了个人对自身存在的体验是否全面、完整，存在状态越好，表示存在体验越透彻，那么对存在意义的理解也就越充实。若存在状态在某些方面显得比较糟糕、消极，如过激的死亡焦虑、过度的内疚心理等，这就表示个体的存在体验有不足之处，对存在意义的理解就会有偏差。

（2）个体意识到自身存在意义的不足能够催化觉醒体验的产生。存在意义是个人存在于世的根本缘由和动力，当个体从自身存在状态出发体察到自己存在意义的缺失或迷茫时，觉醒体验即可伴随着发生或一触即发。觉醒体验是一种对于自我存在的顿悟，而非苦思冥想，因此当个体思考存在意义时可能当即就有了觉醒，也可能是事后受某件事、某句话的启发而产生。

（3）觉醒体验过后，会引起个体对存在意义的反向思考。觉醒体验往往是深刻的、具有持续效果的，经历过觉醒体验的个体会主动重新考量自身的存在意义，此时对存在意义的再思考也将是全新的、具有改变设想的。个体开始关注自我，能够从更多角度思考存在的价值，设想很多曾经不敢尝试的事情，当然也会考虑到固有的限制，然而此时却也是最有可能打破限制或者绕过限制的时机，这就需要外界的适时协助。

（4）存在意义的再考量能够引发个体改变存在状态。经历了一个轮回，个体对自身存在意义有了深刻体认之后，会更明白自己需要什么、该如何行动，以此来达到改善存在状态的目的，使临终前的生命历程能够完满结束。此外，这种改变不单单是指行为上的变化，对于临终者而言，心理、情绪、心态上的改变反而会占更大部分。

需要注意的是，此模式有可能是个体自然发生，也可以是外界如社工等作为参考架构来引导患者进行。尤其是引发觉醒体验之前的两步，对于个体而言主动思考存在状态、存在意义是比较困难的事情，特别需要外界的引导与支持。并且在实际操作过程中，这个循环中的步骤不一定会独立产生，也许会同时发生，也可能两两发生，并且个体可能会不止一次地经历该循环，此框架是为了逻辑上更好理解，而非严格地界定时间顺序。

七 结论与反思

笔者从存在主义视角出发，通过多个案例与对话访谈的描述，将癌症末期患者不同维度的存在状态真实地展现出来，包括他/她们对自我存在感的觉知、对自我生命意义的定义和意识、死亡焦虑在日常中的内涵体现、责任与自欺的机能运作，以及对尊严的渴望与维护、受到来自中国式关爱的束缚。通过存在主义理论分析，针对患者的存在状态及需求，得出了相应的社会工作服务指引，能够为医务社工提供实务上的建议。

　　研究采用参与式观察法、半结构式访谈法，笔者通过在 H 医院肿瘤住院部 7 个月与患者、家属和医护人员的朝夕相处，以及与多位患者深入的访谈，将观察、了解到的一手资料整理汇总并归纳分析。

　　首先，根据参与式观察和深入访谈所获得的信息，笔者进行了归纳整理，通过选取案例、展示访谈内容的形式，从主体、客体两方面展现了如下六个突出的癌症末期患者的存在状态：自身以及外界的因素导致癌症末期患者的自我存在感较低；每位患者对生命意义的定义是不同的，并且大多缺少意义意识；患者感知到死亡焦虑，为成为自己而焦虑，但是否认死亡恐惧；大部分患者有强烈的以家为本位的责任感，由责任产生内疚，并导致自我改变行动的缺失；患者对尊严极其渴望，但是外界却一再忽略他们的需求；中国式关爱对患者本真存在的束缚。

　　最后根据上述研究发现，本文提出了社工应该怎样理解患者的存在状态、如何帮助患者意识到存在意义的具体方法，并认为由浅入深的中国式觉醒体验是改变存在状态的动机，由此提出了"体验存在状态－理解存在意义－催化中国式觉醒体验－再思考存在意义－改变存在状态"的存在状态循环改善模式，为医务社会工作在临终关怀服务中提供了借鉴与参考。

　　存在主义是我们迷惘中的一盏明灯，它坚实地告诉我们直面死亡是一件多么令人痛快的事情。相信许多医务社工在初入岗位时，有着和患者一样的对死亡的焦虑和恐惧态度，当见过太多的离世和病痛之后，内心甚至会慢慢变得麻木。而存在主义在帮助我们如何去辅导他人面对死亡之前，先给我们自己上了一课，它首先坚固了我们的内心，随后才成为传输积极生死观的利器。但是将存在主义理论直接运用于社会工作实务确实比较困难，此理论较适合用于对整体服务本质上的理念指导，而非操作中的技术策略运用，正因如此，在技术上看似没有指导，但是处处受限制。社工在运用技巧时需要考虑此技术是否会违背存在主义的理念，特别是类似于行为主义机械化的运作机制如理性情绪 ABC、代币制等方法几乎不可取。因此，若要开展存在主义社会工作，仍需要一个清晰的界定原则来判断某些策略技巧的运用是否可行。

参考文献

安民兵、刘俊杰，2007，《浅谈社会工作在临终关怀团队中的角色》，《卫生软科学》第 4 期。

常子奎、管健，2003，《社会工作介入临终关怀的研究》，《中华医院管理杂志》第 1 期。

陈雅学、韩跃红，2006，《从临终关怀看死亡教育》，《昆明理工大学学报》（社会科学版）第 4 期。

郭永松，2009，《我国医院试行医务社会工作的初步研究》，《中国卫生政策研究》第 7 期。

何雪松，2007，《社会工作理论》，上海人民出版社。

蒋光清，2006，《临终关怀护理中护士心理状态调查》，《中国健康教育》第 1 期。

李兵水、童玉林、吴桅，2012，《我国医务社会工作的现状与未来发展的思考》，《福建医科大学学报》第 1 期。

刘喜珍，2009，《论死亡焦虑产生的原因及其消解的伦理机制》，《北方工业大学学报》第 4 期。

蔡萍，2012，《临终关怀与社会工作》，《中国老年学杂志》第 10 期。

郭永松，2009，《我国医院试行医务社会工作的初步研究》，《中国卫生政策研究》第 7 期。

江慧钰，2001，《国中生生命意义之探讨：比较分析与论释研究》，硕士学位论文，慈济大学。

李艳、徐文，2015，《存在主义哲学对社会工作价值观的启示》，《哲学研究》第 2 期。

梁潇云，2013，《关注存在意义：临终者的死亡焦虑与社会工作的介入——以 S 社会服务机构临终关怀项目为例》，硕士学位论文，华东理工大学。

刘继同，2010，《中国医药卫生体制改革蓝图与医务社会工作的战略地位》，《医学与卫生》第 5 期。

刘素群，2009，《临终关怀在我国的实践应用及发展对策研究》，硕士学位论文，山东大学。

罗洛·梅，2008，《存在之发现》，方红、郭本禹译，中国人民大学出版社。

欧文·亚隆，2003，《存在心理治疗（上）——死亡》，易之新译，张老师文化事业股份有限公司。

欧文·亚隆，2015，《直视骄阳——征服死亡恐惧》，张亚译，中国轻工业出版社。

汝信，2008，《看哪，克尔凯郭尔这个人》，河南大学出版社。

沈黎，2004，《幽谷伴行——浅谈社会工作在临终关怀中的介入》，《社会福利》第 2 期。

维克多·弗兰克尔，2010，《活出生命的意义》，吕娜译，华夏出版社。

赵树雕、陈燕，2008，《国外死亡焦虑研究概况》，《医学与哲学》（人文社会医学版）第 4 期。

郑晓江，2001，《论死亡焦虑及其消解方式》，《南昌大学学报》（人文社会科学版）第 2 期。

Abdel, Khalek A. M. 2005. "Death Anxiety in Clinical and Non – clinical Groups," *Death Studies*.

Catherine, S. K. , Anise, M. S. Elsie, C. W. 2002. "Psychosocial Correlates of Death Anxiety Among Chinese College Students," *Death Studies.*

Chen, Y. , Del, Ben K. S. , Fortson, B. L. , et al. 2006. "Differential Dimensions of Death Anxiety in Nursing Students with and without Nursing Experience," *Death Studies.*

DePaola, S. J. , Griffin, M. , Young, J. R. , et al. 2003. "Death Anxiety and Attitudes Towards the Elderly Among Older Adults: The Role of Gender and Ethnicity," *Death Studies,* 27.

Krill, 1978. *Existential Social Work*, D. F. New York, Free Press.

Ens, C. , Bond, J. B. 2005. "Death Anxiety and Personal Growth in Adolescents Experiencing the Death of a Grandparent," *Death Studies.*

Thompson. 1992. *Existentialism and Social Work*, Aldershot, Hants, Avebary.

都市社会工作研究　第 4 辑

第 56～68 页

© SSAP，2018

本土医务社会工作参与社区治理的个案

——以上海市 Z 社区"同心家园"项目为例*

黄　品　陈海滨　梅　竹　杨　锃**

摘　要　当前，医务社会工作被期待参与社区治理并发挥其相应的功能，其服务模式应当从以院内为本，转向打造"院前—院中—院后"的服务链条。然而，医务社会工作在实践过程中，如何突破医院边界参与社区治理仍然缺乏必要的经验探索和实践研究。本文通过考察上海市 Z 社区"同心家园"项目的具体实施过程，在政府购买服务过程中，探讨了多方主体协作所呈现的优质医疗资源下沉社区的具体过程。这一实践案例中，以社区为载体，为医务社会工作参与社区治理的路径提供了有益的启示，为医务社会工作参与社区治理拓展了实践层面的可行路径。总结并提炼该案例的可复制性经验，对实践层面探索持续推动医务社会工作发挥社区治理的功能，进而加快健康城市建设的步伐有着重要的启示意义。

关键词　医务社会工作　社区治理　医疗资源

---

*　基金项目：上海市卫生和计划生育委员会青年项目（20144Y0157 WSJ1420）。

**　黄品，上海大学社会学院社会工作专业硕士研究生；通信作者为陈海滨，同济大学附属同济医院党委宣传部部长；梅竹，同济大学附属同济医院社会工作部主任；杨锃，上海大学社会学院副教授，主要研究方向为社会工作。

一　问题的提出

20 世纪以来，卫生的内涵开始不断变化，从私人领域向公共领域拓展，公共卫生体系因而逐渐成为国家现代化治理能力的重要组成部分，该领域治理能力的强弱则影响着卫生现代化水平的高低（罗芙芸，2007）。健康的重要性是毫无疑问的。然而，随着市场经济和医疗体制的改革，中国的医疗卫生服务领域出现了诸多问题，已远远超出了传统医疗制度改善的范畴，人们对医疗卫生服务的需要与满足需要的医疗卫生服务资源之间出现了矛盾，对医务社会工作的发展提出了要求（刘继同，2009）。在实施健康中国战略、打造共建共享共治的社会治理格局的背景下，学者提出要进行医疗服务领域社会治理的创新，打造科学完善的医疗服务体系。现阶段，我国医务社会工作者主要活跃于医院的各项服务活动中，然而其所能发挥的功能绝不仅限于医院内，其专业知识、服务理念、服务能力等因素已然决定了医务社工能完美融入社区层面服务团队，为社区居民提供主动、综合、连续的健康服务。

2017 年，以马凤芝等学者为代表，许多医务社工领域的人提倡，医务社工应当参与社区治理（马凤芝，2017）。但怎么参与，如何真正实现参与的问题一直没有经验性的论证。上海市 Z 社区"同心家园"项目运行近一年，是将医疗资源下沉社区的成功案例，本文通过深度访谈和焦点小组对此项目进行个案研究，以探讨医务社会工作功能的发挥，如何实现优质医疗资源下沉，并促进社区治理。

二　"同心家园"项目实施过程分析

（一）"同心家园"项目诞生背景

Z 社区始建于 20 世纪 80 年代，属于综合性老式社区。社区地理位置优越，交通便利快捷，周边公共设施齐全，大型综合性三甲 T 医院与社区居委会仅一条马路之隔，在活动的联系与开展以及居民寻求医疗服务方面，十分便利。

人口老龄化是 Z 社区的一个核心问题，Z 社区老龄人口约 3000 人，达到总人数的 40%，老龄化比例在上海市所有的社区中排名第一。同时，Z 社区中无子嗣及伴侣的孤寡老人，以及子女在国外常年独居的高龄老人居多，这些老人是社区的主要服务对象。

老年人口的健康需求是"同心家园"项目发起的原因之一，同时，Z社区与其邻近的 T 医院心内科党总支的党建联建工作更是为此项目搭建了直接的合作平台。最早在 2010 年，T 医院心内科党总支书记联系到 Z 社区党建工作负责人，协商医疗团队进社区服务的事宜。考虑到社区老龄居民的健康需求以及医院合作宣传等工作的需要，心内科的健康服务工作开始了。2017 年，Z 社区将医疗资源进社区服务正式申报到 G 街道"同心家园"项目，对服务进行规范化、体系化、系统化的制定，并通过党建联建以及其他方式与辖区内多家医疗单位签订合作协议，促进医疗资源进社区工作规范化开展。

此外，项目制的运行也是推动项目诞生发展的关键因素。最早在 2012 年，G 街道推出项目化工作制以提高基层工作人员的福利待遇，随着社区工作者职能的转变，街道重新整理项目化工作思路，决定推动项目化工作制走向专业化道路，开始对居委会的项目化工作的管理方面、项目提升以及专业度方面提出一定的要求，在一定程度上要脱离常规工作，或基于常规工作进行再创新，并且在每年年底的评估考核工作中也进行了不断的改革与更新，以提升居委会项目化工作能力。Z 社区就是在这样的背景下开始的社区项目化工作。在 2017 年以前，与 T 医院的党建联建工作以及其他医疗机构的合作都是基于常规线条，活动也以简单的社区体检和咨询为主。2017 年，Z 社区在居委会书记的牵头下，正式与 T 医院心内科签订共建协议，将医疗资源进社区服务进行项目化运作。

（二）"同心家园"的多元主体

"同心家园"项目促使优质医疗资源进社区主要涉及五个主体，笔者试图通过图 1 来体现各主体之间的关系。

街道办事处作为政府的组成部门和执行机构，需要将政策自上而下进行落实，在这个过程中如果没有居民自下而上的参与，政策的落实在时间和行动效率上都会事倍功半。从社区治理的视角来看，社区工作在努力促进多元主体共治（杨锃、史心怡，2015）。在 Z 社区"同心家园"项目中，作为政府部门起主导作用的是 G 街道自治办，自治办从 2012 年以项目化工作制的形式促进社区工作者及居委会干部的工作。在医疗资源进社区的过

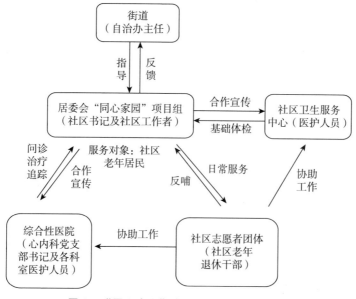

图 1　"同心家园"多元主体间的协作关系

程中，街道层面为 Z 社区提供了各类型的支持和服务，将其作为重点社区项目来培养，提供资金支持和人员指导等各方面的协助。事实上，从前期与各单位的党建工作联系和签约，到落实人员、提供活动经费，以及面对在活动过程中遇到的方方面面的问题，自治办都提供了细致而周到的服务。

T 医院是一所三甲医院，是"同心家园"项目中的一个重要主体，提供了服务中的大量医疗资源，搭建了服务的主平台，是推动项目可持续化的必要保障。T 医院最早是心内科与 Z 社区取得联系，与社区携手开展共创共享活动。2017 年 3 月，T 医院心内科党总支与 Z 社区居委会正式签订党建联建协议，将服务形式丰富化，从以往的简单咨询拓展到定期进社区开展医疗讲座，一个季度一次的大型广场问诊咨询活动，针对生活不能自理的老人上门体检以及节假日对退休老党员进行慰问等；同时，根据居民健康需求，T 医院成立了医疗青年专家志愿者队伍，专门对接 Z 社区的健康服务，涵盖心内科、内分泌科、眼科、骨科、中医科等多个科室。对社区而言，优质的医疗资源和医疗服务能够进入社区，为广大老年居民提供服务，是提升居民健康生活品质的重要保障，也促进了老年居民从更多层面参与社区自治，做自己力所能及的事。对医院而言，一方面真正落实和实践了专业服务基层化，另一方面留住了辖区内的目标服务对象，减少了周边居民求医过程中"舍近求远"的现象。

社区卫生服务中心及一些民营医院和单位也参加了医疗资源进社区的服务，是"同心家园"项目主体中的一员。社区卫生服务中心针对每一两个居委会配置一名健康联络员，旨在处理社区精防和健康管理工作。社区卫生服务中心在每个阶段会有不同的项目，比如大肠癌筛查、糖尿病的检查等，以慢性病为主，主要服务对象是 60 周岁以上的老人。卫生中心通过联络员将信息传达给社区，社区再通过广播、海报、微信平台以及志愿者团队等相关渠道将信息传送给社区居民，通知居民在相应的时间内前往卫生中心进行健康检查。此外，提供服务的主体还包括一些民营的医院和公立的单位。在医疗资源进社区过程中，这些主体多以参与社区健康讲坛系列讲座和义诊活动为主，以弥补综合性医院人员不足、活动不充分的缺陷，同时也满足与社区合作宣传的自我需要。

Z 社区居委会下设一支"阳光面对面"为老服务志愿者团队，是"同心家园"项目的中坚力量。志愿者团队有将近 20 个人，平均年龄为六十二三岁，由退休的党员干部组成，主要担任社区楼长、层长的职务。团队成立至今五六年时间，起初是居委会的想法，在居委会的号召下，热心居民通过统一报名成立。志愿者团队成员均有一技之长，比如测量血压的相关技能，以及掌握基础的健康知识。在医疗服务方面，为老服务志愿者团队的工作主要分为两大方面。一是日常服务，通过网格化分组上门走访对接每一位独居老人，进行血压测量，将老人的情况反馈给居委会。二是在大型咨询和问诊活动中，志愿者团队根据志愿者自身情况分成健康咨询协助志愿者和秩序维护志愿者，前者帮忙测量血压，翻译专业语言，后者负责现场的排队和引导等。此外，为老服务志愿者团队还有一个月一次的例会，在居委会的组织下开展。例会要求志愿者成员全部出席，把近一个月自己负责的各个老人的情况进行梳理和汇报，将相关问题和需求反馈给居委会，居委会记录成册并帮助老人去落实，以制度化的形式去解决问题。

（三）"院前预防，院后追踪"服务模式

"同心家园"医疗服务项目旨在打造"预防—治疗—追踪"的服务模式。在预防层面，一是志愿者团队上门走访和测量血压，向老人传播健康知识；二是通过公益讲堂系列讲座和大型广场咨询问诊活动，对老人的健康情况进行检查，筛查有治疗需要的老人去医院接受治疗；三是通过社区卫生服务中心进行慢性病的免费检查，以满足老人的健康需求。

在治疗层面，在上一级检查过程中发现有进一步检查和治疗需要的老人，推荐其去综合性医院接受治疗，针对独居和孤寡老人，社区会提供志愿者陪同协助治疗，提供生活上的陪伴和照料。但目前项目服务更多停留在预防层次，在问诊过程中医生只会做到建议老人去医院二次检查，至于老人是否选择去医院就医，医院和社区层面则没有进行更深一步的跟进。

在追踪层面上，由于项目的人力物力有限，服务主要面向接受过治疗回归社区的孤寡老人以及生活不能自理的老人。针对这类人群，志愿者团队将他们作为重点服务对象，定期上门探访，且协助医院医生进行上门式医疗检查做病情追踪。

"同心家园"项目在开展的一年时间内取得了一定的成效，其医疗服务曾挽救过社区内一名独居老人的性命。

> 独居老人已经80多岁了，两个小孩在国外，独自居住。老人平时很节约，不清楚自己的身体状况，问诊当天感觉不舒服，听到我们的活动就来了，检查时测量不出血压，医生建议送去医院，查出是胃出血，老人孩子不在身边居委会就帮忙签了病危通知进行抢救，之后再通知的孩子。后面在医院里面的输液、治疗，以及出院事宜，也都是志愿者全程陪伴的。(访谈材料 Z20171221)

医疗资源进社区项目为社区居民提供了健康层面的服务，也促进了社区居民特别是老年居民对社区活动的参与和治理。项目中的各个主体试图通过合作创新提高服务质量和成效，但也存在方方面面的问题。

三　项目运行的困境

(一) 社区工作者层面

在社区工作者层面，主要出现以常规化工作代替项目制工作、专业能力薄弱、主动性差等问题。"同心家园"医疗服务项目是在项目化工作制的背景下开展的，项目化的目的是"以奖代补"，对项目内容和专业化并不做特别的要求，加上居委会工作人员文化程度不高、专业水平较低，项目制工作仍以常规工作为主。G 街道下辖社区的项目化工作总结为以下三种形式：一是将项目奖金用于社区全方位活动的开展；二是将社区的常规工作增加群众参与总结归纳为项目化工作进行申报；三是以现有资料进行参评争取年终奖金。以常规工作替代项目化工作，以获取年终奖金的浑水摸鱼现象几乎是 G 街道的项目制工作的常态。Z 社区的医疗资源进社区的服务项目是基于居民的健康需求提出来的，但也产生于一定特殊的背景，这在 G 街道的项目化工作中是十分稀少的，项目特色化取决于居委会人员的工作意识，相对而言有较高的要求。同时，社区医疗项目化工作并没有明确的人员分工，没有出现核心成员这一角色，缺乏细致而明确的活动策划，无需求评估和满意度调查，活动总结也是随机安排人员撰写或者以顺序轮流的方式，缺乏项目化的理论知识和工作方法。此外，社区工作者欠缺链接资源的意识和能力，服务几乎都是在常规工作的基础上展开的，Z 社区的医疗资源进社区服务是出于医院方的主动联系，若医院没有踏出这一步，社区的工作人员很难走出社区，引进附近优质资源开展便民服务，这也是目前社区工作者的局限性之一。

(二) 志愿者团队层面

志愿者团队层面的问题主要体现在缺乏专业培训和价值理念冲突两方面。

在"同心家园"项目上，志愿者团队并没有接受过专业的培训，他们缺乏理论知识和专业技能，主要体现在两个方面。一是在日常的走访预防工作上，基础性的医疗技能和医疗养生知识以及政治、生活上的资讯，需要志愿者自己去学习和获取。二是在医疗进社区的大型活动上，志愿者属于活动中的机动人员，哪里需要填补在哪里，在问诊过程中，将医生的语言转达给居民是老人了解自己身体状况很重要的一个环节，缺乏专业医疗知识，就可能会出现志愿者凭自己理解传达信息的现象，影响老人对自己身体甚至病情的判断，以及后续是否选择进一步检查和求医。同时，在志愿者的付出和应该获得回馈的问题上，居委会方和街道方的态度截然不同。从居委会层面出发，主要是希望上级领导或者部门能够多给志愿者一些物质性的回馈。而街道层面并不提倡居民志愿者服务以物质回馈为前提，并表示定期的上门关心和慰问已经常规化了，若居委会希望以这种方式提升志愿者参与医疗服务活动的积极性，可以从合理安排项目经费出发。

(三) 综合性医院及社区卫生服务中心层面

此层面的困境主要体现在医疗资源不足、工作效率低下、院内管辖严苛三个层面。在"同心家园"医疗服务项目中，T医院主要提供的服务是系列讲座和社区问诊，但由于医院参加服务的人手不足难以满足全部居民需求，大型问诊活动一般进行两个小时，对于一个近3000老龄人口的社区来说，远远不能满足居民的需求。每次活动进行看诊和血糖、血压、骨密度等基础测量的展台只设置一个，仪器供给上的不足也限制了活动的服务人次和范围。而社区卫生服务中心以及地段医院由于其基础设施有限也无法发挥替代性的作用。同时，Z社区的老年居民大多数不具备基础的医疗健康档案，在每一次的问诊活动中，针对前来看诊的每一名老人，医生都需要系统地问一遍老人的过往病史和基础健康情况，老人的沟通需要消耗大量的问诊时间，为服务增加了难度。此外，综合性医院院内管辖严苛，其医护工作者不仅承担着每天接待络绎不绝的求医患者的职责，还面临着学术科研压力，以及在医院系统下各种行政事务的承接和处理。这在各大医院已经屡见不鲜（王莹、谭晓东，2014）。

四 本土医务社会工作的功能发挥

"同心家园"医疗资源下沉社区项目，力在打造"院前预防，院中治疗，院后追踪"的一体化服务模式，但在项目开展过程中凸显了不同层面的问题，尽管国内医务社会工作在努力实现从院内服务到健康照顾服务的功能跨越，但在实践中依旧有很多需要改进和完善的地方。就"同心家园"项目，笔者在模式打造的基础上从医务社会工作者和医务社会工作制度两个层面提供功能发挥的建议。

（一）院前预防

从医务社会工作者层面来看，亟须提升社区工作者的专业能力。首先是专业价值观方面的学习，坚持接纳、尊重和包容、个别化、自我决定和知情同意以及保密的原则，尽管社区工作者秉持服务之心开展活动接待居民，但在工作中难免出现特殊情况和伦理困境，价值理念的学习能够有效提升社区工作者开展工作的能力，扫除一些障碍。同时，在"同心家园"项目化工作运转上，转变"换汤不换药"的工作理念，从居民的真实需求出发，设计相关服务活动。医疗资源进社区，服务形式不局限于传统的健康讲座和大型问诊，社区工作者可充分发挥主观能动性，打造专业化品牌服务。在项目工作的具体操作上，进一步指导和学习，并配置相关督导人员，针对活动出现的问题和服务的开展做专业化的指导和跟进。此外，改变社区工作者"靠、等、要"的工作方式。社区工作者多次表示医疗资源缺乏，希望能够链接相关医疗人才进社区服务，但在项目开展的近一年时间中，社区工作者并无尝试主动踏出社区寻求相关医疗资源的合作，同样的，"同心家园"项目也是在 T 医院的主动联系下发展完善的。社区工作者的主动性也是服务内容和质量的关键因素之一。

同时，志愿者团队也需要进行两个方面的改进，主要是通过培训来进行医疗知识的普及和医疗技能的学习、正确需求调查方式的获得。从生理、心理、家庭子女、经济状况等多个方面对独居老人进行考察，以全面地了解社区老人的生活信息。社区可以建立志愿者管理平台，对社区内的志愿者进行实名注册和登记，设定项目督导定期开展培训学习活动并反馈问题，对志愿者每次参与的活动时间和内容予以登记，以年终评选或节假日慰问的形式进行回馈，满足志愿者身心方面的需要。

此外，平衡医疗资源的主替关系也是提高服务效率的有效途径之一。协调综合性医院与社区卫生服务中心的服务时间与项目，通过合理安排服务时间和内容，以改善医疗资源不足的情况。社区工作者需转变"故步自封"的理念和工作方式，根据社区高龄老人的需求主动链接资源，可通过与医学专业的高等院校合作，在校内招募大学生志愿者或签订大学生进社区开展专业实习的协议，将社区设定为学校的实习合作点，以扩大医疗团队，提升项目服务成效。

从医务社会工作制度层面出发，需完善项目化工作制度。政策制度的改进是项目制工作专业化的根本前提。在此层面上，通过项目在申报和运行中呈现的共同性问题，进行有针对性的改革。在用人方面，加强人才培训，建立激励机制。在服务具体化方面，明确项目申报的形式和内容范围，在综合社区根本需求的基础上鼓励创新，设定项目制督导，定期进行评估和跟进，反馈问题。或与专业社会机构合作，通过购买服务等形式，引入社工机构、NGO、社团组织等专业力量，弥补不足，形成合力。同时，积极与基金会、各大企业加强合作，引入市场化运作机制，整合多方资源，将项目化工作制推上新的台阶。

（二）院中治疗

在医务社会工作者层面，推动跟进居民治疗需求。"同心家园"医疗资源进社区现有的服务大多停留在预防层面，仅针对个别独居孤寡老人，如果他们出现了就医的需要，社区则提供院中和院后的服务。但通过了解，绝大多数居民是没有这个服务的。在社区问诊后，医生会给出相应的建议，是否选择就医、去哪里就医仅凭居民自己的意愿，社区工作人员告诉笔者因为人手不足，所以没有进行更深一步的跟进。在这个层面，需要进一步去跟进居民的治疗需求，对待有病征的居民及时联系其家人并送去就医，以防耽误病情。这依旧需要完善的志愿者体系，将居民的诊断情况登记在册，将有就医需求但又不愿意去医院的老人的情况及时反馈，让医务社工通过专业的方法介入。同时，对接受治疗的居民配备一对一志愿者，通过陪伴式服务跟进治疗，反馈给医务社会工作者，针对康复出院的患者进行后续回访，其他类型患者可根据情况采取其他不同类型的特殊式专业服务，如临终关怀等。

在医务社会工作制度层面，亟须积极推动开展家庭医生制服务。2016年，上海市已经落实"1＋1＋1"制度，即一家社区卫生服务中心，一家区级医院，一家市级医院，通过三方的组合签约推进医务社会工作的发展。在此基础上，有学者提出，可以形成"2＋1"模式，即"医务工作人员＋志愿者＋社区工作人员"，形成三方联动，以拓展服务空间，助力落实家庭医生制度（杨锃，2017）。基于家庭医生式服务开展的现实需要和居民健康管理的实际需求，家庭医生制服务势在必行。从"同心家园"项目来看，目前医疗团队仅深入部分孤寡老人的家中，医疗资源的数量和质量远不能满足政策上的要求。医务社会工作团队的加入，能够帮忙处理医务人员相关的行政性实务，减轻压力；同时，将医疗资源与居民区相连接，能够增强居民家庭对于医护人员的信任感，起到中介桥梁的作用；在跟随入户的过程中，专业医务工作者能够从心理、行为、社会等多个层面进行考量，通过专业方法及时解决居民面临的问题。从此层面来看，专业医务社会工作者的加入能够推动家庭医生制度的实现。

（三）院后追踪

在医务社会工作者层面，进行居民健康情况反馈。院后层面的服务主要是针对接受过治疗的患者，在出院后进行追踪服务。医务社会工作者可随家庭医生开展定期的回访，以确认患者身体、心理及其他各方面的状况，同时志愿者的日常走访和后续服务也需更加上心，特别是独居和孤寡老人，将老人的健康状况及经济、陪伴等需求及时反馈给社区工作者和医务社工，针对必要的服务对象可开展个案服务、小组服务，如相同病症的老人的支持陪伴型小组，帮助老人重拾健康生活的信心，提高社区老人晚年的生活质量和幸福满意度。此外，社区居委会可设立专门的服务台，主要为接受过治疗的康复老人提供咨询和信息的反馈，帮助老人与医疗人员建立一个信息传递平台，第一时间将老人的健康情况反馈给医务人员。

在医务社会工作制度层面，需落实居民健康档案制度。"同心家园"优质医疗进社区项目是上海市屈指可数的此类别的成功项目，但笔者也提到，社区中的居民并没有建立健康档案。落实居民健康档案制度，能够有效地反映出居民的过往病史和健康状况，极大地提升服务的效率。随着家庭医生工作的开展，医务社会工作者可同步协助建立居民健康档案，包括明晰的身体报告、院中接受治疗的就医医院和用药情况，以及日常的血压血糖等测量指标值等，建立信息化数据平台，尽可能地涵盖更广范围的病人信息，以帮助全科室医生或护士在跟进患者健康情况时，可以清楚地了解信息，省去不必要的流程，以提高服务质量。建立居民健康档案制度，需要多个平台的配合。医务社会工作者有效地整合资源，协调并克服各方面的困难，是落实此项制度的关键推动因素。

五　结论与讨论

党的十九大进一步强调实施健康中国战略，提出打造共建共享共治的社会治理格局。在作为国际化大都市的上海，医务社会工作如何展开探索，助力健康中国战略，成为一项紧迫的课题。为此，笔者对上海市 Z 社区"同心家园"项目实施中引导优质医疗资源下沉社区的项目进行了个案研究。通过对该项目中街道、社区、综合性医院、志愿者团体等多维度的调查，基于对 9 位研究对象进行的深度访谈和焦点小组座谈的材料，本文考察了各个主体所发挥的功能和目前所遭遇的困境。

在街道和居委会层面，问题主要体现在项目制的申报与运转方面，为了项目获奖，多数居委会工作人员将常规化的工作重新包装，以项目化进行申请，违背了项目制工作的初衷；同时，社区工作者缺乏社会工作专业知识的理论学习，专业能力薄弱，在日常工作和项目化工作上缺少专业工作方法；此外，社区工作者难以实现"走出去"的工作思路，工作思维多局限在社区内部，难以主动寻求和链接资源。在志愿者团队层面，志愿者缺乏专业培训，主要体现在对老人的需求评估和简单医疗知识和技能的学习和掌握，同时在志愿服务的理念上，就志愿者的付出和回馈问题，志愿者成员、社区工作者与街道方存在较大的理念差别。在综合性医院及社区卫生服务中心等医疗层面，主要出现了参加社区服务的医疗人员和仪器不足，居民缺乏基础的健康档案而导致的工作效率低下，以及由于院内管辖严苛医务人员工作繁忙而提供服务的次数和时间均有限等问题。

基于以上困境，本文探讨了拓展医务工作功能的路径，为此，从医务工作者和医务工作制度两个层面进行了讨论，以形成"院前预防—院中治疗—院后追踪"的服务模式，并从"中观—微观"相互结合的角度提出如下可供操作化的建议。

在院前，主要在于提升社区工作者的专业能力，并转变社区工作者项目化的工作理念，通过专业知识和技能的培训学习，加强社区工作者的项目化工作能力，推动项目制更好地落实；同时，加强志愿者团队的技能培训，统一学习基础性的医疗知识和技能，学习正确开展需求评估的方法；要平衡医疗资源的主体关系，错开综合性医院和社区医院、地段医院的服务时间，通过合理安排时间和活动内容来弥补医疗资源不足所带来的问题；在制度层面，要推动项目化工作制度的专业化，从源头解决问题。院中，在医务社会工作者层面要进一步跟进居民治疗需求，目前项目服务的开展多数停留在社区问诊层面，居民是否选择就医工作人员并不过问，进一步的跟进和反馈是院中干预层面服务的主要内容；同时，笔者建议推动开展家庭医生制服务，医务社会工作者通过跟随家庭医生团队入户走访以进一步筛查问题，寻求服务对象。在院后，笔者认为获得居民健康情况的反馈刻不容缓，通过对服务对象的跟进来确定他们后续的生活状态，以维持和促进服务对象生活的稳定性；此外，要落实居民健康档案制度，一方面可以大幅度提高服务开展过程中的效率，另一方面可以使医护人员和社工对服务对象有一个更清楚的了解。

综上所述，本文对医务社会工作参与社区治理进行了经验层面的研究。实例证明，医务社会工作参与社区治理能够解决当前优质医疗资源进社区项目中所产生的问题，对促进健康城市建设有重大意义。

参考文献

刘继同，2009，《中国医疗救助政策框架分析与医务社会工作战略重点》，《社会保障研究》第 1 期。

罗芙芸，2007，《卫生的现代性》，江苏人民出版社。

马凤芝，2017，《社会治理创新与中国医务社会工作的发展》，《中国社会工作》第 3 期。

王莹、谭晓东，2014，《近十年我国医务社会工作研究进展——基于 CNKI 的统计分析
（2004 ~ 2013）》，《社会工作》第 2 期。

杨锃、史心怡，2015，《社区工作与社会治理创新》，《社会建设》第 2 期。

杨锃，2017，《医务社会工作促进健康城市建设》，《中国社会科学报》第 9 期。

都市社会工作研究　第 4 辑

第 69~93 页

© SSAP, 2018

急诊创伤患者照顾者的照顾负担
及小组工作干预研究

——以上海市 L 医院为例

阎玮婷　熊能新*

摘　要　急诊创伤住院患者往往是因为各种突发情况进入医院，这种突发情况通常由车祸、工厂机器导致。此类疾病的特殊性导致无论是住院患者还是患者照顾者都不能在短时间内适应疾病与医院环境，从而出现各种负性情绪与行为。上海市 L 医院医务社工部针对急诊创伤患者照顾者开展单次小组，探索单次小组干预对改善急诊创伤患者照顾者的照顾负担的效果。按照入院时间随机分组，21 位照顾者入实验组，20 位照顾者入对照组，其中，经过配对样本 t 检验，实验组中社交负担（M = 7.857，SD = 4.564，$p < 0.05$）、情感负担（M = 6.619，SD = 4.295，$p < 0.05$）、CBI 总分（M = 17.524，SD = 10.810，$p < 0.05$）存在统计学意义。研究表明，单次小组断肢患者照顾者社交负担、情感负担、CBI 总得分干预有效，而时间负担 [M = 0.190，SD = 7.083，$t(21)$ = 0.123，$p > 0.05$]、发展负担 [M = 1.143，SD = 3.119，$t(41)$ = 1.679，$p > 0.05$]、身体负担 [M = 1.619，SD = 3.879、$t(41)$ = 1.913，$p > 0.05$] 不存在统计学意义，即对缓解身体负担、时间负

---

* 阎玮婷，上海市第六人民医院医务社工部副主任；熊能新，上海师范大学社会学系社会工作硕士研究生。

担和发展负担没有显著效果。

关键词　急诊创伤　照顾者　照顾负担　单次小组

一　问题的提出

（一）研究背景

与一般住院患者不同的是，急诊创伤住院患者往往是因为各种突发情况进入医院，这种突发情况通常由车祸、工厂机器导致。此类疾病的特殊性导致无论是住院患者还是患者照顾者都不能在短时间内适应疾病与医院环境，从而出现各种负面情绪与行为。尤其是急诊创伤患者的照顾者，急诊患者照顾者承受着不同方面、程度的照顾负担，而照顾者却是患者最为有利的社会支持者，对患者的生理与心理起着不容小觑的作用。这启示医护人员应更关注急诊患者照顾者的需求。

在这样的背景下，上海市 L 医院医务社工部从 2016 年起在骨科修复与重建病房开展单次的照顾者支持小组活动来帮助患者家属更好地适应疾病，共有 208 位照顾者参与过活动，他们照顾的患者均由上海市 L 医院急诊创伤中心收治，且收治后住在骨科修复重建科的显微外科候疗室，该候疗室属层流室，照顾者探望时间限制在每天 30 分钟。然而，原有的研究设计是准实验设计，虽有干预操作，但无同一对象的前后测试，在解释因果关系方面有待进一步加强。因此，该项目在原有的实践基础上，进一步优化研究路线，运用科学的方法，对单次小组在急诊创伤病房中的有效性进行实务探索，以提高医务社工在临床开展服务的科学性。

（二）文献综述

1. 急诊创伤患者照顾者的照顾负担

急诊创伤不仅给患者自身带来冲击和影响，也会给其所在家庭带来冲击和影响。疾病会打破家庭原有之平衡，家庭角色与任务分工需重新调整，增加家庭经济负担（家庭成员生病所带来的额外开销，家庭主要生计者生病，使得家庭收入锐减）。照顾者的身心负荷加重，可能成为隐藏型病人。急诊室社会工作需要处理的常见问题有应急障碍症、心理—社会反应和哀伤。在急诊室，病患及家属由于遭遇意外，面对身体上突发的伤痛以及未知的疾病，情绪不能及时有效处理，会有茫然、恐慌、愤怒等情绪反应，这些反应都是应急障碍。哀伤是损失或丧失引起的情绪反应。如果持续很长时间，那么哀伤就可能发展成复杂的哀伤，如果一直处于这一状态，就不能过渡到接受事实、平复情绪的状态，不能顺利过渡到理性考虑未来的阶段。家属的情绪状态是影响患者后期康复的独立危险因子，应主动教导家属直面现实情况，树立正确的斗争信心，主动配合医师及护士的工作，促进患者的有效康复。患者家属的心理状况与正常人存在较大的差异，需要采用必要的措施对其进行干预，提高患者的社会及家庭支持度，促进患者的康复。

2. 急诊创伤患者照顾者负担状况研究

1966 年，George 等首次将"照顾者负荷"概念提出，将其定义为家庭成员在照顾患者时经历的生理、心理、情感、社会和经济问题。1980 年，Zarit 等把"负担"定义为照顾者照顾亲属时，感知到情感、身体健康、社会生活、经济地位方面的变化。Pearlin（1989）将照顾者负荷归纳为身体、精神、情感、社会和经济 5 个方面的问题。Montgomery，Gonyea 和 Hooyman 将照顾者负担分为"客观的负担"和"主观的负担。"

照顾者负担受自身、患者、掌握资源的影响。照顾者自身因素有性别、年龄、与患者的关系、自身健康状况、照顾时间、家庭经济状况。患者因素有年龄、文化程度。照顾者在性别上存在差异，照顾活动一般要求照顾者付出经常性、密集性、情感性的投入。患者的年龄与照顾者负担的发生率呈负相关，即患者的年龄越小，照顾者负担越重。中老年照顾者负担较重，可能与他们的身体状况、承担的社会责任、自身对应激事件的接受及处理能力等有关。长时间的照顾活动容易给照顾者身体、精神、情感带来严重的负面影响，如消化不良、头痛、心慌、注意力不集中、失眠、社会封闭、易患糖尿病、贫血、高血压等。照顾患者对照顾者的工作会造成影响，经济状况好的照顾者负担轻。而患者的医疗费用仍是很大的支出，增加照顾者的经济负担。

综上所述，照顾者在照顾患者的过程中，负担和压力来自多方面，并且，这些压力会随着时间的变化而变化。国内研究的对象大多为老年人照顾者，如脑卒中、阿尔茨海默症，癌症患者照顾者，精神分裂照顾者，自闭症儿童照顾者，智障儿童照顾者。但是对急诊创伤患者照顾者的研究几乎为零，以社会工作视角研究照顾者更是少之又少，因此，有必要以此视角对其进行研究，给予关注。

3. 医务社工领域急诊创伤患者照顾者需求的研究

照顾者在患者恢复的过程中起着举足轻重的作用。Leske（1991）对ICU 患者家属需求进行了分类，分为：获得支持的需求、舒适的需求、保证的需求、接近病人的需求和信息的需求。Leske 在 Mofte 研究的基础上，将家属的需求归纳为确保安全、接近患者、获得信息、舒适、获得支持等五个维度，确保患者生命的安全是家属最首要的需求。林淑英（2003）的研究显示，病患照顾者自觉需求重要程度介于非常重要及重要之间，其中以病患病况相关信息需求重要程度最高，环境设备需求最低。霍宗红等（2001）对 10 项急诊患者照顾者心理需求进行排列：①能知道病人目前如何被治疗；②能与医护人员讨论病情；③能感觉病人有希望；④能确保病人得到最好的治疗；⑤能知道病情的预期进展；⑥工作人员能诚实回答我的问题；⑦能了解所做检查的危险性；⑧能知道病人做什么检查和治疗；⑨能通俗易懂地解释病情；⑩能经常探视病人。蒋文君在调查 109 例患者照顾者后，得出排列前 5 位的需求是：对病情能得到如实回答，对病情感到有希望，治疗计划改变时能及时告知情况，告知病情发展，病情变化时有人打电话通知家人。曾雅涓发现家属认知病患照护需求重要性与需求获得满足程度呈正相关，家属认知照护需求重要性高，则其满足程度也较高。

医务社工应该及时发现急诊患者照顾者的需求并使其得到满足，使其能够为患者提供正向支持，协助患者康复。患者照顾者的一系列心理问题，不仅会影响患者的恢复和预后，还会影响与医护人员之间的沟通。

4. 社会工作介入患者照顾者的研究

沈飞燕等（2016）对 175 名急诊创伤患者家属进行干预，发现骨科患者家属的焦虑、恐惧等情绪主要源于对疾病的认知，正确认识患者疾病，可帮助其消除或减轻焦虑心理。正确认识患者家属，选择适当的沟通方式、强化患者家属的治疗信心、人性化护理、全程评估患者家属心理状态，及时发现情绪异常并采取有效应对措施也可帮助减轻家属的不良心理反应。霍宗红等（2001）认为针对急诊创伤患者照顾者的需求，应注意女性家属的特殊性，让其有哭泣和倾诉的机会，有助于宣泄紧张和焦虑情绪；应耐心对待文化程度较低的家属，用通俗易懂的语言讲解，使其及早了解与患者疾病有关的信息，消除其不必要的顾虑。应给予退休人员精神上的支持，使其认识并接受老之已至的现实，和其他亲友或医护人员交谈，宣泄积郁。朱伟等（2017）采用聚焦解决模式，将积极心理学应用于临床护理工作，主要有描述问题、构建目标、探查例外、给予反馈及评估进步等 5 个项目组。李曼帝等（2015）采用赋能式健康教育小组，内容包括 7 个层面，即生理层面、功能层面、心理层面、经验层面、伦理层面、社会层面和经济层面，对白血病患者照顾者焦虑、抑郁及自我效能进行干预。

从过往的相关研究中可以看出，国内研究大多列举出患者照顾者的需求且多从护理角度出发，社工角度较少，研究对象为慢性病患者、癌症患者居多，并且很少分析为何会产生这些需求，对急诊创伤患者照顾者的干预更是少之又少。对于短时间（一周内）住院的急诊创伤患者照顾者，传统多次小组并不适合，而现今国内利用单次小组干预急诊创伤患者照顾者更是寥寥无几。因此，本研究意在通过发放需求问卷了解照顾者需求，根据其需求设计单次小组，从单次小组以及访谈中分析产生此类需求的原因，减轻照顾者负担。

二　照顾者服务项目设计

（一）照顾负担及成因分析

通过与护士长、床位医生的访谈，我们了解到通常可能由以下几个方面引起照顾者的照顾负担，具体见表 1。

表 1　引起照顾者的负担的几个方面

病情方面	患者病情不稳定（再植的肢体部分可能接不成功，仍需截肢）
	医护人员对病情在不同时期的不同观点而感到困扰（病情发展很快）
	对疾病的基础知识不了解
	对治疗方案不了解
	不知道预期治疗效果
经济方面	保肢手术费用较大，经济压力较大
	肇事方不肯出钱，自己垫付，经济压力大
护理方面	患者后续治疗没有着落
	住院时饮食等注意事项
	出院后的注意事项
时间方面	无法自由出入病房照顾患者
	影响工作或生活的其他安排
	整个家庭要发生变化，将长期照顾患者来往医院进行修复手术

续表

	对患者的工作、生活能力存疑，担心患者难以适应
未来生活	担心影响患者与他人的正常交往
	担心患者外观形象受损
	担心未来在照顾患者时，自己的工作、生活受到影响
	不知道哪里能找得到医生
医患沟通	不敢与医护人员沟通
	听不懂病情解释
	对医院环境感到陌生
	对医院本身感到恐惧
环境流程	对就医流程不理解
	对断肢再植病房的治疗环境不清楚
	不知道医护人员有没有给患者提供尽可能好的照护
	情绪缺乏支持，找不到可以倾诉的人
情绪感受	失去自我控制感
	找不到可以帮忙的人

同时，我们还收集了 116 份患者照顾者的需求问卷，有 56.9% 的照顾者认为目前最大的困扰是患者的病情不稳定，有 43.1% 的担心患者失去正常的工作、生活能力，有 37.9% 的认为最大的困扰是无法自由出入病房照顾患者。同时发现，有 84.5% 的照顾者认为需要得知患者目前的身体状况，有 72.4% 的认为需要了解患者之后的治疗方案，有 46.6% 的认为需要了解断肢再植病房的治疗环境。另外，在感到困难的时候，有 56.9% 的照顾者表示收获了亲朋的言语鼓励，有 55.2% 的收获了医护人员的鼓励打气，有 39.7% 的得到了病友家属的支持鼓励。因此，可以看出，照顾者急需医疗信息和情绪方面的支持。

结合文献与调研访谈，针对照顾者在病情解释、患者照料、医患沟通、就医流程方面的医疗信息需求，小组通过引入医生、护士开展医疗讲座针对疑问部分做解答，并开展积极的沟通，以提供信息支持，同时，提供情绪支持，讨论目前的困境与应对方式，减轻其照顾负担。

（二）服务目标设计

参与小组的组员是照顾者，他们照顾的患者均由上海市 L 医院急诊创伤中心收治，且收治后住在骨科修复重建科的显微外科候疗室，该候疗室属层流室，物理环境被严格控制，故照顾者探望时间限制在每天 30 分钟。在上海市 L 医院显微外科候疗室开展前期的问卷与访谈调查，并从中总结整理出急诊创伤患者照顾者在患者住院期间的各项基本信息与需求后，选取并针对具有普遍性的问题与需求，设计小组内容，为其提供必要的医疗信息与心理社会支持，更好直面疾病，适应生活。由于住院天数短、病情发展不确定等因素，故针对患者照顾者开展的小组均为单次小组。

1. 总体目标

减轻照顾者的照顾负担。

2. 具体目标

（1）认识疾病、理解治疗方式及预后等医疗信息；

（2）理解探视流程及医院相关制度；

（3）讨论困难情境，增加应对照顾负担的方式。

（三）服务模式选择

危机干预理论起源于林德曼在 1942 年波士顿大火后从事灾后悲伤反应的研究。危机干预的含义分广义与狭义两种，本项目采用狭义的危机干预，指针对处在危机状态下的个人所进行的预估与处遇，为一种有时间限制的处遇，主要目的是协助当事人恢复危机前的功能，处置范围锁定因危机事件所引发的各项反应。

危机干预的基本原则：及时处理、限定目标、输入希望、提供支持、恢复自尊和培养自主能力。本项目的工作策略，将采取以上基本原则中的三个原则。

首先，限定目标原则。危机干预处理范围锁定在处理此时此地（here and now）所面临的危机事件及危机状态。对应小组中社工引导组员描述危机事件、描述问题、界定问题、重新组合目前的经验等做法，协助组员对情况产生清楚的认识，以便能够掌握情境。

其次，输入希望原则。在危机发生之后，服务对象通常处于迷茫、无助、失去希望的状态中，所以在危机中帮助服务对象的有效方法是给服务对象输入新的希望，激发服务对象改变的欲望。对应小组中，鼓励组员表达面对危机所产生的情绪、症状或担忧，这具有治疗性功能，能够舒缓症状、厘清情况，同时，在讨论遇到的困难情景与应对方式时，医务社工激励组员并支持、肯定其他组员所采取的有效方式，重燃其希望与信心，觉得自己有能力并重新处理问题。

最后，提供支持原则。在帮助服务对象面对和处理危机过程中，为服务对象提供必要的支持，同时需要培养服务对象的自主能力。对应小组中，针对共性问题和医疗环节常见的疑问，医务社工邀请医生、护士到组内开展医疗讲座，提供实用的医疗资讯与实际的信息支持，并在组内讨论目前的困境与应对方式，更好地面对疾病。

因此，本项目根据危机干预模式中的原则，首先，协助患者家属通过描述危机事件以及现存问题，限定目标，以协助案主化解问题或接纳事实。其次，输入希望，讨论困难情景，激励、肯定组员所做出的努力，认为自己有能力再处理问题。最后，通过引入医生、护士开展医疗讲座，针对疑问部分做解答，并开展积极的沟通，以提供信息支持。此外，组员之间的讨论也增加了支持的途径与作用。

三 项目实施

项目从 2017 年 10 月至 2018 年 1 月连续开展了 7 次小组活动，13：00～15：00 于骨科修复重建病房活动室开展，每次小组采用结构式开展。①社工自我介绍。内容包括自己的简称，在小组中扮演的角色，自己能够提供帮助的范围。②社工介绍整个小组的流程，社工发起提问，让每个在场组员发言。发言内容包括与患者的关系、发生了什么、这件事是怎么发生的、有哪些人牵扯其中、事情发生后的结果是什么、患者的伤势、患者现在的情况。③社工鼓励组员揭示出自己有关事件的最初和最痛苦的想法，让情绪表露出来。④鼓励组员讨论问题及积极的适应与应对方式。⑤护士长讲解探视流程、疾病相关知识、介绍病房情况及人力资源情况。⑥医生介绍各患者病情、回答组员提出的问题。

基于危机干预模式的三个原则，本项目采取单次小组的形式，在不同的环节内运用。

（一）限定目标

有时，照顾者来到小组中，发现自己正在面临很多问题，而限定目标原则能使组员正确且非评判性地理解发言组员的信息内容和感受。在小组实际过程中，发言组员不一定能够清晰、简洁地表达出自己的看法，导致其他组员可能无法理解。社工要在发言组员的语言架构中寻找到一些重要的话语线索，并用自己的语言对其进行简要的重述，在确认信息的同时也能够保障其他组员对该信息的正确接收。因此，限定目标可以帮助医务社工协助组员对情况产生清楚的认识，以便能够掌握情境。

（情景一）

服务对象：我感觉我再也受不了了，我最近老毛病又开始犯了（胃疼）。我每天都想着他（患者）以后该怎么办，未来的路怎么走，我觉得我要崩溃了。

医务社工：我能感觉到，你无论是在身体上还是在感情上都已经达到了极限，而且你还觉得没人能帮你减轻痛苦——你觉得只有你自己才能解决自己的问题。

医务社工：那么你看，我现在该做什么才对你最有帮助呢？

服务对象：哎，怎么说呢？我知道，这事不是你能为我解决的，但我真的希望你能为我指出一条路，或是帮我一把，来解决这个问题。

医务社工：你说得很好，这么说来，你真正需要的，是你自己来解决这个问题，你需要我做的，是帮助你找到你自己的最好的选择方案。这也正是我的职责所在。好吧，我们来看看，你目前可能有哪些选择。

（情景二）

医务社工：我希望你向我保证，也向你自己保证，为了她（患者）的病情，也为了其他病友的病情，我希望你可以在这里保证只在那半小时进入。

服务对象：不要这样，时间太长了。我现在真的很想她。

医务社工：我知道，这有点难为你了，特别是在你想做点什么的时候。但是，你也知道，这间病房情况特殊，不管你再怎么向医务人员说，我们都不能同意你一直陪在她身边。

服务对象：我懂你意思，可是……

医务社工：你试着把想要说的话，想要做的事在进去之前全部预演一遍，争取在最短的时间内把你想要做的事都做了。如果你很想她，就和她通话或者视频。我们的病房周转率很快，你再熬几天。

　　服务对象：好，我试试，我尽量控制我自己。

（二）输入希望

　　照顾者普遍有一种悲观、失望的情绪，对未来非常担忧。这些情绪影响照顾者的心理状态与生活状态，并阻碍其心理压力的减轻。而希望是一种坚信总会发生变化的信念与信心，其本身具有治疗的功效，因为它能为组员带来改变的信心，使组员们相信自身有能力去促成改变。因此，小组内需要营造希望的氛围。

（情景一）

　　医务社工：最近发生了这么多让你心情低落的事，但让我觉得惊讶的是，你今天居然还能早起，你是怎么做到的（你今天早上是怎么起床的)？

　　服务对象：起床？任何人都可以做到啊。

　　医务社工：我不这么认为，当别人和你一样心情低落时，有些人甚至一天都起不来。

　　服务对象：是，我知道，我以前也这样过，就是我忘记了。

　　医务社工：所以，你今天做了哪些和平日不一样的事情，可以让你起床？

　　服务对象：早上我一想到我的丈夫躺在病房，我就浑身无力，很想逃避，就想这么睡一天。但是，我还是坐车来了，我内心觉得如果我今天不来看看他，我会觉得很不安。于是早上我做了对他身体好的菜和饭，给他带过来。

　　接下来，医务社工可以向服务对象询问更多"有什么不同"的细节；在过去的几天，她是如何应对的；帮助她知道"现在逃避困难会产生不安"的内在力量是什么。

（情景二）

　　医务社工：在病房，你和你的女儿说话时，你觉得你自己感觉怎么样？

服务对象：虽然只有半小时的时间，但是对我而言是一天中最心安的时候，在这半小时里，我不会再那么害怕，害怕她的病情会突然恶化，看完她之后，我的精力似乎又回来了。

医务社工：如果在病房里，有更多的交流时，你的女儿会发现你有什么不同吗？

服务对象：我想我可能不会再对她大呼小叫了吧，我们可以平静地谈谈，我发现在这段时间，我们更加贴近了，平时总是在忙工作，对她的关心太少了。

在医务社工的引导下，服务对象能够开始考虑自己和女儿之间的关系，虽然保持平静和不再大呼小叫的意义有待讨论，但是已经使服务对象开始将焦点转移到自己身上，因此，令服务对象觉得更加有希望。

（三）提供支持

面对急诊创伤患者，照顾者通常被忽视，很少被照顾到。提供支持能够让组员在一个理解性、支持性的环境中，缓解自己的压力，验证并真实化类似的照顾经验。帮助组员提升应对他们自己处境的能力，促进组员相互之间的联系能让他们感受到力量、自在。这样的成效除了需要社工，还需借助其他正经历类似生活危机的人或者是过来人的帮助获得。

（情景一）

服务对象：我感觉像是天都要塌下来了，压得我胸闷喘不过气来。

医务社工：你听起来好像真的被这些事情压垮了。我们不如退一步，以第三者的眼光来看看你的处境——假设我们正在看一集电视剧，剧情正是目前的遭遇，而你就像是剧中的一个主人公。你作为观众想对这个主人公说些什么呢？

服务对象：嗯……（想了一会儿）我想跟她说，她并不是第一个也不是唯一一个遭受这种生活不幸的人——虽然事情眼下看起来很严重，但最终会得到解决而慢慢好起来的——特别是如果她运气好而且有足够忍耐力的话。

医务社工：是啊，从第三者的眼光来看，你发现了不同，你找到了自己的困境在哪里。

帮助当事人重新审视自己的处境并不是对危机的解决，但是可以在当事人情绪极度低落时，帮助改善当事人的情绪状态。

〔情景二〕

医务社工：你说你现在是吓坏了，一点也不知道该怎么办。你想一想，在过去，当你同样有这种吓坏了的感觉时，你是采用什么方式或是找到谁来帮你的呢？

服务对象：哦，我以前好像还没有过这么糟的感觉。

医务社工：嗯，那倒有可能。但是，虽然不像这一次这么糟糕，以前你是怎么做的或找过什么人呢？

服务对象：我想起来了，有那么一两次我去找过我以前的同事，他人蛮好的，很善良，也很帮我，一直很理解我，很信任我的。

工作者：那你看可不可以找他，再和他联系，当你心情不好、情绪低落的时候。

四　项目评估

1. 评估对象

评估对象是由上海市 L 医院急诊创伤中心收治的患者的主要照顾者。且收治后住在骨科修复重建科的显微外科候疗室，该候疗室属层流室，物理环境被严格控制，照顾者探望时间限制在每天 30 分钟。

2. 评估方法

按照入院时间排序，奇数偶数的编号分为对照组、实验组。对照组仅进行问卷调研（考虑到伦理问题，也会邀请对照组的组员参加干预小组，但在参与小组之前要求完成后测问卷，避免干扰因素），实验组接受医务社会工作中的小组干预，小组前、后均进行问卷调研。对照组与实验组干预后的数据做比对分析，探讨单次小组干预对改善急诊创伤患者照顾者的照顾负担的效果。

3. 评估工具

（1）自编问卷：调查一般人口学资料和临时资料。

（2）照顾者负担量表（Caregiver Burden Inventory，CBI）：该问卷是 Novak 和 Guest 于 1989 年编制，用于测量照顾者负担的量表，该量表可以比较全面有效地评定照顾者的负担，并在国际上广泛采用。包括时间依赖性负担、发展受限性负担、身体性负担、社交性负担、情感性负担。量表总分为 0~96 分，得分越高，说明照顾者负担越重。

（3）统计分析调查数据采用 SPSS 13.0 统计软件包进行录入分析。采用描述统计、单因素方差分析、相关分析等统计学方法。$p < 0.05$，存在统计学意义。

4. 评估结果

（1）量化说明与分析

本项目共收到 48 份问卷，其中 41 名研究对象满足入组要求。实验组 21 份，对照组 20 份。实验组中，男性 12 人，女性 9 人。年龄为 17~44 岁，未婚 6 人，已婚 15 人。21 人均为农村户籍。9 人文化程度为初中及以下，9 人为高中或中专，3 人为大专程度。6 人有宗教信仰，15 人无宗教信仰。15 人在职，其中工人 9 人，农民 3 人，商业服务人员 3 人，6 人未就业。与患者关系为夫妻的有 12 人，子女 6 人，兄弟姐妹 3 人。患者因工伤进入显微候疗室的有 15 人，被管制刀具误伤的有 6 人。

对照组中，男性 4 人，女性 16 人，年龄为 26~60 岁，20 人均为已婚。城市户籍有 5 人，农村户籍有 15 人。5 人文化程度为初中及以下，7 人为高中或中专，5 人为大专，3 人为本科。20 人均无宗教信仰。11 人的工作状态为在职，2 人为兼职，2 人离退休，5 人未就业。职业是工人的有 4 人，农民有 2 人，商业服务人员有 2 人，行政人员有 7 人。与患者关系为夫妻的有 13 人，为子女的有 4 人，为兄弟姐妹的有 3 人。患者因车祸进入显微候疗室的有 2 人，工伤的有 15 人，被管制刀具误伤的有 3 人。

经过社会统计软件录入分析，得出以下数据。表 1 是对照组与实验组前后测独立样本 t 检验结果。经过独立样本 t 检验，比较实验组和对照组的时间负担、发展负担、身体负担、社交负担、情感负担各维度得分和 CBI 总得分，结果显示，干预前 CBI 总分、时间负担、社交负担、情感负担无统计学意义（$p < 0.05$），具有可比性。发展负担、身体负担差异存在统计学意义（$p < 0.05$）。经过干预后，两组 CBI 总得分、社交负担、情感负担存在统计学意义（$p < 0.05$）。时间负担、发展负担、身体负担差异无统计学意义（$p > 0.05$）。实验组 CBI 总得分、社交负担、情感负担三个维度得分均呈明显下降的趋势。

表 2 显示，经过小组干预，共收集到 48 份前测数据，41 份后测数据，其中 21 份实验组，20 份对照组。经过配对样本 t 检验，实验组中社交负担（M = 7.857，SD = 4.564）、t（41）= 7.889，$p < 0.05$，$d = 1.72$，存在统计学意义。情感负担（M = 6.619，SD = 4.295）、t（41）= 7.062，$p < 0.05$，$d = 1.54$，存在统计学意义。CBI 总得分（M = 17.524，SD = 10.810）、t（41）= 7.429，$p < 0.05$，$d = 1.62$，存在统计学意义。而时间负担（M = 0.190，SD = 7.083）、t（21）= 0.123，$p > 0.05$，$d = 0.03$，不存在统计学意义。发展负担（M = 1.143，SD = 3.119）、t（41）= 1.679，$p > 0.05$，$d = 0.37$，不存在统计学意义。身体负担（M = 1.619，SD = 3.879）、t（41）= 1.913，$p > 0.05$，$d = 0.42$，不存在统计学意义。这表明，单次小组断肢患者照顾者社交负担、情感负担、CBI 总得分干预有效，对身体负担、时间负担和发展负担没有显著效果。

表 3 显示，在实验组均值与对照组均值的差异中，可以看出，情感负担前测与情感负担后测的差异、社交负担前测与社交负担后测的差异分别是 5.762 和 5.428，差异数值越大，表明小组对减轻照顾者的社交负担与情感负担的作用越大。

表 1　对照组与实验组前后测独立样本 t 检验

		方差方程的 Levene 检验		均值方程的 t 检验					差分的 95% 置信区间	
		F	Sig.	t	df	Sig.（双侧）	均值差值	标准误差值	下限	上限
时间负担前测	假设方差相等	0.290	0.593	-0.197	39	0.845	-0.321	1.633	-3.624	2.981
	假设方差不相等			-0.196	37.431	0.846	-0.321	1.639	-3.641	2.998
时间负担后测	假设方差相等	0.515	0.477	-1.315	39	0.196	-3.512	2.670	-8.912	1.888
	假设方差不相等			-1.304	33.785	0.201	-3.512	2.693	-8.986	1.962
发展负担前测	假设方差相等	0.204	0.654	2.206	39	0.033	2.474	1.121	0.206	4.742
	假设方差不相等			2.217	38.315	0.033	2.474	1.116	0.215	4.733

		方差方程的 Levene 检验		均值方程的 t 检验						
									差分的 95% 置信区间	
		F	Sig.	t	df	Sig.（双侧）	均值差值	标准误差值	下限	上限
发展负担后测	假设方差相等	9.867	0.003	1.351	39	0.185	1.331	0.985	-0.662	3.324
	假设方差不相等			1.339	33.515	0.190	1.331	0.994	-0.691	3.353
身体负担前测	假设方差相等	4.785	0.035	4.787	39	0.000	4.790	1.001	2.766	6.814
	假设方差不相等			4.830	35.646	0.000	4.790	0.992	2.778	6.803
身体负担后测	假设方差相等	2.009	0.164	1.130	39	0.265	0.921	0.816	-0.728	2.571
	假设方差不相等			1.123	36.135	0.269	0.921	0.820	-0.742	2.585
社交负担前测	假设方差相等	0.027	0.869	0.739	39	0.465	1.269	1.718	-2.206	4.745
	假设方差不相等			0.738	38.875	0.465	1.269	1.719	-2.207	4.745
社交负担后测	假设方差相等	22.173	0.000	-2.684	39	0.011	-3.888	1.449	-6.818	-0.958
	假设方差不相等			-2.634	24.109	0.015	-3.888	1.476	-6.934	-0.842
情感负担前测	假设方差相等	0.868	0.357	0.304	39	0.763	0.640	2.110	-3.627	4.908
	假设方差不相等			0.301	32.747	0.766	0.640	2.130	-3.695	4.976
情感负担后测	假设方差相等	5.557	0.024	-3.281	39	0.002	-5.229	1.593	-8.452	-2.006
	假设方差不相等			-3.227	25.883	0.003	-5.229	1.620	-8.560	-1.897
CBI 前测	假设方差相等	0.037	0.848	1.888	39	0.066	8.805	4.663	-0.626	18.236
	假设方差不相等			1.894	38.762	0.066	8.805	4.648	-0.598	18.208
CBI 后测	假设方差相等	0.052	0.821	-2.969	39	0.005	-10.569	3.560	-17.770	-3.368
	假设方差不相等			-2.968	38.859	0.005	-10.569	3.561	-17.773	-3.365

表 2　实验组与对照组前后测差异成对样本检验

		成对差分					t	df	Sig.（双侧）
		均值	标准差	均值的标准误	差分的 95% 置信区间				
					下限	上限			
实 1	时间负担前测 – 时间负担后测	0.190	7.083	1.546	– 3.033	3.414	0.123	20	0.903
实 2	发展负担前测 – 发展负担后测	1.143	3.119	0.681	– 0.277	2.563	1.679	20	0.109
实 3	身体负担前测 – 身体负担后测	1.619	3.879	0.846	– 0.147	3.385	1.913	20	0.070
实 4	社交负担前测 – 社交负担后测	7.857	4.564	0.996	5.780	9.935	7.889	20	0.000
实 5	情感负担前测 – 情感负担后测	6.619	4.295	0.937	4.664	8.574	7.062	20	0.000
实 6	CBI 前测 – CBI 后测	17.524	10.810	2.359	12.603	22.445	7.429	20	0.000
对 1	时间负担前测 – 时间负担后测	– 4.333	12.559	2.741	– 10.050	1.384	– 1.581	20	0.130
对 2	发展负担前测 – 发展负担后测	0.381	4.489	0.979	– 1.662	2.424	0.389	20	0.701
对 3	身体负担前测 – 身体负担后测	– 1.810	4.445	0.970	– 3.833	0.214	– 1.865	20	0.077
对 4	社交负担前测 – 社交负担后测	2.905	6.862	1.497	– 0.219	6.028	1.940	20	0.067
对 5	情感负担前测 – 情感负担后测	1.190	9.740	2.125	– 3.243	5.624	0.560	20	0.582
对 6	CBI 前测 – CBI 后测	– 1.810	9.898	2.160	– 6.315	2.696	– 0.838	20	0.412

表 3　实验组与对照组前后测差异成对样本检验

指标维度（两个独立样本）	实验组前后测数值差	对照组前后测数值差	实验组均值与对照组均值的差异
时间负担前测 – 时间负担后测 （5 题，0 ~ 20 分）	0.190	– 4.333	4.523
发展负担前测 – 发展负担后测 （5 题，0 ~ 20 分）	1.143	0.381	0.762
身体负担前测 – 身体负担后测 （4 题，0 ~ 16 分）	1.619	– 1.810	3.429
社交负担前测 – 社交负担后测 （4 题，0 ~ 16 分）	7.857	2.905	4.952

续表

指标维度（两个独立样本）	实验组前后测数值差	对照组前后测数值差	实验组均值与对照组均值的差异
情感负担前测-情感负担后测 （6题，0~24分）	6.619	1.190	5.429
CBI前测-CBI后测 （24题，96分）	17.524	-1.810	18.705

小组结束后，社工对7次单次小组进行评估及总结，小组的成效及实际达到的目标情况具体如下。

第一，减轻患者家属对医疗环境等不了解而引发的情感负担。患者家属因至亲之人遭遇重大创伤如车祸、工伤进入显微候疗室无法做到直面疾病，因羞于说出患者重创事件，无法充分宣泄情绪，因对疾病存在错误认知，因对医护人员的不理解，不敢或不知如何与医护人员沟通，对患者及自身未来状况的不确定感，缺乏信息支持，对环境陌生等一系列的问题都会引发患者家属的焦虑情绪。对于疾病，患者与患者家属均没有任何心理准备。因为疾病的特殊性，家属只能每天探视半小时且探视时间段固定，家住偏远地区的患者无法赶上医生查房时间。断肢再植本身具有不确定性，随时有可能面临截肢危险。因此，无论是疾病本身的不确定性，还是对疾病的不了解、没准备，甚至不敢正视，都让患者家属情感负担加重。医疗环境方面，患者家属长住地区大多远离医院，很多患者家属之前并没有遇到过这种危机，也不经常入院看病。因此，无论是医院周边环境还是医院内部构造和看病的流程，他们都非常陌生，这些原因会让患者家属对医疗环境产生负向情绪。

　　我根本不敢看我老公的手指，我以前自己的手也动过手术的……你看我这个手指，以前也是断掉再接上去的，我老公手指断掉我就想到以前的事情，觉得很害怕……（P1）

　　我儿子是昨天晚上送进病房的，我就急匆匆看了一眼就出来了……我一直等在外面，要三点半才能进去，特别着急……不知道我儿子在里面怎么样了，也没有医生和我讲，我就只能干等着，心里特别难受……（P2）

　　为了来这里赶上医生查房，我们4点就起床了，高速上还堵车，紧赶慢赶终于赶上了，太累了。（P13）

你们还算好的，还看到了医生，我 12 点从家里出发，开车开了 4
个小时，市区路况太差，连探视时间都错过了，你们说愁人不愁人？
（P14）

我们那边的医院根本没有你们这边医院复杂，你们这边的药还要
去自费药房买，一点也不方便。（P13）

可见，原本患者的创伤事件已经引发了患者家属的负向情绪，而医院
病房特殊的环境可能更加重了患者家属对疾病的不确定性和无法照顾，不
能及时得知患者情况的负向情绪。

小组经历的作用及成效。在小组进程中，社工结合实际的小组情况，
协助组员减缓对患者疾病情况与医疗环境不清楚产生的不安。第一步是让
患者提出自己存在的问题，第二步是摘取并记录与医疗相关的问题，放入
护士与医生视为核心的部分予以讨论。

其他药都可以直接开，就这药要去买，不过既然你们说了原因，
我们也能理解，等下我跟 11 床一起去买。（P13）

我知道了，我等下去门诊那边预约。（P14）

你们 ppt 上面的图片我敢看的，等下探视的时候，我去看下他的情
况，要不然也不了解，总归还是要看到的。（P1）

昨天刚刚来，也不知道是什么情况，现在大概知道一些了，心里也有
底了，希望他可以继续保持现在的情况吧，能保住当然要保住啊。（P2）

除了医护人员的医疗讲座减轻组员的情感负担之外，组员还互相分享
自己在医院中的看病流程，组员之间吸取看病流程、医疗保险、交通设施
等经验。出于对各地医疗保险、各单位工伤保险报销的流程不一致等方面
的考量，社工只是告知患者家属获得保险报销流程的方式。

第二，增加患者家属对探视流程和疾病情况等相关医疗知识。

"断肢再植"不同于日常常见疾病，患者及患者家属对于此类疾病
原先从未接触，在危机的情况下，有些患者家属大多更想知道当下情
况而无法立即想到要去了解相关医疗知识。

我都不知道为什么我老公要被送到这个病房里，我看外面也有很

多和我老公一样的病人啊。（P7）

我也不知道我爸爸现在是什么情况，我问他他也不知道，我也看不懂。（P12）

我老是听见别人说皮瓣皮瓣，可是医生从来没有跟我们说过皮瓣是什么意思？我们没有皮瓣是因为我们的情况不好吗？（P16）

显微候疗室因收治患者情况特殊，探视流程也相应特殊。但这样的流程对于大多数的患者来说是第一次经历，并且有一部分表示不理解，甚至几次三番想要进入。虽然已立告示牌于病房外，但依旧被多数患者家属忽视。

我们难得来一次，居然只能进一个，中间还不能换，真是太没有人情味了，医生，你快去帮我们说说看，放我们进去吧，我们家住得远，来一趟不方便。

我就是上午吸的烟，下午没有了，我从早上就坐车过来了。（P17）

小组经历的作用及成效：

我们的情况不需要做皮瓣，放心了，谢谢你们。（P16）

我终于知道这是什么样的病了，之前我还在想为什么非要到这个病房不可，我本来还想让他转到外面去呢，这样也好，多陪陪他，现在我是希望他可以一直住在里面。（P7）

虽然我们的情况没有像直接切断那样，不过伤成这样能救回来也算是幸运了。（P12）

科室医生回应患者提出的问题，护士长介绍病房整体环境与家属照料事项等。专业医护人员的专业表达，会给患者照顾者带来安全感，使其更加自然地与医护人员交流家人的病情与现状。

说什么也要憋住不吸烟，为了我儿子也为了整个病房的人。

我看到牌子上说只能进一个，我以为是每天都是同一个人，那明天换我妈妈去。（P2）

为确保患者照顾者在患者住院期间能更好地安排探视时间及出院或转院的相关事项，小组在病房相关知识介绍这一环节还从患者入院到住院过程再到出院及转院事项都为患者家属做了详细的介绍，帮助许多患者照顾者能在患者住院期间就安排好之后的转院事项，一方面使患者家属对整个住院的时间及流程有明确概念，另一方面使社工能用更有效的方式向更多的患者照顾者普及相关知识，提高工作效率。

第三，扩大同伴支持，减轻社交负担。探视时间与患者家属上班时间冲突、探视时间短等客观原因都使患者家属没有过多时间与其他患者家属讨论疾病情况。另外，有些患者家属并不认为与其他患者家属讨论会对患者病情有帮助，或者本身不擅长社交，无法与其他患者家属正常交流。

> 我都不知道要和谁去说，不知道要问谁，在外面就只能流眼泪，进去的时候还要忍住眼泪，要不然会影响到他恢复，旁边的家属我也不熟，和他们说不上话。(P4)

> 你们这个问卷我填了有什么用呢，对他的治疗又没有帮助，我没有什么问题，我就算填了程度最大的，你们又能给我做什么呢？没有人可以帮助我。(P10)

在小组活动的过程中，工作人员邀请每位组员分享各自在危机事件发生初始以及现在的情绪状况，并将两个时间段的情绪做对照。鼓励他们将整个事件从发生的原因到现在的状况完整叙述。大部分组员非常愿意在小组中分享事件始末，但情绪要逐渐深入才能渐渐显露甚至爆发。在这个过程中，他们能够得到其他组员的认同和理解，同时有组员跟大家分享自己在某方面的成功经验，并鼓励其他组员去尝试。对于有相同背景和相同感受的患者家属来说，经历同样危机事件的同伴所提出的建议和想法是最有说服力的。

小组经历的作用及成效：

> 我老公和她老公差不多时间进来的，我早一个小时，明天就要转院了……医生说是去 J 医院，她也一样，我们在商量明天能不能叫一辆车走……反正都是手指受伤的，救护车要排队……（P4）

> 我在外面等的时候会和 13 床他老婆一起去楼下逛一圈……反正在这里也没事情做……她人挺好的，有时候我来晚了还会帮我买点水

果……（P10）

我佩服你们，这么早就起床，4点起床从来没有过，不过为了能碰到医生，难得早起一回也没关系，明天我也和你们一样，明天早上见！（P14）

通过组员之间的分享，组员之间能够感受到一种凝聚力，这种凝聚力会使他们共同去解决同一个问题。这样的支持系统单纯且有目的性，缺少利益关系且目标一致，有利于激发组员间建立良好的同伴互助系统。

第四，讨论困难情境，增加可应对的方式。疾病的突发性，让整个事件成为危机事件。通常来说，处于这种情况下的患者家属，有些因为没有应对方式，有些因为情绪导致头脑空白失去思考等，无法找出合适有效的危机应对方式。社工通过小组来帮助和指导患者家属找出解决危机事件的应对方式。小组动力会增进小组的凝聚力，小组动力会对小组内所有组员的观念及行为都造成一定的影响。社工发现，当小组组员情绪高涨时，组员会积极分享他们在此期间所使用的应对方式。在此过程中，社工评价他们的应对方式是否有效，如果错误应及时纠正。另外，组员所提出的应对方式也适用于其他组员处理危机事件。在该小组过程中，社工发现小组内的组员不只找到了处理危机事件的方式，同时对于如何找出危机应对方式，他们也有了启发，之后也会运用同样的方式去应对其他危机事件。

我昨天一想到我儿子的脚我就受不了了……听不下去……我儿子才刚刚结婚，不知道以后还能不能站起来，如果他这个脚残废了那以后都不知道怎么办才好了……医生你等下能不能帮我进去看看我儿子怎么样了……他才19岁啊，以后路这么长，我都不敢走进去，一走进去就要哭，我受不了的……（P6）

小组经历的作用及成效：

你们给患者减轻负担的方式还挺好的，我等下让我儿子不要担心，好好养病，接下来的事情都交给我们，医疗费用也是公司出，以后工作的事情以后再说，先把手指保住了再说。（P6）

在小组讨论和分享的过程中，组员会对大家提出的方法进行挑选，最终结合大家的优点，选择一种新的方法，并表示愿意在下次经历同样事件的时候进行尝试。

五 项目反思与建议

（一）照顾者——一个容易被忽略的群体

对于医务社工而言，在关注患者与疾病的同时也不能忽视对患者照顾者的关注，通过与患者照顾者的交流或访谈，能够从更加多元的角度了解患者的需求和患者整个家庭现在所面临的状况；同时，对于患者来说，在如此困难的时刻，庞大的社会支持网络中，家庭的支持是居于首位的，也是最重要的。通过共同努力，患者与患者照顾者可以改变思维方式，寻找更加高效的应对方式，在住院期间也可以更加自然地熟悉环境，更加从容地直面疾病。

（二）组内支持对组员的影响

同伴支持对患者家属的影响力是非常大的，彼此之间会进行沟通和比较。同时，大家又拥有相同的经历，都处在照顾患者、面临未来生活发生巨变的状态中，比起医护人员，患者家属之间更能了解彼此的感受，因此组员所分享的经验及体会都是比较实用的，且容易被其他组员所接受，他们也更愿意去尝试。另外，小组动力也会促使他们自发地分享自己的经验与成功之处。小组不仅协助患者家属开发其成长潜能，并通过丰富其集体经验、扩充人际关系，丰富患者家属的生活内容。

（三）小组开展的困难

1. 小组开展的前期招募

招募工作是维持单次小组定期开展最困难的一个方面。院内的临时事件会阻碍小组成员来参加小组，比如医生临时要求家属谈话、检查项目时间冲突、购买自费药品等；患者的疾病临时有变化，如转入重症监护室、转院治疗等，都会影响小组出席人数。单次小组开组前，必须迅速与潜在的小组成员建立关系，时间对于医务社工来说，是个很大的考验；同时，为了保证小组组员的同质性，开展单次小组活动前，必须与潜在的小组组员面谈并说明小组注意事项。

另外，医疗团队了解什么样的人是潜在小组非常需要的，团队间的合作促使招募任务有效地完成。成功的招募方式需要将两者混合：第一种是被动式招募，包括在护士站和附近的电梯张贴海报、小册子或传单作为入场券，在每次小组开始前翻册子与传单；第二种是主动式招募，包括口头邀请所有患者或照顾者。除了招募中存在的这些困难，医务社工还必须在邀请患者或照顾者时清楚地说明小组的目标和目的。这不仅可以确保小组成员不会觉得受骗上当，还启动了小组开头时的契约部分。

2. 小组的环境

小组的环境影响组员在小组中的参与度。桌椅的摆设、设施的颜色都会影响到小组开展的效果。如同一个旅店，小组的环境也应当让组员有安全感和舒适感。桌椅的摆设，可以让组员在讨论时围成圈，工作人员穿插其中。这样的安排，使组员感受到每个人在小组中都是平等的，来到这里是可以畅所欲言，无话不谈的。另外，也拉近了医务工作者和组员之间的距离，医务工作者就坐在身边，他们随时都可以诉说他们的情绪。同时，如果遇到突发状况，身旁的医务工作者也可以及时单独解决。而小组在色彩方面，摆设一些暖色调的物品，点缀原本苍白的环境，如设计暖色调的海报张贴于墙壁，购买暖色调的日用品作为礼品，等等。

3. 小组的内容设计

小组内容是否吸引人，是否有意义，取决于其是否符合组员的需求。对于医务社工来说，在开展工作前，要事先了解服务对象目前面临的状况和最迫切最重要的需求，并在此基础上，促使服务对象与其共同发现资源、挖掘资源、链接资源，通过"自主"最大限度地解决问题，满足需求，更好更快地适应疾病带来的改变，并做出良好的情绪反应。

在确定组员问题后，需要搜集文献资料，借鉴他人的经验。此外，医院的历史经验对小组的设计有着至关重要的借鉴意义。选择最适合服务对象的小组策略和理论原则，结合实际来指导小组的内容设计，以满足组员的需求。

4. 小组中的回应

小组前期的所有准备都是为了小组的顺利开展，小组的顺利开展与否决定了照顾者能否通过小组达到目的。在第一部分，组员单独发言，组员讨论是重点。尽管在小组座位等硬件方面已经营造了鼓励组员发言的氛围，但是因为一些组员性格内向、羞于表达等，组内会发生发言不平衡、产生小团体情况。为了让每名组员都有话可说，在自我介绍时，社工会先挑选较外向、愿意倾诉的组员先发言，再按照座位顺序依次发言。在讨论环节，社工会根据每名组员之前的介绍再重复和澄清他们的问题，询问他们的应对方式和应对效果，再展开讨论，鼓励组员分享自己的经验。这样，每名组员都能参与到讨论中来，也能感受到工作人员和组员对他的重视。

（四）理论应用于实践

危机干预理论有众多的不同流派，难以把一个完全照搬运用到实务小组中，因此，小组选用的原则，在不同流派的危机干预理论指导基础上，探索性尝试运用在照顾者支持小组中，其科学性、有效性、可复制性有待进一步检验。

（五）服务对象的差异化需求

医务社工开展工作与服务还需注意，不同服务对象，或是由于年龄、性别的差异，或是由于受伤程度、心理承受能力不同，其行为表现和需求层次都是不同的。因此，对于医务社工来说，在开展工作前，需要运用多种工具和方法充分收集服务对象的问题和需要，并在此基础进行深入的分析、比较和判断。同时，要充分考虑到服务对象的需要的多样性和差异性，需要始终坚持社会工作服务个别化的实务原则。

参考文献

霍宗红、莫玉梅、许邦文，2001，《急诊患者家属心理需求的调查分析与护理》，《中国实用护理杂志》第 2 期，第 54～55 页。

蒋文君、周维玲，2017，《急诊危重患者家属的需求及实践》，《医疗装备》第 3 期，第 144～145 页。

林淑英，2003，《急诊室病患照顾者需求与护理人员自觉重要性之比较》，《嘉基护理》第 3 期，第 15～25 页。

全国社会工作者职业水平考试辅导教材编写组，2016，《社会工作实务（初级）》，中国社会出版社。

王金珠、郎凤琴、王晓杰等，2010，《急诊重症患者家属焦虑程度的调查及护理》，《中国实用医药》第 7 期。

杨云波、王爱英，2009，《急诊患者家属心理状态分析及护理对策》，《中国医学创新》第 14 期。

张莉莉，2010，《肺癌晚期病人照顾者负担与焦虑研究》，硕士学位论文，吉林大学。

张宁生、荣卉，1999，《〈残疾儿童父母心理压力问卷〉的编制》，《中国特殊教育》第 1 期。

朱伟、陆美芹、倪杰等，2017，《聚焦解决模式对颅内肿瘤放疗患者主要照顾者的照顾负担及负性情绪的影响》，《实用临床护理学电子杂志》第 2 期。

曾雅涓，2006，《急诊重症病人家属与护理人员对家属需求重要性及满足程度认知之差异》，台湾大学护理学研究所学位论文。

李曼帝、倪敏、胡丽丽、刘敏杰，2015，《赋能式健康教育对白血病病患者照顾者焦虑、抑郁及自我效能的影响》，《现代临床护理》第 9 期。

沈飞燕、蒋伟亚、董美媛，2016，《骨科急诊急救患者家属的心理护理》，《中医药管理杂志》第 1 期。

CMAJ. 2004. Canadian Medical Association journal = journal de l'Association medicale canadienne.

Covinsky, K. E. , Newcomer, R. , Fox, P. , et al. 2003. "Patient and Caregiver Characteristics Associated with Depression in Caregivers of Patients with Dementia," *Journal of General Internal Medicine*.

Friedman, M. M. 1993. "Social Support Sources and Psychologicalwell – being in Older Women with Heart Disease," *Research in Nursing & Health*.

Grunfeld, E. , Coyle, D. , Whelan, T. , et al. 2004. Family Caregiver Burden: Results of a Longitudinal Study of Breast Cancer Patients and their Principal Caregivers.

Holmes – Garret, C. 1990. "The Crisis of the Forgotten Family: A Single Session Group in the ICU Waiting Room," *Social Work with Groups*.

Leske, J. S. 1991. "Internal Psychometric Properties of the Critical Care Family Needs Inventory," *Heart & Lung the Journal of Critical Care*.

Pearlin, L. I. 1989. "The Sociological Study of Stress", *Journal of Health & Social Behavior*.

Wiger, D. E. Harowski K J. 2003. *Essentials of Crisis Counseling and Intervention*.

Zarit, S. H. Reever K. E. Bachpeterson J. 1980. *Relatives of the Impaired Elderly: Correlates of Feelings of Burden*.

都市社会工作研究 第 4 辑
第 94~112 页
© SSAP, 2018

城市高风险家庭中的儿童：生活境遇与成长风险

——基于上海某社区 18 户高风险家庭访谈的定性分析[*]

华红琴 赵 亮 仲海涛[**]

摘 要 本研究采用质性研究方法，以上海政府网站公布的数据为基础，分析了影响儿童成长的家庭风险因素，并通过对上海某社区 18 户高风险家庭的探访，收集实证资料，描述了生活在高风险家庭中的儿童的生活境遇，分析他们成长的风险。研究结果表明，高风险家庭儿童在人际交往、学业成绩以及行为习惯等方面存在一些问题，并表现出自卑、退缩等性格特点，提出应当加大政策执行力度，完善对高风险家庭的筛查、服务输送以及对高风险家庭中的儿童提供专业、持续的社会工作服务介入，以促进其健康成长。

关键词 高风险家庭 儿童成长 社会工作

一 研究背景：繁华都市中的家庭风险与危机

在经济快速发展的同时，中国城市家庭的结构、功能与生态环境发生

---

* 本文为 2017 年国家哲学社会科学一般项目"城市高风险家庭儿童保护性因素与社会工作介入策略研究"（17BSH114）中期成果。

** 华红琴，上海大学社会学院社会工作系副教授；赵亮，云南省丽江市民政局救助管理站；仲海涛，上海大学社会学院社会工作系，在读硕士研究生。

了深刻变化。家庭规模缩小，离婚率上升，贫困人口增多，亲属与城市社区邻里的关系网络逐渐瓦解，社会支持系统作用日渐式微，家庭功能弱化；另外，吸毒、犯罪、失业、疾病等因素使得城市形成并累积了一定数量的弱势人群，导致城市一些家庭面临风险与危机。

（一）城市离婚率逐年增高，再婚家庭增多，影响家庭结构与功能

据民政部统计，我国离婚率近年来不断上升，2002 年，中国粗离婚率仅有 0.90‰，2003 年达到 1.05‰，但是到 2010 年突破 2‰，2015 年粗离婚率为 2.8‰，是 2002 年的 3 倍多。2016 年，依法办理离婚手续的共有 415.8 万对，比 2015 年增长 8.3%，离婚率达到 3.0‰，并且表现出城市离婚率远高于农村的特点。

从上海政府网站发布的 2017 年《上海统计年鉴》中查阅上海主要年份婚姻情况（见表 1），分析 1990～2015 年上海市民结婚、离婚、再婚等数据，发现在结婚登记数量基本稳定的情况下，上海离婚家庭数量逐年增多，2015 年离婚件数为 6.66 万，是 1990 年的 4 倍；2015 年再婚人数是 8.47 万，是 1990 年的 4.15 倍，两者均逐年增长。2000～2015 年，累计离婚人数为 73.58 万，累计再婚人数为 87.69 万，据此可以大致推断，处于离婚与再婚家庭中的儿童数有几十万，不容小觑。

表 1　上海主要年份婚姻情况

年份	准予登记结婚（万对）	初婚（万人）	再婚（万人）	其中女性（万人）	离婚件数（万件）		
					总计	民政部门批准	法院调判
1990	10.77	19.49	2.04	1.06	1.64	0.73	0.91
1995	8.40	14.61	2.19	1.09	2.27	0.98	1.29
2000	9.31	15.08	2.89	1.45	3.18	1.76	1.42
2001	9.30	15.23	2.68	1.40	3.15	1.68	1.47
2002	9.10	14.60	3.05	1.40	2.96	1.54	1.42
2003	10.82	17.20	3.97	2.31	3.30	1.98	1.32
2004	12.49	20.27	4.18	2.05	3.63	2.67	0.96
2005	10.27	16.44	4.09	2.05	3.93	3.10	0.83
2006	16.56	27.29	5.83	2.93	4.72	3.78	0.94
2007	12.01	18.10	5.93	2.95	4.69	3.75	0.94
2008	14.16	22.04	6.28	3.17	4.68	3.72	0.96

续表

年份	准予登记结婚（万对）	初婚（万人）	再婚（万人）	其中女性（万人）	离婚件数（万件）		
					总计	民政部门批准	法院调判
2009	14.99	23.33	6.65	3.31	4.83	3.92	0.91
2010	13.03	20.10	5.96	2.98	4.67	3.81	0.86
2011	14.89	23.94	5.84	2.90	4.78	3.92	0.86
2012	14.42	22.96	5.88	2.86	5.29	4.42	0.87
2013	14.95	22.17	7.74	3.77	6.96	6.09	0.87
2014	14.19	20.14	8.25	4.06	6.15	5.30	0.85
2015	14.18	19.89	8.47	4.19	6.66	5.83	0.83

资料来源：本表数据引自2017年《上海统计年鉴》。

（二）家庭贫困削弱对孩子的养育投入

国家高度关注民生问题，对农村的扶贫力度不断加大，向精准化迈进，但与此同时，我们不能忽略城市的贫困现象，研究表明，城市贫困人口规模扩大，贫困人口居高不下，贫困状况有不断恶化趋势（范明林，2014）。上海是国际化大都市，高楼林立、经济繁荣、高消费的背后还隐藏着陋室与匮乏。从2016年社会服务统计表可知，上海市户籍总人口1745.2万，其中城市低保人数将近17万（见表2），未成年人及在校学生低保人数超过3.5万；接受临时救助的城市家庭近23万户，生活无着落儿童救助人次数为1335。由于中国贫困家庭享受低保的条件比较苛刻，标准线较低，稍高于贫困线的家庭便无法享受低保津贴，他们的生活捉襟见肘，如果家庭中有儿童，那么家庭对孩子抚养教育的投入必定减少，从而影响到儿童的发展。

表2 2016年12月社会救助情况

单位：人，户

指标名称	数量
社会救助	
城市居民最低生活保障人数	168225
其中：残疾人	29855
"三无"人员	605
登记失业	51598
在校生	33688
其他未成年人	2132

续表

指标名称	数量
生活无着落人员救助	
救助人次	34306
其中：儿童救助人次	1335
灵活就业人员	2047
临时救助	
城市家庭	227389
农村家庭	200

（三）儿童监护人残障、重病以及越轨等风险削弱了家庭功能

中国目前大约有8500万残障者，依据2017年《上海统计年鉴》，上海市各类残障者总数为465523人，占2.67%；上海吸毒人数以每年10%的幅度不断增长，2013年，上海市登记在册的吸毒人员达6.7万人，其中七成是本地人员；上海市疾病预防控制中心发布的2011年癌情监测数据显示，全市全年共诊断新发癌症病例5.9万例，癌症发病率达到418/10万，据此估算，每年每1000个上海人中就有约4人被诊断为癌症，2011年共有29.9万存活的癌症患者。

残障、重病、意外、越轨、婚姻变动等因素常常是交织在一起的，一个家庭往往含有以上多个原因，从而严重削弱家庭功能，这类家庭在现代社会中正在逐渐增加，被称为高风险家庭，对生活在其中的儿童成长会带来诸多负面影响。下面我们对高风险家庭界定以及相关研究进行简要阐述。

二　文献综述：高风险家庭界定与服务概况

国外高风险家庭研究形成于20世纪70年代，最初高风险家庭服务主要介入儿童虐待与照料忽视、家庭暴力，如今已扩展到更多领域，高风险家庭已经成为国际社会工作服务的新领域。

（一）高风险家庭界定

关于高风险家庭界定并不统一，立足不同的视角，主要有以下几种定义。

第一，从问题视角来定义高风险家庭，认为高风险家庭是指生活上处于高压力与低社会支持状态的家庭（Hogue，1999），而风险是一种对未来的不确定性与发生危险的概率（Beck，1999），高风险家庭的风险因素包括经济困境、社会疏离、父母患精神疾病与药物滥用、缺乏家庭生活照顾管理以及儿童的严重行为问题等（张粉霞，2016），因此，该定义主要关注于风险因素，突出社会风险、家庭成员风险等层面。

第二，从优势视角出发，将高风险家庭定义为"多重需求的家庭"（Kaplan & Girard，1994），"多重需求"旨在建立一个中性的、富含"希望"的语言架构，发现并挖掘高风险家庭所具有的优质特质。

第三，侧重家庭功能，我国台湾主管部门于 2005 年底颁布《高风险家庭关怀处遇实施计划》，把高风险家庭定义为：家庭因为主要照顾者遭遇变故或家庭功能不全而有可能导致家庭内的儿少（台湾用以指儿童少年）未获适当照顾者，且家庭因各种社会因素、家庭因素、主要照顾者因素或儿少因素等风险的影响，使家庭功能无法继续或维持正常运作，导致可能对儿少人身安全、就养和就学权益，以及正常身心发展，产生危害或威胁之余，亦可能危害或威胁其他家庭成员的正常身心发展。

尽管以上三种对高风险家庭的界定有不同侧重，但其基本理念是一致的，那就是养育儿童不仅是家庭的义务，也是国家的责任；儿童享有受教育权、发展权、参与权等诸多权利，应当以儿童利益最大化为原则，当家庭无法满足儿童成长需要时，国家必须提供相应的支持。

2013 年，上海市民政局为了整合家庭资源，为处于高风险状态的家庭提供更积极有效的服务，把高风险家庭定义为面临多重的身体、心理及社会问题的家庭，而不是单纯的经济贫困家庭，即无法仅仅通过经济补助帮助家庭正常运作，或使家庭成员（特别是儿童）获得适当的生活照顾和心理社会性发展。

（二）高风险家庭服务

美国最早开展高风险家庭服务，其服务取向是提供维系家庭功能的服务，强调维护家庭的完整性、亲子依附的优先性，认为儿童应该在原生家庭中成长，其理念是"以家庭为中心，将服务输送到家庭"，协助家庭全面链接社区资源，为高风险家庭注入希望、增能，帮助高风险家庭儿童健康成长。家庭维系服务的对象是已经处于危机中的儿童，如受虐儿童、发展迟缓儿童、在外游散儿童、问题行为青少年。

我国台湾在高风险家庭服务方面的工作比较系统，其服务模式是实施"关怀辅导计划"，与美国模式相比更注重预防，其服务对象主要是未进入儿少保护服务或家暴处遇体系的家庭，服务内容是家庭访视、经济协助、幼儿托育、亲职教育、临床处遇服务、课业辅导等（谢幸蓓，2008）。我国香港的高风险家庭服务模式是依托"综合家庭服务中心"，以"儿童为重、家庭为本、社区为基础"为服务理念，提供一系列预防、发展、教育、资源、增能和补救性服务，截至 2010 年，共有 61 家综合家庭服务中心。

高风险家庭社会工作服务重视家庭与社区的相互关系，从问题矫正转向积极预防干预，以儿童为中心，为家庭提供预防性、辅导性及支持性等服务，目的在于及早发现问题，通过提前介入以避免个人或家庭陷入更大的危机中，增加生命中更多发展的可能性。研究表明，社会工作介入高风险家庭，提供适当服务对风险预防有效，有利于儿童更好地成长。

我国在 2013 年开启适度普惠的儿童福利政策，"困境儿童"的概念在《中共中央关于全面深化改革若干重大问题的决定》（2013）中首次出现。儿童群体被分为孤儿、困境儿童、困境家庭儿童、普通儿童四个层次，并依类型按不同标准予以福利保障。民政部将困境儿童分为三类：残疾儿童、重病儿童和流浪儿童。困境家庭儿童分为四类：父母重度残疾或重病的儿童、父母长期服刑在押或强制戒毒的儿童、父母一方死亡另一方因其他情况无法履行抚养义务和监护职责的儿童、贫困家庭的儿童。同年，民政部在江苏昆山、浙江海宁、广东深圳、河南洛宁率先设试点开展适度普惠型儿童福利制度建设。

上海目前还没有具有针对性的高风险家庭服务，在高风险家庭的通报、筛选指标体系建设、服务跟进等方面还是空白，但有一些相关的项目在试点与推进，例如，2014 年，民政局在松江区与静安区推行"桥计划"项目，该项目是对社区中的贫困家庭进行救助，目标是帮助家庭恢复社会功能，而不仅限于单一的经济与物质救助；上海市杨浦区在 4 个街道开展了"多重困境家庭儿童青少年服务"，至今已是第 3 年，但这些服务都还缺乏整体性与系统性，亟须从理论与实践层面，做进一步的研究与总结。

三 实证调研：高风险家庭儿童
生活境遇与成长风险

（一）研究对象

1. 入组标准

本研究对象是城市高风险家庭中的儿童青少年，来自上海某社区，其所属家庭类型有低保家庭、隔代抚养、父母有障碍或疾病、散居孤儿、父或母吸毒服刑等，本研究据此提出的入组标准如下：

（1）年龄为6~16岁的儿童青少年；

（2）儿童青少年身心健康、无残障等疾病；

（3）经筛查，其家庭为高风险家庭。

2. 基本情况

本研究样本共有18户高风险家庭，包括18名儿童与18名主要照顾者，具体情况有如下几点。

（1）高风险家庭儿童

18名儿童，其中男孩4名，占22.2%；女孩14名，占77.8%。平均年龄是9.8岁，年龄最大的是11岁，年龄最小的是8岁，其中由祖辈代为照顾的儿童共12人，占调查儿童总数的66.7%；由父母照顾的儿童共5人，占总人数的27.8%，其中一人由姐姐照顾。具体信息见表3。

表3 高风险家庭与儿童基本情况

编号	年龄（岁）	性别	年级	类型	主要照顾者
A01	10	女	4	母亲患重病、离异	母亲
A02	11	女	5	父亲精障、离异	外婆
A03	9	女	3	母亲出走，父亲残障	奶奶
A04	11	女	5	父母均身体残障	奶奶
A05	9	女	3	父母吸毒入狱	姐姐
A06	11	女	5	母亲去世，父亲入狱	奶奶
A07	10	女	4	低保家庭	父亲
A08	9	男	3	低保家庭	母亲

续表

编号	年龄（岁）	性别	年级	类型	主要照顾者
A09	9	男	3	低保家庭	爷爷
A10	9	女	3	低保家庭	外婆
A11	8	女	2	低保家庭	母亲
A12	10	女	4	低保家庭	母亲
A13	11	女	5	低保家庭	外婆
A14	11	男	5	母亲改嫁、父亲去世	奶奶
A15	9	男	3	母亲去世、父亲被执行死刑	爷爷
A16	11	女	5	母亲去世、父亲外出务工	外婆
A17	10	女	4	父母去世、隔代抚养	爷爷
A18	9	女	3	父亲肢残、母亲精障	外婆

（2）高风险家庭主要照顾者情况

本研究对18名主要照顾者进行访谈，其中男性4名，女性14名，平均年龄为55.6岁，主要为（外）祖父母，他们文化程度低，多为小学与初中学历，具体信息见表4。

表4　照顾者基本情况

编号	性别	年龄（岁）	与孩子关系	文化程度	工作情况
B01	女	34	母女	初中	个体
B02	女	67	祖孙	小学	无
B03	女	78	祖孙	初中	打零工
B04	女	68	祖孙	小学	无
B05	女	29	姐弟	大专	职员
B06	女	65	祖孙	小学	无
B07	男	36	父女	高中	保安
B08	女	34	母子	初中	个体
B09	男	67	祖孙	小学	打零工
B10	女	63	祖孙	小学	无
B11	女	32	母女	高中	个体
B12	女	34	母女	中专	经商
B13	女	66	祖孙	小学	打零工
B14	女	64	祖孙	小学	无

续表

编号	性别	年龄（岁）	与孩子关系	文化程度	工作情况
B15	男	64	祖孙	初中	无
B16	女	68	祖孙	初中	打零工
B17	男	65	祖孙	小学	无
B18	女	67	祖孙	初中	无

（二）研究方法

1. 访谈法

家庭探访，与儿童及主要照顾者进行半结构访谈，主要从以下几个方面收集资料。

（1）家庭基本情况：家庭成员、家庭结构、家庭照顾者（职业、收入、身体状况等）；

（2）家庭重大事件：疾病、婚姻、经济状况变差、家庭成员越轨等一些风险事件；

（3）主要照顾压力：主要照顾者在抚养过程中的困难与压力；

（4）孩子的学校表现：学校老师对孩子在学校日常表现的评价，在学校是否有过违规的行为，学习成绩如何，学习压力情况，与老师同学的相处交往状况；

（5）孩子的日常生活行为：在家里的情况，与家庭成员关系，儿童心理与情绪情感；

（6）业余闲暇活动：业余时间安排，社区同辈群体支持，儿童自身的兴趣爱好等。

每户家庭上门家访 3 次，2 名社工一起家访，每次访谈约 40 分钟。每次访谈结束之后即刻回忆并将资料尽快整理。若有不明确的地方会在下次探访时进行再次确认，2 名社工可以相互验证，从而形成有效的资料。

2. 参与观察法

在家访时，细心观察家庭居住环境、家庭气氛以及家庭成员之间的互动关系状况；儿童会参与机构开设的小组活动，孩子的照顾者也会送孩子来参加活动，因此笔者可在此过程中观察孩子及照顾者的行为表现。

（三）高风险家庭儿童生活境遇

1. 高风险家庭儿童照顾者多为年老祖辈，隔代抚养居多

高风险家庭儿童由于父母去世、服刑、身有残障等因素，多由家中的祖辈代为照顾，隔代抚养家庭占据了较大比重，且并非仅受单一风险因素影响，家庭往往处于多重风险中，有的是既面临家庭成员身体残障，又面临家庭经济贫困；有的家庭是父母一方生病，另一方残障，或者一方去世另一方离开，儿童面临事实无依的困境。

在本研究中，18 户高风险家庭儿童中有 12 户是由年老祖辈抚养的，如表 5 所示，其中年龄在 55～75 岁这个区间的有 11 人，占据总人数的 61.1%。年龄在 75 岁以上的祖辈照顾者有 1 人，占总数的 5.6%。由此可见，隔代抚养的祖辈照顾者年龄基本处于 60～75 岁这个区间段，照顾者总体年龄情况稍微偏高。

表 5　高风险家庭祖辈照顾者年龄分布

单位：人，%

年龄	频数	百分比
55～65 岁	5	27.8
65～75 岁	6	33.3
75 岁及以上	1	5.6
合计	12	66.7

对高风险家庭照顾者个案 B06 的访谈：这孩子也是蛮可怜的，她爸妈把她丢下，现在只要她高兴就成，唉！都怪孩子她爸，当时因为犯错误进了监狱，现在我们祖孙俩人过的是什么日子。我现在尽量让孩子过得好一点，其余的真的是无能为力。我的身体不太好，很难再出去打工补贴家用，只是想让孩子能少吃一点苦，可以把书给读完。但是有一点是我最担心的，当有一天我不在世了，孩子该怎么办才好。

祖辈照顾者在抚养儿童和处理日常家庭事务方面需承担极大的压力，他们感到力不从心。首先是心理层面，对家庭结构变动引起的一系列不适会影响到祖辈照顾者在教育儿童时带有自身的负面情绪；其次祖辈照顾者由于年龄偏大，不可避免地在日常照顾方面常常容易感到"心有余而力不足"，无法全身心陪伴儿童的成长和发展。

> 我今年已经64岁了，没有正式工作，就靠做一些零工来补贴家用，孩子他爷爷也60岁了，在一个工地帮忙看门，每月收入1000多元，我们俩身体不好，我除了做零工外，还照顾小孩他爷爷和小孩的日常生活，小孩妈妈再婚后生病，身体也不好，生活也很困难，不太能给到家里钱。小孩爷爷性格有些倔强，不喜欢跟别人交流。我对小孩非常宠爱，只要能达到的她要什么给什么，小孩不愿意做的，我也从不强求。因为我觉得愧对孩子，孩子爸爸的错全由小孩来担，实在可怜。（对高风险家庭照顾者个案 B14 的访谈）

在隔代抚养家庭中，当一个年过六旬的老人需要承担抚养一个十来岁孩子的重任时，面临较大的经济压力，在没有父辈照顾者提供经济支持的情况下，老人收入原本就低，孩子教育等费用又高，经济压力比较大。

2. 祖辈照顾者的受教育程度低，难以为孩子提供信息文化教育支持

本研究中，12名祖辈照顾者的受教育水平很低，其中8人是小学水平，初中4人，没有一个是高中以上文化程度。在当今信息社会中，他们无法为孩子提供文化知识以及信息等方面的支持，影响孩子的学习和综合能力素质。

> 小孩学习成绩不理想，现在马上都要上四年级了，我自己本身也没什么文化，很难去辅导小孩的学习。再加上我现在都已经67岁了，很多时候在照顾小孩方面都是有心无力，现在学校老师都用手机上的什么网络来发通知、作业，我不懂，也没有人能来帮助我。小孩脾气不好，在学校喜欢和别人打架，回家我也会好好说说他，但他就是改不了，现在管这个小孩我是实在没办法了。（对高风险家庭照顾者个案 B09 的访谈）
>
> 现在的小孩都太不听话了，我们家小孩就是这样，她就很不听我的话，放学回到家只知道玩手机，也不去做作业，学校现在都是把每天的作业发到家长手机上，我这么大年纪也不会用手机，也看不懂上面写的是什么，不知道孩子作业的事情让我非常头疼。遇到双休日小

孩喜欢去和同学玩，经常很晚才回家。小孩性格太懒散、太任性了。（对高风险家庭照顾者个案 B10 的访谈）

祖辈照顾者受限于自身学识水平，很难承担起针对高风险家庭儿童学业辅导的重任，大都以祖辈过往经验为主，不能运用与儿童成长阶段特点相契合的教育方法。孩子如果遇到学习上的困难，祖辈难以提供足够的支持和帮助，不能积极、适当地激发和引导儿童的学习兴趣，这直接限制了高风险家庭儿童自身的成长和发展。

3. 高风险家庭资源匮乏，难以为儿童成长提供保障

儿童正处于成长的关键时期，其成长与社会化需要很多资源的支持，具体包括：受教育所需资源、文娱资源、情感支持系统资源等。家庭经济因素会影响儿童生活学习资源的获得，当家庭经济条件能够给予儿童以成长和发展的支持和帮助时，有利于儿童更为顺畅地获取和接触到对自身发展有利的资源和机遇，而高风险家庭由于长期处于经济贫困的状态，资源不足直接影响到孩子的成长。

> 我每天要做很多作业，有的需要家长检查签字，但是外婆又不识字，课外时间我也只能在家里面待着，不是做作业就是看书，现在还好一点，可以和同学一起出去玩，之前根本不行。外婆说出去玩要花钱，不高兴让我去，后来同学有时候一块出去玩也不喊我了，我一个人在家好无聊的。有的时候我回家后会把学校发生的一些事情和外婆说，外婆永远只会说让我管好自己；有时候我想学习一些自己感兴趣的东西，但外婆只知道让我要好好学习，要省钱。（对高风险家庭儿童个案 A13 的访谈）

> 家里现在有 20 多万元的账要还，之前我和孩子她爸爸一直在新疆工作，小孩都是由爷爷奶奶在照顾，小孩奶奶腿脚不好，走两步就不行了，站着的时候都要扶着东西。以前做过肌电图，医保都只能在新疆报，而且报的比较少。不过现在上海的政策还是蛮好的，有一个帮困卡，起码可以稍微补贴一点。小孩奶奶还办了一个上海的残疾证，过年过节都给我们补助的。（对高风险家庭照顾者个案 B08 的访谈）

贫困成为高风险家庭儿童需要面对的共同性问题，高风险家庭无法给孩子提供丰富的资源与条件，儿童生活在一个匮乏的环境中，只能满足基本生活，贫困限制了儿童的学习与生活丰富性，他们的闲暇娱乐生活单一，社会交往不足，发展需求无法得到满足；对于高风险家庭儿童来说，获得更高的发展是比较困难的。

4. 父母缺位造成儿童人格与情感问题

父母对于每一个孩子来说都是最重要的人，父母在孩子成长过程中的缺位，甚至抛弃孩子，会使儿童产生一系列的人格与情感问题，产生负面情绪，导致不够自信，自我认同度低，不敢主动与他人交往，学业上的状况也不尽如人意，甚至导致儿童消极人格和负面情绪的形成，影响了他们健康完整人格的培养。

> 我也不知道妈妈离开家的原因是什么！那时候我还很小，不太记得妈妈的模样。现在家里外公外婆忙着挣钱，出去还要打零工，爸爸身体也不好。我平常就一个人在家，饿了就吃剩饭，我不喜欢出门。身边很少有人能够理解我，觉得很没意思。（对高风险家庭儿童个案A03的访谈）

> 自从爸爸入狱之后，学校同学就不太愿意和我在一起玩了，我的心里很难受，之前一直很关心我的老师、家里叔叔阿姨突然就不理我了。现在在学校里我没有什么朋友，一个人总是觉得很孤独。不过我心里还是很想念爸爸，在爸爸被判死刑之后，每到清明节我和爷爷奶奶会去给爸爸上坟，我们都幻想有一天他还能回到我们身边。（对高风险家庭儿童个案A15的访谈）

高风险家庭儿童在社会化的过程中容易受到外界的排斥和标签化的影响。高风险家庭在经济上始终处于困境状态，没有足够的关注和支持，还遭到外界的排斥，从而造成儿童无法获得同伴的情感支持与认同，产生负面情绪与人格问题。

（四）高风险家庭儿童成长风险

1. 社会交往与人际关系问题

（1）与同辈群体交往受阻或被孤立

由于高风险家庭父母功能缺失，孩子可能早早就要承担家务劳动或者照顾家庭的功能，与其他同辈群体在生活以及活动方式方面有差异，导致交往阻隔。这种阻隔是两方面因素造成的，一方面，来自同学的嘲笑与不接纳，因为高风险家庭儿童被标签化，"他爸爸是被判死刑的""他妈妈不要他，跑了""他妈妈是残疾"，等等，当高风险家庭儿童不被身边的重要他人所接纳时，无疑会给他们带来极大的心理伤害；另一方面，高风险家庭儿童也会自我隔离，慢慢脱离同辈群体。

> 我平时基本没有什么特别要好的朋友，周围很多同学总嘲笑我，爸爸妈妈身体不好，放学之后我要帮爷爷奶奶照顾他们，家里的其他叔叔阿姨也不怎么关心我们。我也没有太多的朋友，也就两三个的样子。（对高风险家庭儿童个案 A04 的访谈）

同辈群体的排斥和取笑对儿童的伤害是非常巨大的，会使他们产生自卑感，不愿与人相处，甚至产生敌意以及攻击性行为。隔代抚养家庭也很难给儿童更多关于交往技巧的影响。久而久之，孩子与同辈群体的关系就会出现紧张状况。

（2）与家庭照顾者的代际沟通障碍

教育功能是家庭的主要功能之一，高风险家庭由于出现家庭中父母去世、入狱、离婚、非婚生子以及父母患有身体或精神疾病等情况，儿童的抚养和教育责任全都转移到祖辈，祖辈照顾者和儿童之间会产生"隔代亲"的现象，孩子平日即便犯了错，祖辈照顾者也不会严加责备，久而久之，孩子便容易出现不服从照顾者管教的情况；另外，由于年龄差距大，年老祖辈照顾者知识断层，沟通内容表面化，更多的是嘘寒问暖和日常的家务交流，缺乏对儿童社会交往和知识技能的教导与支持。

> 我平时主要就是照顾小孩的日常生活。孩子小的时候很喜欢和我聊天，随着一天天长大，现在很少说自己的事情，每天回来除了吃饭睡觉之外没有多余的交流。虽然我也想和孩子多说说话，可是总是插不上，也没有办法辅导作业。（对高风险家庭照顾者个案 B13 的访谈）

随着孩子的成长，特别是到了青春期，年老祖辈照顾者与孩子之间的交流会越来越少，这种跨代鸿沟比亲子间的"代沟"更宽更深，因此对儿童的成长而言无疑是一个不利的影响因素。

2．不良情绪与偏差行为问题

（1）产生自卑感

高风险家庭儿童在成长过程中受到特殊经历及其成长环境的影响，他们的自我评价以及自我概念会比较低，容易产生自卑感。

自我是在社会化过程中形成的，生活经验、他人评价对自我的形成起着重要作用。高风险家庭儿童由于在幼年时期就发生诸多家庭变故，他们的内心受到创伤，从而形成负面情感与消极自我。另外，与家庭功能正常的儿童相比，高风险家庭儿童在日常生活中往往容易遇到更多来自学习以及生活方面的困难、挫折与挑战，一旦没有妥善处理好所遭遇的问题，就容易陷入深深的愧疚与自责之中，并且出现错误归因，认为这是自己能力不足造成的，从而形成有关自我的各种不良认知，变得悲观失望，甚至出现各种退缩行为。

（2）缺乏安全感

安全感与归属感之间有着紧密的联系，安全感是归属感产生的前提条件。马斯洛的需要层次理论指出，当个体的生理需要和安全需要得到满足后，个体会产生归属感的需要，安全感的满足是归属感产生的基础。每个人一生中都归属于某个具体的家庭，而家庭能否给予个体归属感对个体的成长而言有着重大影响。对于高风险家庭儿童来说，归属感的满足是其健康成长的基本条件之一，如果儿童在家庭中能获得足够的尊重和关心，那么儿童就会产生良好的安全感。安全感的满足促使儿童认同并参与这个家庭，享受来自家庭的温暖。如果儿童在家庭中无法获得足够的安全感，则容易产生焦虑、悲伤、抑郁等消极情绪，并且会拒绝接受和参与这个家庭，封闭自己，儿童的健康成长会受到严重的影响。

> 他妈妈生下孩子就走了，具体的情况就是非法同居，那个时候两个人年纪轻，小孩母亲怀孕那时候才 19 岁。他们两个人在网吧认识，小孩生下来因为是早产，7 个月便出生了，小孩那时才 3 斤 3 两，在医院才一个月就用了 7000 多。回来以后小孩爸爸因为犯错误，被判了 6 年刑，母亲就决定不要这个家了，之后就彻底失去联系，打电话都打不通，人也找不到了。在小孩脑子里好像没有爸爸妈妈一样的，现在也不提爸爸妈妈，也不去想。（对高风险家庭照顾者个案 B03 的访谈）

尽管孩子表面上不提爸爸妈妈，但实质上，其内心是深受创伤的，导致孩子觉得生活没意思，行为比较退缩。

（3）产生行为偏差

高风险家庭中的儿童行为偏差固然有教育上的问题，但还有更为重要的原因是孩子需要得到他人的关注与重视，有时候孩子的行为偏差是为了吸引他人的关注。

> 小孩在刚上小学时，总是喜欢和其他班的同学发生争执，还会因为自己不开心就打其他同学，学校老师也在班里批评过小孩，但是打同学的现象并没有因此消失，反而越来越严重。（对高风险家庭照顾者个案 B16 的访谈）
>
> 小孩现在 5 年级了，平时性格还比较开朗，在班里喜欢和同学玩，参加各种活动。但是有些同学却不愿意跟她玩，她太过活泼好动，所以老师和同学都不是很喜欢她。她常常喜欢去挑衅别人，有时就会冲动。可能也是由于我的缘故，我自己患有糖尿病，不善于表达自己内心的想法，平时还会把对丈夫的气撒在孩子身上。（对高风险家庭照顾者个案 B02 的访谈）

学校偏重于关注学生的学业成绩，但是高风险家庭儿童往往学习成绩不佳，还受到同学排挤，当他们无法获得赞扬或肯定时，可能会采取不当的方式来表达他们的情绪情感，譬如案例中出现的攻击行为，当学校同学和老师对其指责而不是关爱时，往往会导致儿童出现更加强烈的不满情绪，采用攻击行为寻求内心被承认和尊重需要的满足。

3．学习问题

（1）缺乏学习兴趣

兴趣是儿童社会化过程中认识和探索事物的前提和基础，是个体学习最主要的动力，也是一个人通过教育实现向上流动的重要影响因素。在我们的研究中发现，部分高风险家庭儿童对学习表现出较为明显的排斥心理，难以对学习产生足够的兴趣。高风险家庭对儿童家庭教育的不足，以及其他各种因素导致他们学习成绩不够优秀，对学习的兴趣也逐渐降低，最终形成了一种恶性循环。

（2）缺乏良好的学习习惯

家庭结构功能的变化是高风险家庭儿童教育问题的关键因素，其中儿童照顾者的学历、素质和家庭生活环境等因素，直接影响着高风险家庭儿童学习习惯的养成。

> 小孩回到家第一时间就是回到房间玩电脑，也不知道做作业，为了这个我没少说她，但小孩就是改不了。我自己平时要忙工作，回到家还要照顾两个老人。你也看到小孩她外婆得了阿尔茨海默症，大小便都是由我照顾。小孩她爸爸工作比较特殊，干两天休一天，也是很辛苦，所以说我们家的生活压力还是蛮大的。（对高风险家庭照顾者个案 B01 的访谈）

笔者通过访谈与观察发现，高风险家庭儿童的学习习惯不够好，与儿童照顾者的监管能力有一定的关系。首先，高风险家庭儿童照顾者大多为年老祖辈照顾者，整体学历和知识水平较低，他们无法为孩子完成作业提供监督和辅导，使孩子的学习得不到必要的帮助，导致其完成家庭作业方面出现困难。

其次，部分高风险家庭儿童照顾者的教育意识不强，精力不足，导致孩子学习无人监管，并表现出消极的学习态度，学习成绩下滑。由于父母缺失或不在身边，大部分年老祖辈照顾者只能让孩子吃饱、穿暖，在外避免出现重大错误和安全问题，就能给孩子的父母一个交代，而对于孩子在家是否预习、是否复习以及完成家庭作业的监管远远不够，也没有严格的要求和督促。这就导致这些高风险家庭儿童在学习上无人监管，学习行为表现消极。

（3）缺乏足够的学习支持

在"不能输在起跑线上"思想的引领下，家长们想尽各种办法、利用种种资源给孩子补习、课外学习，提高各种技能素质，但是高风险家庭限于经济与社会资源，无力为孩子提供这些学习条件，甚至难抽出时间和精力来督促孩子学习。笔者在家庭探访过程中也发现一些家长虽然没办法做到全程督促，但仍然尽力给孩子提供学习的机会，只是与其他家庭相比，他们实在是相差太多。

四　思考与建议

家庭是社会基本单元，是儿童青少年成长最重要的场所，家庭承担了对孩子的养育功能、教育功能和情感支持功能，是个体社会化最重要的社会系统。父母家庭角色功能源自儿童有很长的成长依赖期，在孩子长达 20 年的成长过程中不仅需要从家庭中获得衣食住行等生理方面的照顾，还需要父母提供爱、安全感、亲情、教育引导以及健康人格发展必需的心理与社会支持。

高风险家庭的本质是家庭功能缺失或不足，家庭无法继续维持正常运作，导致家庭内的儿童不能获得适当照顾和成长支持，从而对儿童身心健康发展产生危害或威胁。据此，本文对高风险家庭社会工作服务介入提出以下观点和建议。

第一，高风险家庭的风险因素一旦生成相对难以改变，服务的对象应当聚焦儿童。

第二，社会工作服务的理念是相信儿童具有发展潜能，具有自愈能力，建设性的方式是挖掘保护性因素，运用保护机制来防御风险因素的袭击，从而提升儿童的内在能力，使其抵御逆境，克服困难，获得成长。

第三，社会工作服务介入的路径应当以"社区为本"，通过调整与改善高风险家庭的外部生态系统，优化、链接外部资源来改善儿童成长的社会环境，为其提供更多的社会支持，以改善和促进高风险家庭中儿童的健康成长，这符合"人在情境中"的社会工作原则。

第四，在服务的机制方面，应当构建并完善高风险家庭的通报、筛查、评估体系，从而能够及早发现和预防。

第五，高风险家庭社会工作服务应整合与协同社会力量，三社联动，充分挖掘志愿者资源，为儿童提供持续而专业的服务。

参考文献

范明林，2014，《城市高风险贫困家庭的整合性社会救助架构》，《团结》第 3 期。

罗玲、张昱，2015，《高风险家庭：国际社会工作服务的新领域》，《华东理工大学学报》（社会科学版）第 3 期。

张粉霞，2016，《高风险家庭的风险研判与风险管理研究——基于风险社会理论视角》，《天津大学学报》（社会科学版）第 3 期。

宋丽玉、施教裕，2006，《高风险家庭服务策略与处于模式之研究成果报告》，台湾主管部门委托研究报告。

李旻昱、赵善如，2009，《高风险儿童少年家庭风险产生类型与影响因素》，《东吴社会工作学报》第 20 期。

Beck, U. 1999. *World Risk Society*, Cambridge：Polity.

Berkman, B. , Rehr, H. , Rosenberg, G. 1980. "A Social Work Department Develops and Tests a Screening Mechanism to Identify High Social Risk Situations," *Social Work in Health Care*, 5（4）.

Hogue, A. , Johnson – Leckrone, J. & Liddle, H. A. 1999. "Recruiting High – risk Families into Family – based Prevention and Prevention Research," *Journal of Mental Health Counseling*, 21（4）.

Kaplan, L. & Girard, J. L. 1994. *Strengthening High – risk Families：A Handbook for Practitioners*. New York：Lexington Books.

都市社会工作研究　第4辑

第 113～136 页

© SSAP, 2018

园艺治疗在老年小组工作中的运用

——以上海市 S 社会福利院为例

李诗文 *

摘　要　园艺治疗的理论和实务在欧美和我国港台地区由来已久，大陆对该领域的关注多局限于园林和护理学科。通过在台湾的实地观摩与文献研究，笔者发现，将园艺活动结合小组工作的形式用于老年人群体，有可预期的良好效果和很强的可操作性。本研究在上海市 S 社会福利院展开，在前期需求评估的基础上，以马斯洛需要层次理论、人环互动的视角和身心灵的观点为理论基础，设计并开展了"趣味园艺一起来"的园艺治疗小组，旨在了解园艺治疗小组对老年人会产生哪些助益，并探索哪些因素能够给组员带来提升和转变。通过实务的开展和分析发现，组员在身体、心理、园艺知识与技能、社会交往层面均有很大提升。小组参与者与植物的互动、与环境的互动，以及小组内外由园艺活动生发的与他者的互动是促成转变的重要因素。此外，研究还发现，园艺（植物栽培）小组活动具有植物的生长性、陪伴性、互动性和不剧烈等特征，是适合养老机构老年人的活动类型。

关键词　园艺治疗　小组工作　老年人

---

* 李诗文，上海市嘉定区精神卫生社工中心，主要研究领域为精神医疗社会工作。

一　研究缘起

园艺治疗作为一种成熟的辅助性康复疗法，主要应用于两类研究群体，一类是精神康复相关人群，如长期或短期精神分裂症患者、唐氏综合征患者，以及患有阿尔茨海默症的老年人，等等；另一类是存在学习障碍及存在行为问题的人群，如患有自闭症的成人或儿童。

笔者在 2014 年赴台湾的社会工作交流中，观摩并参与了台湾社工运用园艺治疗对机构长者提供的康复服务。园艺治疗在国外已有悠久的运用历史和丰富的实践积累，我国的香港、台湾地区也正在积极推广园艺治疗在各类适用人群中的应用。目前大陆对园艺治疗相关研究文献数量有限，且多集中于园林学、护理学、预防医学领域，缺少对社会工作学者的关注和研究。

在文献查阅中发现，老年人群体被研究证实是最适合园艺治疗进行干预的群体，而且相较于其他适用群体，介入效果也更加显著。因此，笔者萌生了在本土情境下对养老机构中的长者进行园艺治疗的社会工作介入尝试的想法，希望从社会工作的视角出发，将园艺活动作为老年小组工作的主要元素，引入园艺治疗中的理念、经验和方法开展实务探索，以探析园艺活动是否能给福利院中的老年人带来身体—心理—社交层面的正向转变，探讨园艺治疗在大陆文化情境中的适用性与可行性。因此，本文主要探讨以下问题：社会工作视角分析园艺治疗为什么适用于老年群体？福利院老人在园艺治疗的小组中，生理、心理、情绪、社会交往各方面会产生什么变化？促成老年人产生正向转变的因素有哪些？通过初步服务，反思并进一步探索园艺治疗在老年群体中运用的策略与方式，并提出具有可行性的完善策略。

二　文献回顾

（一）园艺治疗概念界定

对于园艺治疗较权威和广泛认可的定义来自美国园艺治疗学会（American Horticultural Therapy Association，AHTA），它将园艺治疗（Horticultural Therapy）定义为"有目的性地使用植物、园艺相关的活动或观赏自然景观，促进个案的身体、精神和心灵的健康"（AHTA，2009）。另有台湾学者提出园艺治疗是以植物、园艺及人与植物亲密关系为推力，结合精神投入、希望、期待、收获与享受全过程，协助病患获得治疗与康复效果的方法（郭毓仁，2005）。

简而言之，园艺治疗就是利用园艺进行治疗，对有必要在其生理以及精神方面进行改善的病患，利用植物的培育栽种与园艺操作活动，帮助其在知识、感情、生理及社会各方面进行调整更新的一种有效方法。

（二）园艺治疗运用于老年人的相关研究

对于患有不同病症的老年人，园艺治疗都有较为显著的缓解功效。

有研究表明，对于阿尔茨海默症患者，运用 12 周的园艺治疗后，采用 TSI（Test for Severe Impairment）评估，发现与对照组比，在维持认知水平上，实验组在 0.05 水平上差异明显，认为采用园艺疗法对阿尔茨海默症的康复有显著效果（Dannenmaier，1995，转引自张莹莹，2017）。国内学者发现，有花园的家庭患阿尔茨海默症的人的暴力攻击性比没有的要显著小（贺学勤，2013）。

Gigliotti 和 Jarrott 对阿尔茨海默症患者进行 9 周传统日间照护活动与园艺治疗活动比较后发现，园艺治疗组的活动参与感及正面情绪显著多于传统组老人，甚至较愿意接受此种治疗方式（Gigliotti & Jarrott，2005）。台湾学者曾慈慧的研究发现，播种、修剪、扦插上盆与组合盆栽能促进老年居民快乐的心理收获；分株部分可增加老年居民的成就感；园艺治疗活动可以加强对自我的认同、对生命的期待与惊喜（曾慈慧，2007）。台湾学者在运用园艺活动提升失智老人幸福感的相关研究中发现，"自我成就""人际关系""正向情绪"等幸福感提升显著，此外，轻中度失智者的幸福感提升比重度失智者显著，以"正向情绪"后测平均数最高。而轻中度失智和有务农、园艺经验的组员，参与园艺治疗后获得较高的幸福感（游智秀，2012）。

因此，通过对上述园艺治疗的实务研究的梳理，可知园艺治疗对老年人的生理、情绪、认知和社交均有较显著效益，它不仅可以提供生理功能的康复条件，也可借由学习新的园艺技巧及感官刺激来强化认知功能，并在园艺过程中与他人接触以增加社交，在情感状态亦有显著改善效果，促使老人情绪稳定、感到愉快，并且感悟到生命意义。园艺活动材料的选择以及具有创意性的园艺可为老人提供增强自信与自尊、情绪宣泄及增加希望感的平台，最终提升其生活满意度。

（三） 理论视角

1. 身心灵全人健康模式

身心灵（Body – Mind – Spirit Approach）全人健康模式由香港大学社会工作系陈丽云教授于 20 世纪 90 年代初提出。在身心灵全人健康模式的概念中，"身""心""灵"三个字的意义分别是："身"指躯体；"心"即心理，主要指情绪范围；"灵"主要是指精神和灵性状态，如人对生命的意义、人生价值的思考，以及人的生死观、苦乐观。身心灵全人健康模式基于人的身体状况（身）、情感与社会关系（心）和生命价值与意义（灵）是人的组成部分这一前提，采用多种模式的综合方法（Multi – modal Intervention）和能力取向（Strength – focused）的干预措施。在身心灵全人健康模式中，促进身体、心理和精神康复的活动始终贯穿于整个辅导过程（陈丽云等，2009）。

因此，本研究基于身心灵全人健康模式的理念，从身体运动、情绪调节和人生观念整合三个方面出发，针对福利院老人反映的各方面生活需求，设计园艺治疗小组内容，改善小组成员的身体和情绪状态，调整认知，使其重新发现自身能力和价值。

2. 人环互动理论

社会工作的心理及社会学派强调"人在情境中"（Person in the Situation），认为人、环境相互影响，人的内在心理与外在环境经常交互作用。这和园艺治疗中人、植物、环境三者关系有着异曲同工之妙。

园艺疗法由植物培育和利用植物的活动以及植物生长的环境三个要素组成。植物的特点首先是有安静的生命，这是它与其他疗法的不同之处。并且，它是以培育植物为中心开展活动的，人们与植物一起度过生长期，与植物建立了关系，这种活动与进行活动的环境也是与其他疗法不同的。

园艺疗法对象具有以下结构关系：①人与植物直接建立关系（植物因素）；②与植物生长的自然环境建立关系（环境因素）；③通过植物和进行园艺活动的场所与人建立关系（活动因素）。

三 研究设计：框架与方法

（一）研究框架

本文从马斯洛需要层次理论和身心灵全人健康模式视角出发，结合问卷的前后测及访谈的方法，分析福利院住养老人在身体、心理、社交、认知等各层次需求，基于需求设计并开展园艺治疗小组工作。在小组工作过程中，以人环互动理论为视角，观察小组参与者在园艺治疗中各方面发生的转变，并分析其原因，进而探讨园艺治疗在老年小组工作领域可以发挥的特性及其实务空间。本文研究框架如图 1 所示。

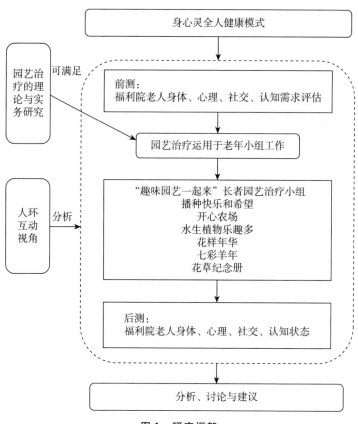

图 1 研究框架

（二）研究方法

本文主要采用文献法、问卷调查法和访谈法。

研究对象为上海市 S 社会福利院中具备园艺治疗小组活动所需要的身体条件和活动能力的住养老人（见表 1）。

表 1 研究对象基本信息

代码	性别	年龄（岁）	文化层次	入院时长	慢性病	肢体活动能力及行动方式
C1	女	79	中专	1 年	高血压、脑梗后遗症、椎基底动脉供血不足	无法自主移动，需要借助轮椅
C2	女	64	初中	1 年 1 个月	帕金森症	无法自主移动，需要借助轮椅
C3	女	78	初中	3 年	脑梗后遗症	行动自主
C4	女	78	中专	3 年 10 个月	冠心病	行动自主
C5	女	71	高小	3 个月	高血压、糖尿病、冠心病	行动自主
C6	女	84	本科	1 年 2 个月	高血压、冠心病、心梗	行动较缓慢，需借助助步器
C7	女	86	高小	2 年 8 个月	高血压、糖尿病、冠心病	可自主行走，较缓慢
C8	女	78	中专	3 年 1 个月	高血压、脑梗史、骨质疏松症	行动自主

四 园艺治疗小组的设计与介入服务

（一）需求评估：福利院住养老人的生活状况与需求

全面并准确地把握需求是有效开展园艺治疗小组工作的前提。因此，在本小组工作开展前期，研究者主要采用问卷调查法完成前测，并运用访谈法作为辅助和补充。

本研究所使用的问卷主要参考了 Jarrott & Gigliott（2005）的纽约医学中心的园艺治疗评估表，该表包含近 70 道题目，内容涉及社交、心理与情绪、身体功能和认知四项，笔者根据原评估表的向度与思路，修订了本研究的测量工具。主要涵盖身体、心理、社会交往和园艺认知四个维度，题目数量分别为 8、4、7、17。

需求评估的访谈部分主要围绕服务对象的需求、工作者自身的能力条件和发展需求几个方面展开，在小组开始活动前，对 S 福利院的住养老人、社工部的工作者以及驻楼护理员等进行了为期两周的观察、走访和访谈，我们获得了以下需求反馈：

> C1：我住进福利院一年了，之前发生过两次脑梗，左手有后遗症，拿东西拿不住，老是抖，住进来之后，生活起居有护工服侍，不需要自己动手。我害怕越是不动，手的活动能力越是退化得厉害，就每天早上自己做做手指操，稍微活动活动也是好的。
>
> C2：我有帕金森病，几年前做过手术，医生说手术做得不太成功，我恢复得也不好，现在啊，我哪里都痛，每天就靠吃药，不然脑袋也疼，说话都没力气。
>
> C6：我啊，除了高血压、糖尿病这些慢性病，老了之后还被车撞倒过一次，撞到腰，受伤很严重，你看我现在，佝偻得这么厉害，都是当年那次事故，这病啊，越老越要吃苦头的，我现在努力要求自己每天去中心花园走走，到那边健身器材的地方做做运动，人老了，身体是自己的，这个最重要了。

在生理需求的层面，老人集中反映的是受到各种病痛的困扰，不同程度的肢体活动能力不佳，并且担心活动能力退化，希望有固定的活动时间，并且掌握一些适合老年人的健身操或健手操，以活动筋骨，延缓肢体和感官退化。

> C4：我身体还可以，没什么大的病痛，住在这边快四年了，其实挺孤单的，以前还跟隔壁床的老人家说说话，她耳朵重，听不太见，也交流得少，现在她搬走了，新的室友还没住进来，连个说话的人也没有。
>
> C8：我呢大病没有，小毛病一堆，抵抗力蛮差的，老是感冒，我一生病，情绪就很差，心情也不好，吃不下，碰到周末朋友来看看我倒是蛮开心的，不然生着病，住在这里，虽然吃穿不愁，但是真的是

孤单，觉得自己蛮可怜的。

C2：我老伴儿年纪轻轻就生病走了，后来我又患帕金森，手术还不顺利，我觉得生活蛮痛苦的，现在天天被病痛折磨，心里真是很难受的，每次你来跟我聊天，我的眼泪就止不住。我有个儿子，小孙女也蛮可爱的，有时候周末儿子带孙女来看我，只有那个时候，我最开心了。平时待在这里，度日如年，我们被关在这个楼层里，窗户都打不开的，像坐牢一样，我有时候给小孙女织下毛衣，每天也织不了一下，手疼啊，不过也算是找点事情做，有个事情可以打发下时间。

强烈的孤独感是老人们普遍的心理感受，机构住养生活没有可以交流的对象，老人们的情绪状态也不佳，情绪也易被病痛所影响。福利院中的住养生活看似安逸，但很多老人觉得心里空落落的没有什么寄托。

C5：我来这住快三个月了，除了同屋的老人和隔壁常打照面的两个，其他的我都不太认识，楼上的就更没打交道。儿子女儿上班忙，住得也远，不每周来，一个月来一次吧，给我和老伴儿带点东西，说会儿话就回去了。（您老伴儿也住在这边？你们怎么没申请住一个屋？）我老伴儿身体状况差，需要人陪护，住在另一栋楼，我白天有时候是去他那边陪他，也算是给自己解解闷。

C6：我们老人，都有点自己的脾气，住在一个屋里，生活习惯不一致的事情常有，但是都不愿意让步，搞得蛮僵的，现在也懒得搞了，住一起合不来就合不来，无所谓了，我每天就独来独往，做自己的事情，不跟她计较。福利院里，也没什么其他朋友，其他楼里的不认识，以前有一两个聊得来的，后来都搬回家自己请保姆去了。

在社会交往方面，福利院的住养老人交际范围普遍有限，缺少谈心的朋友，生活相对常规和封闭，稳定的人际交往来自家人、朋友的看望，而有限的探望频次不能满足老人们的社交需求。

C6：（我看您经常去中心花园锻炼，是特别喜欢植物吗？）特别喜欢也谈不上的，这边空气蛮好的，有的树开出花来，倒是真的蛮好看的，每天出来走动走动，比较自由。（那您愿意了解更多关于花花草草的知识吗?)好的呀,这些绿色的植物,看着就很舒心,如果能学着养一点,放在自己房间里面,下雨天的时候,就可以看看自己养的,也蛮开心的。

C7:花我倒是蛮喜欢养的,你看我窗台上还摆了一棵吊兰,阳台那边还有一盆芦荟,还是不太会养,养的都是这些不太要管的,比较好活的。我当工人以前种过地,花是没养过的,如果能多知道一点,我也想再养几盆会开花的,毕竟我们捣饬花草的时间有的是。

在对园艺的认知方面,老人之间有些差异,因为生活的经历不同,有的老人有一些栽培基础,有的对花草种植很感兴趣,也有些老人完全没有园艺方面的知识,但所有老人都表示愿意对园艺和植物做更多的了解。

此外,S社会福利院内有一处面积较大的中心花园区和一间精致且用品齐全的花房,社工部负责人告诉笔者,花房和花园中的资源可以运用,福利院也可以为园艺小组的其他需要提供一些支持。

(二)干预策略:园艺治疗元素 + 小组工作

从园艺治疗出发,结合身心灵全人健康模式的相关理念,融入园艺治疗小组的每节活动,回应和满足老人们反映出的各方面需求(见表2)。

表 2 干预策略

问题	需求	园艺治疗元素	身心灵模式	小组活动设计
病痛困扰、肢体活动能力欠佳	生理症状缓和	缓和活动	身体运动	手指操;植物栽培活动
情绪起伏大、孤独感、没有寄托	减轻负面情绪、陪伴、增强心理调适	与自然接触、转移注意力、提升控制感、植物的陪伴作用、寄托希望	情绪调节	植物栽培寄托美好寓意;植物的日常照料和观察;新年活动表达对未来的憧憬
交际圈小、朋友少	需要社会支持	社会互动		合作完成任务、组员植物照料心得分享、组内信息和情感交流
比较缺乏植物和栽培相关知识和经验	学习更多园艺知识与技能	栽培;照料;知识传授	人生观念整合	社工传授、组员共享

续表

问题	需求	园艺治疗元素	身心灵模式	小组活动设计
对死亡的恐惧	理性看待死亡	生命意义的阐发	人生观念整合	通过植物生长历程引导
	探索自我,整合自我	感悟生命	人生观念整合	生命回顾主题活动

(三) 制订小组计划书

基于上述干预策略与以下五个原则与设想,拟定了本研究的小组工作方案。

1. 室内的盆栽活动一定要安全、可行性强。

2. 植物要生命力旺盛且生长较快的。

3. 活动要充分考虑老人的肢体 (手部) 行动能力。

4. 活动要有一定的趣味性。活动重点在于通过园艺的媒介,让老人增加沟通与人际交往机会,提升自我效能感,同时鼓励发现新的生活乐趣。

5. 我们还希望借用园艺和植物栽培的过程,从生命的意义角度做一些阐发、探讨与延伸。

本研究将园艺治疗小组取名为"趣味园艺一起来",共设计有六节小组活动 (见表3)。

表 3 小组活动方案设计

节次	名称	活动目标	过程安排	所需物品
一	播撒希望与快乐	1. 小组形成 2. 破冰相互认识 3. 订立小组契约 4. 初次接触园艺活动,激发活动兴趣与热情	1. 手指操 2. 主题活动:种下希望的种子	迷你彩色花盆、土、魔豆种子、喷壶
二	开心农场	1. 增加肢体活动和手部锻炼 2. 学习一些蔬菜营养知识和健康饮食内容,增加认知	1. 十巧手 2. 主题活动:大蒜种植 3. "我是生活经验家"	塑料器皿、大蒜、清水
三	水生植物乐趣多	1. 增加肢体活动和手部锻炼 2. 增强对生活的观察力和表达能力 3. 锻炼活动中的专注力 4. 学习有机栽培知识相关知识,增加认知	1. 手指操 2. 主题活动:水培绿萝	器皿、绿萝、清水、魔晶土

续表

节次	名称	活动目标	过程安排	所需物品
四	花样年华	1. 借由花卉与生命阶段的匹配,对生命历程进行回顾与梳理 2. 以花喻己,增强组员的思考、自我探索与整合	1. 手指操 2. 主题活动:花样年华 3. "做自己的园丁" 4. 写新年明信片,互赠祝福	花卉彩图、自制生命阶段表、明信片、彩笔
五	七彩羊年	1. 巩固小组成员在活动中建立的情感支持,进一步提升成员之间的互助合作 2. 回顾往事,在叙说的过程中,促进小组朋辈群体相互支持和鼓励 3. 预告小组结束的时间,为离别做准备	1. 手指操 2. 主题活动:七彩羊年豆子拼画	豆子若干(红豆、黄豆、黑豆、绿豆)、胶水、棉签、彩笔、羊形图画
六	花草纪念册	1. 回顾小组历程,总结小组经验 2. 合理处理小组离别情绪,正向引导小组效果在活动后的延伸	1. 手指操 2. 通过植物作品和活动照片对前五节活动进行回顾。 3. 主题活动:制作花草记录册 4. "园艺故事会"	植物作品成长照片、组员活动照片、树叶标本、彩色卡纸、彩笔、丝带、胶棒

五　干预过程分析:园艺治疗对各需求的回应

(一) 身体层面:刺激感官　增强锻炼

为缓解小组成员反映的受病痛困扰、肢体活动能力欠佳的问题,研究者在身体层面在园艺小组中设计了丰富多样的暖身操、手指操活动,作为每次小组活动的暖场与热身。

每一次小组的主题活动都安排了动手环节,并选用了触感新颖的海洋宝宝、较小颗粒的彩色石子等,这些都能够给触觉逐渐退化的老人带去一些新鲜的感官体验;在栽培和操作过程中,对花铲、喷壶、胶带、花边剪刀等工具,要熟练使用,也需要老人有较好的手眼协调能力,尤其是手部活动能力。

每节小组之后,老人每天把植物移动到光照区,浇水,这些日常的照料活动，也会增加老人的活动量，保持肢体活动能力，起到一定的锻炼作用。

在第二次小组"开心农场"中，暖身环节介绍了非常有趣的厨房健身操，其中有切菜、炒菜、打蛋、撒盐、拖地、擦手、照镜子等非常生活化的动作，因此大家边做边高兴地回应："是这个样子，在厨房就是这样！"伴随着音乐，每一位组员都特别认真地学习和模仿，并乐在其中。很多动作需要腰部、手指、脖子等的协调与配合，组员都尽力学习，做得非常好。

C1 老人右手活动能力弱，无法完全自己使用剪刀，在辅带社工的协助下，完成了装饰任务。C1 老人说，住在福利院里，平时已经基本不会用到剪子了，本来认为自己已经完全不能使用它了，这次活动发现手是不那么灵活了，但不至于完全没用，有社工在旁边帮助，慢慢来，还是可以做到的。老人家因为意识到自己手部能力没有完全丧失，仍有比较精准的活动能力，非常高兴。

每一节小组都设计身体锻炼的活动内容，或体现在暖身环节，或融合在主题活动当中，体现在动手栽培植物或制作手工物品的环节里。同时运用新颖的材料增加对老人感官的刺激，延缓感官敏锐性的衰退。

（二）心理层面：植入希望 同伴支持

在园艺治疗小组中，研究者不断在各个环节为组员植入对生活的新希望和新向往，以激发组员的正向情绪，积极健康地面对在福利院的住养生活。同时，在小组中创造更多沟通的机会，让组员在交流中感受到来自同伴的支持，以获得心理能量。

第一节的魔豆种植，因为魔豆上都刻有美好寓意的字样，如天天开心、心想事成、一生平安，等等，因此，在种下去和等待发芽的过程中，包含播种者的无限期待与盼望，使其在心理上产生了希望。

在水培绿萝活动中，组员先对玻璃器皿进行装点，这个环节出现了有趣的一幕，一位老人在装饰玻璃器皿时，在便签纸片上画上了太阳、兔子、植物等图案，另一位老人也写上了"小植物你快快长大……"的字样。社工请这两位老人和大家分享了其中的寓意，老人对绿萝栽培赋予的美好心意得到了所有组员的充分的肯定。

在第五节"七彩羊年"的活动中，老人两两分组，相互合作，用各色豆子拼贴羊形图案，表达了对即将到来的农历羊年的美好憧憬，并互相分享了他们的新年愿望，是一次集体性的心理能量的积攒。

在最后一节花草纪念册中，老人们回顾所有的小组历程，对自己的收获进行总结，并充满希望地带着在小组中习得的园艺经验继续在福利院的住养生活。从这一点讲，园艺小组在心理层面的建设是成功的。

（三）社会交往层面：平台搭建　互助共享

福利院内的老人交际圈普遍较小且封闭，缺少朋友，没有稳定的社会支持，因此园艺小组希望成为组员认识结交新朋友、培养友情的场合。在小组中，研究者伴随小组发展的生命历程，设计了不同组员间的交流机会，由浅入深，同时，还特别在第五节小组中设置了互相合作的方式完成主题活动，效果都很理想。

在第三节小组水培绿萝的活动中，老人们坐在一桌，有了更多的相互观察与学习的机会，社工明显观察到，组员开始将关注点由自己转向组内其他成员，并开始相互协助。

在社会交往层面，效果最理想的一次出现在第五节小组"七彩羊年"中。在这次活动的目标是请老人用红豆、绿豆、黄豆、黑豆拼贴羊形图案，为了促进在前几节小组中互动较少的组员间的交流，我们特意在座位上提前贴好姓名，希望增进不熟悉组员间的互动。同时，为了避免制作豆子拼图的过程只是单纯的手工，我们请合作一幅作品的老人在制作时聊聊天，我们设置了如下问题：你今年多大？住进福利院多久了？你有几个子女？在过去的一年里，你最开心的一件事是什么……设置这些问题的初衷是在双方艺术创作的同时增进沟通与了解，收到的效果也超乎我们的预期。

老人们边制作拼贴边由这些问题聊开去，互相询问为何住进福利院，有什么病史，怎么逐渐好转的，等等，整个制作过程中，小组整体的气氛比较热烈，尤其是在这节小组进行到中后期时，形成了几次小组活动以来最热烈的讨论，成员之间已经能够彼此找话题进行交流："呀，你也得过偏瘫，可是为什么没有坐轮椅呢，你怎么恢复的？"他们在彼此身上发现共同点，同时获得了很多情感支持和信心。

组员间交流的增多和友谊的增进也源于我们在座位上的不断调整。从第一次小组时采用半圆形的座位摆放方式，到之后调整为圆形闭合状的围圈而坐，再到栽种环节根据不同老人的性格和熟悉程度交错安排成一桌，增加互相交流的机会，这些方式都取得了很好的效果。比如第三次小组，因为座位调整后，老人们会互相观察自己和身边组员、对面组员的植物生长状况，不由自主地探讨起"育儿经"，气氛很好。

值得一提的是，C3 和 C8 还在小组活动外的时间特地去失智楼房间看望不能自如出入的组员 C1 和 C2，四人相谈许久，很多情绪得到了抒发。也正是小组平台的搭建，使得老人之间发展出了小组以外的友谊，真正实现了为组员搭建福利院内友谊支持平台的目标。

（四）认知层面干预：知识讲解 增进认知

园艺小组的每一节，都从介绍本节的植物和材料着手，讲解植物的名字、生长特性、注意事项、功能用途等，栽培的过程和照料分享的环节也是在不断加深组员对园艺的理解和对植物栽培的体会。

在第二节"开心农场"中，我们设计了一些现实导向类的内容，和组员一起谈论时间、天气、温度、时令果蔬，继而引导出主题活动：大蒜种植。社工首先介绍大蒜等蔬菜的营养价值和功用，进而展示水培大蒜的成品。之后边讲解边示范，带领老人种植大蒜等蔬菜，并教会老人日常照护植物的方法。

在"我是生活经验家"环节，组员们分享与讨论曾经的种植经验或养花心得，之后社工也讲解了有机栽培和健康饮食相关知识。在绿萝种植的小组活动中，重点介绍了具有空气净化功能的各种植物。

几位在城市中长大、完全没有接触过栽培的老人在这几部分收获非常大，说原来不知道大蒜还能用水培，对空气净化的各种植物也多了很多认识，还念叨着要告诉儿子女儿多买些空气净化类的绿色植物放在家中。

（五）灵性层面干预：借物赋意 积极阐发

在灵性层面，结合小组的发展过程，巧妙设计了两次集中的干预方案：一次是情景模拟剧"郁闷的豆子"和"蓬勃的大蒜"，另一次是在第四节小组的主题活动"花样年华"中对生命意义的探讨。

1. 死亡与收获

在日常的居室走访和交谈中发现，所有老人第一次活动种植的魔豆均未发芽（因为是冬季，不是发芽季节），且已在土中腐烂长霉，虽然老人们都花了极大的心思在培育它们，有的老人用保鲜膜套住花盆口，每天拿到向阳处等，但豆子都无一发芽。而第二节小组种植的大蒜头却恰恰相反，简单的清水培育，不需要太多的关注与照料，一星期内全部都发芽抽苗，长势喜人，令每一位老人都很欢心。鉴于魔豆和大蒜截然不同的生长态势，我们在第三节活动中设计了一个简短的情景模拟"郁闷的豆子"和"蓬勃的大蒜"，两名社工分别扮演不能发芽的魔豆和长势蓬勃的大蒜，一个哀怨愁苦，一个健壮自信，通过独白和对话表现内心活动，让小组成员和两个角色对话。实践证明，这个情境设计达到了非常好的效果。首先，它很吸引人，观赏性强，互动性强，更重要的是，这个环节让老人通过自己的口把劝慰自己的话说了出来，不再对静心照料却不能发芽的豆子耿耿于怀，也乐于去看待便于打理的大蒜的优势。

之后，在这环节，我们又延伸探讨了死亡与收获这个话题。组员在魔豆的培养上花了不少工夫却无果，在大蒜的培育上付出很有限却换来满盆绿意。这样的情境和人生中的很多事件也很相像，组员们从这里出发，延伸出去，分享了各自的人生经历和故事。

由此，借由凋亡的豆子和蓬勃的蒜头，社工带领组员在小组中引发了灵性方面的思考。C6 说："我觉得虽然病魔很厉害，但是我不畏惧，要更加坚强地积极生活着！"其他组员听了也很受鼓舞。因为这个话题的探讨，老人们不再那么畏惧死亡，在心中对生老病死能够逐渐安然接受，这就是很大的进步。

2. 自我探索与生命回顾

第二次人生观念的整合是在第四节小组当中。

在第四节的第一个主题活动"花样年华"中，社工给组员分发花卉图片，分别有康乃馨、水仙、玫瑰、百合、兰花、梅花、向日葵、郁金香、荷花、茉莉，并分发了年龄时段表：1 ~ 20 岁，21 ~ 30 岁，31 ~ 40 岁，41 ~ 50 岁，51 岁及以上。在向组员一一介绍并探讨每一种花卉之后，请组员在年龄表上贴上最能代表这个年龄段的花卉，每一位组员认真思考并完成了任务，有的结合自己的养花经验，有的结合社会现象，有的结合古典诗词，分享了他们对各种花卉的了解情况。

在"做自己的园丁"环节，社工请每位组员将自己比作一种花，并分享原因。社工从气质、品格和花的特点等方面做引导，并用向日葵自喻做了示范。C6 将自己比喻为清雅的荷花，说自己退休前是高校教师，没有梅花的孤傲，但很清丽雅致，一生为人高洁。C4 将自己比喻为君子兰，说到自己曾是一名妇产科医生，致力于医疗卫生事业，勤恳诚心，医术和名誉很好，对卫生事业有一定的贡献。这两位组员整合了自己的性格特点、人生经历进行思考回顾与分享，对其他小组成员有很大启发。在这个环节的末尾，社工启示组员要学会做自己的园丁，照料和呵护好自己这朵独特的花，在福利院生活中保持乐观豁达的心情。

这节活动的目标是希望借由花卉与生命阶段的匹配，对生命历程进行回顾与梳理，并以花喻己，增强组员的思考、自我探索与整合，让组员在精神层面上有一些自我建设。从组员的参与和反馈程度看，活跃的组员进行了充分的自我探索与表达，比较安静的组员也全程参与完成任务，且认真倾听。从这一点上来讲，园艺治疗小组在灵性层面的干预是成功的。

六 评估与总结

（一）问卷分析

本研究对八位小组成员在园艺治疗小组开展前后填写的问卷信息进行汇总与分析，以评估小组开展的成效。C1 至 C8 分别代表八名组员，C1 - 1 代表 C1 组员的前测数据，C1 - 2 代表 C1 组员的后测数据。

通过对数据的收集、整理与分析，如图 2 所示，我们可以看到以下一些特征。

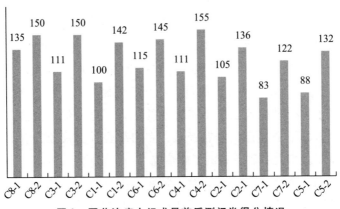

图 2 园艺治疗小组成员前后测问卷得分情况

八位组员后测得分均高于前测得分，即从总体上看，在包含身体、心理、园艺、社交四个部分的问题回答上，所有组员均得到了不同程度的提升。

如图 3 所示，在组员的前后测得分差值中，组员 C5 和组员 C4 的提升幅度最大（差值为 44）。为了更细致地分析这两名组员提升的方面，并寻求其原因，现将二人的问卷数据按照身体、心理、社交、园艺四部分进行分析，得到图 4。

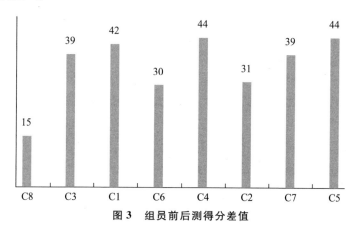

图 3　组员前后测得分差值

图 4 对 C5 的状况进行单独分析后发现，她最大的提升是在园艺部分（分差 23）和社交部分（分差 12）。结合社工日常的走访、观察以及和组员的交流互动，我们知道，C5 是一名性格内敛安静的老人，日常院内社交很少。与她同住的老人听力不佳，所以两人间日常交流不多，C5 的老伴儿也住在 S 社会福利院，因身体状态欠佳，被安排住在有特殊护理的介护楼，与

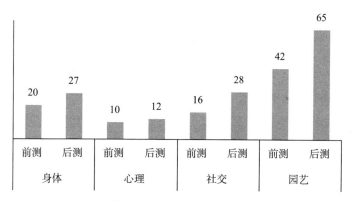

图 4　组员 C5 前后测比较

C5 不在一块儿，C5 会经常去看望老伴儿，所以和院内其他老人的接触交流也很有限。园艺小组的开展，为 C5 提供了新的生活乐趣和新的伙伴，她有了自己拓宽的生活领域和友谊，和老伴儿的互动也增加了话题，因此她在这个小组的收获很大。

图 5 对组员 C4 的状况进行分析后发现，她最大的提升是在园艺部分（分差 25）和社交部分（分差 12）。C4 的较大提升更多地源自她对园艺的兴趣和原有的一些基础，园艺小组的平台让她得到一个展示和分享的机会，让她获得自信和成就感，并且结交了不同楼层甚至不同楼栋的朋友，不仅在小组活动中相互合作，还在组外相互拜访看望，产生珍贵友情，因此在图 5 中也的确能看到 C4 在社交层面有所提升。

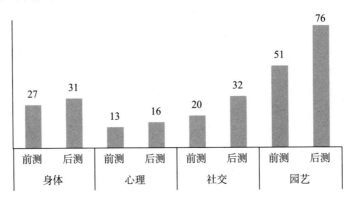

图 5　组员 C4 前后测比较

1. 小组成员的反馈

每节小组活动后的第二天，笔者和同伴都会到每名组员的居室探访，并交流日常。在探访中，我们不断听到组员参与小组感想与反馈。

（1）增强身体机能

C7：每周一次的园艺小组让我非常开心，即使我腿很疼，要拄着拐杖，由护工搀扶我慢慢走到那边，但是我愿意去！

C1：你们这系列的活动，我最有收获的是健身操，这个对我帮助很大。我手受伤过，灵活性上差一点，每次活动学一点健身操，回来我都记在本子上，早上起来就做一做，又有趣又有帮助，真的蛮好的，谢谢你们！

两位组员均提到了疼痛的缓解和克服、身体上的转变，她们的收获来自小组在身体层面的干预设计。她们积极投入学习，并在小组之后努力锻炼，因此有一些增进。

（2）提升认知水平

C6：我在S福利院住了一年多，大大小小的活动也参加了很多，但是像你们开展的园艺小组这样用心、有内容、长见识又能动手的真是头一次，你们做得很好！我很喜欢你们设计的这些活动，觉得当时答应参加这个小组真是很正确的决定。那天社工部Z主任问我这个年度最喜欢院内的哪个活动，我毫不犹豫就说是你们开展的"趣味园艺一起来"的活动！

组员C6是小组里文化水平很高且自我要求很高的老人，对人对事都比较挑剔，但她给予了园艺治疗小组很高的评价，而且多次提到"长见识""学到很多知识"，认为小组设计得精心，在知识上也收获很大，可以看出，园艺小组在认知方面的干预效果很好。

（3）促进社会交往

C3：以前，我不太喜欢花花草草这些的，隔壁屋也有老人养花的，我没什么兴趣，平时我一般去活动室那边跳跳舞、唱一唱卡拉OK，那次你们询问我要不要参加这个小组，我还挺犹豫的，后来是Q奶奶说一起去吧，我才打算参加看看。结果啊，觉得特别好！你们弄的这些活动有意义，我学了不少关于园艺的知识，真的挺长知识的，人啊，就是要活到老学到老。因为种过魔豆和大蒜，第二次种完大蒜那个礼拜，看着大蒜噌噌往上冒，哎呀，我心里那个乐啊，觉得种些植物真的是好有乐趣的一件事，前不多天，我还和Q奶奶一起去逛花市了呢！

对C3组员来说，社会交往、对园艺的认知层面的干预效果很明显。她的话语里明显提到"其他老人""一起"这样的字句，也表明小组开发了她新的兴趣，并由此开拓了新的生活空间和生活方式，也借此增进了友情，结交了新的朋友。

（4）收获正向情绪

C2：我以前啊，每天待在这个房间里，不能出去，哪里都痛，觉得日子很难熬的，想想就止不住掉眼泪。这些日子和你们在一起活动，能够出去透透气，说说话，做做活动，还养了这样几盆小植物，看着它们生长变化，有了个盼头，有时候我还跟它们说说话，心情好了很多。我觉得，生活还是应该积极一点的，我们小组里那个 S 奶奶，身体也很不好的，她年纪还比我大很多，就很乐观，每天还坚持读书看报，跟她交流过两次，她挺鼓舞我的。

> C1 和 C2：我们俩住在失智楼，房间里除了我们之外的四个老人都是失智的，只有我俩相依为伴，又因为身体的种种限制不能出楼，园艺小组的活动让我们结识了福利院里新的朋友，另外的几个组员都来看望过我们，真的非常感动！而且，小组活动时种下的植物我们摆在房间里，每天看着它慢慢成长，心里也蛮开心的，觉得房间里多了一些灵气。

对情绪层面的干预其实是我们在小组开始前最没有把握的，因为植物种植和生长状态具有偶然性，小组成员的互动与交往也有很大的不确定性，但是，事实证明，在情绪层面，我们的干预也是成功的。组员 C1 和 C2 的反馈"心情好了许多""积极""乐观""开心"这样的话语就是很好的佐证。

小组活动的开展、组员间的交往、植物的陪伴等，综合作用在一起，营造了一个有助于良性情绪产生的氛围，由此带来了情绪的好转和生活信念的增强。

（5）塑造积极人生态度

> C6：你们看，我那天回来之后，又在花草纪念册上写了一些，有好多涂改的地方，你们可能看不清，我念给你们听啊：一个多月的小组活动结束了，快乐的时光总是那么匆匆，你们仨带我们做的这个小组真的很有意义，我觉得虽然病魔很厉害，但是我不畏惧，要更加坚强地积极生活着！

组员 C6 在花草纪念册上记录的文字提到"要更加坚强地积极生活"，体现了她对生命的困境的再次思考，并自我增能，强化积极的生活态度，不断暗示自己要勇敢面对生活的挫折。由此可以看出，小组在灵性层面对人生观念整合对组员产生了积极的效果。

2. 来自护工的反馈

> 护工1：我们楼层的S阿姨和Z阿姨每次去参加你们的园艺活动，其他老人都挺羡慕的。平时，其他老人也去她们房间串串门、聊聊天，S阿姨和Z阿姨就把自己培育的植物拿出来给他们看，觉得很有成就感；以前这两位老人家对养花养草没有兴趣，现在每天都会给植物晒晒太阳浇浇水，生活多了一些乐趣，和其他老人也多了一些交谈的话题，蛮好。

> 护工2：Z阿姨和D阿姨自从你们来邀请她们参加这个种植物的活动，精神面貌好了很多，每次回来都乐滋滋的，总是夸你们热心、办的活动也好，还特别关心她们。D阿姨把那个绿萝打算放在床边的窗台上，早上起来都要看看，有一次还看到她跟它们说话呢！

组员的脸上愁容舒展，多了笑容，愿意更多与他人交流，平日里多了一些照顾植物的行动。老人们不仅愿意更多地活动，情绪也改善不少，所以每天照料和陪伴老人左右的护工都看在眼里。

3. 工作者反馈

园艺治疗小组也得到了福利院社工部的肯定。

> 社工1：现在每天我去楼里看望老人时，一走进去，看到房间里多了些绿意和生机，老人心情也很不错，有几次去到老人房间，她们正在给植物浇水，还聊到你们，说你们办的这个小组非常好，让她们回来有些事情做，不那么闲了。还夸你们办活动用心。

> 社工2：失智楼的D奶奶，上次她儿子孙子来看她，她还把自己种的植物拿给他们看，她儿子说下回来帮她带两盆花呢！老人听了开心得不得了。

社工们的反馈，也反映出园艺治疗小组给老人的生活注入了点滴新鲜元素，多了几分活力，促进她们逐渐培养出一些正向情绪，并积极面对福利院生活；与家人之间，也有了更多可交流的话题。

七　讨论与反思

（一）园艺治疗小组对老人产生积极作用的原因

1. 植物的生长性与多样性

园艺治疗小组给老人带来多角度的积极作用，一方面，是园艺活动本身的特质，比如，植物具有的生长性，让老人可以在日常的照料中与植物一起度过生长期；另一方面，植物类型丰富多样，并且拥有不同的属性和功效，可以满足不同老人的各类需求。此外，园艺是一项比较容易培养的兴趣，也易成为老人之间交流的话题。

2. 人环互动

更重要的原因，是小组成员在小组周期内与植物和整个场域产生的互动。组员们选苗、栽种、浇水、观察，在对植物的照料中产生期待、欣喜与寄托。组员还在小组中与其他成员和社工互动，在小组外与亲友分享，这些互动交流让她们重新发掘自身的能力，再次体会自我的价值，并通过植物和进行的园艺活动与他人建立了联结。

3. 小组目标的灵活性

因为园艺类的老年小组工作没有很多可借鉴的研究资料，因此，笔者基于文献呈现的园艺活动对老年人身体、情绪、社交等方面的益处，在制定小组目标时，策略比较灵活，把对各层面的增益都作为小组的目标，而非局限于"提升组员自信""减少孤独感"等具体目标，在小组活动设计上也从身体、心理、社交、灵性等方面考虑，穿插安排，以综合提升组员的生活品质。

（二）实务反思

本研究中园艺治疗小组共六节，历时一个半月，周期较短，且在冬季开展，在效果上受到一定影响。在小组过程中，"绿色"元素还不够多。园艺治疗小组也存在一些天然不足，如，植物生长周期相对较长，而小组的周期较短，因此小组效果不显著，或者不能很快看到小组成效。此外，植物生长是多因素综合作用的结果，生长状况不完全可控，可能出现枯萎和死亡。但正如我们对未顺利发芽的魔豆的处理，针对每一种情况，合理引导，妥当分析，也可以成为小组的宝贵资源和推动组员成长的契机。

经过此番实务探索，笔者有以下几点建议，可以在一定程度上提升园艺类小组的成效。

1. 对同一群体开展多梯次小组，渐进式跟踪观察园艺小组的效果。

2. 请园艺小组的组员写园艺日记，比如，记录"今天几点浇水的""长出了一个嫩芽""植物长到××厘米了""对植物说了什么话"……这样的过程是老人情绪转移和自我心理疏导的一个良好途径。

3. 在同质性较强的老人中开展有针对性的园艺小组，如提升成就感，消除孤寂感，新入住园区适应，等等，能更清晰地分析出园艺活动促进老年人改变的影响因素。

4. 园艺小组中增加花园走动，花房中体验工作，园艺小组中的操作过程，播放泉水、鸟鸣等自然元素声音的环节。

（三）园艺治疗小组的适用性探讨

从本研究的探索来看，在欧美和我国港台地区日益盛行的园艺治疗在大陆养老机构中推广的可行性和适用性很强。

在硬件要求上，养老机构有花园、花房等基础设施，是最理想的情形，如果不能满足，只要院内有绿色植被区，或老人的房间有能提供充分光照的阳台，都可以鼓励开展园艺活动，规模应视具体情况而定。

从成本上讲，园艺活动给组织者很宽广的植物和栽培工具的选择余地，其价格也差异很大，因此即使资金有限，也完全可以选取经济实惠的植物品种，同样能够产生很好的效果。

参考文献

陈丽云、樊富珉、染佩如等，2009，《身心灵全人健康模式——中国文化与团体心理辅导》，中国轻工业出版社。

郭毓仁，2005，《治疗景观与园艺疗法》，台北詹氏书局。

贺学勤，2013，《园艺疗法在美国的历史现状及在老年疾病康复中的应用》，《现代园林》第10期。

游慧珍，2013，《园艺治疗活动对身心障碍儿童照顾者心理效益之研究》，硕士学位论文，台湾新竹教育大学。

游智秀，2012，《园艺治疗对失智老人幸福感影响的实验研究》，硕士学位论文，台湾中正大学。

曾慈慧，2007，《园艺治疗活动对护理之家失能长者治疗效果之研究》，《台湾园艺》第 53 期。

美国园艺疗法协会网站，2009，http://www. ahta. org/content. cfm/id/faq。

张莹莹，2017，《园艺治疗活动对轻度失智长者的干预研究》，硕士学位论文，上海师范大学。

Gigliotti, C. M. & Jarrott, S. E. 2005. "Effect of Horticultural Therapy on Engagement and Affect," *Canadian Journal on Aging.* Vol. 24（4）.

都市社会工作研究　第4辑

第 137～160 页

© SSAP，2018

新生代农民工城市社会适应过程研究

——以上海、杭州 17 位餐饮行业从业者为例

费梅苹　盛琳琳*

摘　要　本研究采用质性研究的方法，通过对 17 名新生代农民工进行半结构式访谈结合观察法，分析他们的社会适应过程。研究发现：新生代农民工在城市适应的过程分为三个阶段，依次为发动－憧憬阶段、受挫－低落阶段、顺应－孤立阶段。他们的城市社会适应轨迹是一个适应积极性、适应状态曲折的过程。在与周围社会环境互动的过程中，为了达到顺利生存的目的，他们不得不再三选择隐忍、压抑自己。基此，为了促进新生代农民工城市社会适应，无论是在政策层面还是在具体服务层面，仍然有许多工作需要深入开展。

关键词　新生代农民工　社会适应　过程

一　研究背景

（一）问题提出

随着近几年国家经济的进一步发展，越来越多的农村人口脱离土地，

---

*　费梅苹，华东理工大学社会工作系教授，主要研究领域为青少年社会工作、禁毒社会工作、矫正社会工作；盛琳琳，华东理工大学社会工作专业硕士。

成为农村剩余劳动力，进而向城市转移。国家统计局发布的《2012 年全国农民工监测调查报告》显示，目前全中国农民工总数量已达到 26261 万人，30 岁及以下的新生代农民工约占总数的 37%，约 1 亿人（李萍、李浩，2014）。2001 年，中国社会科学院研究员王春光首次提出了"新生代农民工"的概念，并于 2003 年对该概念的含义进行修订。2010 年，国务院发布的中央一号文件《关于加大统筹城乡发展力度　进一步夯实农业农村发展基础的若干意见》，首次使用了"新生代农民工"（以下有时简称"新农工"）的提法，并要求采取措施，解决新农工问题，使其实现市民化，传达出了中央对 80、90 后新农工的关注。

而与此相对应的是，城市外来人口犯罪率居高不下。上海市检察机关三年合计受理的审查批捕和审查起诉外来未成年人的人数已分别占到三年受理的未成年人总数的 60% 和 45%（樊荣庆、吴燕，2005），不仅上海地区如此，2009 年京粤港澳监狱论坛数据也显示：农民工及其子女所占比例高，为 83.1% ~ 85.4%（赵若辉，2012）。

面对这样鲜明的社会问题，笔者不禁思考在各种信息纷纷透露出农民工越轨行为频出的情况下，为何仍有部分农民工能够保证自己言行符合法规，不触碰法律的警戒线？他们如何逐渐适应城市生活节奏？如何及时地调整自身，以适应城市生活、应对城市与家乡的差异？

（二）研究问题

本研究试图回答以下这些问题：新农工城市社会适应过程可以划分成几个阶段？各阶段的促成因素是什么？该群体在特定阶段的社会适应状态特征是什么？通过探讨上述问题，动态地分析新农工的城市适应过程，以丰富新农工社会适应过程的理论。

（三）概念界定

1. 新生代农民工

"新生代农民工"的概念由王春光于 2001 年提出，2003 年，他将此概念进一步界定为两层含义：一层含义是他们的年龄在 25 岁以下，是 20 世纪 90 年代外出务工、经商的农村流动人口，与第一代农村流动人口在社会阅历上有着明显的差别；另一层含义就是他们还不是第二代农村流动人口，而是介于第一代与第二代之间过渡性的农村流动人口（许传新，2008）。然而，对新生代农民工具体的年龄界定还存在一定的差异。许传新（2006）的研究中，将新农工操作化为28岁以下的农民工。也有部分研究将此概念操作化为1980年后出生（李伟东，2009）。

王春光的定义是目前对新生代农民工较为详细的定义，其余大多数学者在研究中并没有对这一概念进行明确清晰的界定，并且，存在与第一代农民工随迁子女概念相混淆的情况。

本研究将部分采取王春光的定义，将新生代农民工界定为：1980年以后（包括1980年）出生并成长于农村地区，于20世纪90年代左右来到城市务工的农村户籍人士，即目前年龄在37周岁以下的农村籍城市务工青年。

2. 社会适应

"适应"最初是由达尔文在进化论中提出，是生物学的概念，用于表示有机体为提高生存概率而在行为、身体上进行的改变。随后，"适应"一词被广泛用于各学科领域。社会学奠基者斯宾塞也有关于个体适应社会环境的思维（付光伟，2007）。虽然，社会适应的概念在社会研究中已被使用，但大多数没有给出明确的概念界定，更没有进行概念的操作化（白友涛，2011）。

国内学者从个人和环境的相互作用出发界定了该概念。车文博2002年主编的《心理咨询大百科全书》将适应行为定义为"个体适合给定位置的能力和为适应环境要求而改变自己行为的能力"。杨彦平2010年在《社会适应心理学》中提出，社会适应是个体在与社会环境的相互作用中所表现出的一种相对平衡的心理状态，也是一个动态的发展过程。

综合以上的概念，笔者认为，"社会适应"是一个过程型的概念，是个体、社会环境为达到两者之间的和谐、平衡关系，而在互动过程中发生的一系列自我改变或互相改变。而本研究集中于个体自身改变的过程。

二 文献回顾

（一）国外相关研究

Pertes、Zhou（1993）针对美国第二代农民工的调查表示，其群体交往偏向内部发展，大多数选择与自己同样具有移民身份的个体建立社会关系。正如戈夫曼2009年提出的那样，个体带有的受损身份，会阻碍受污名者群体与外群体的交往，先赋的污名身份使个体在互动时会注意信息控制。

杨春华（2010）认为我国的城乡二元户籍制度是导致新农工的城市适应现状发生"经济型接纳、社会性排斥"的根本原因，使其很难融入城市。同样，Fu、Wong（2007）等通过研究城市生活对农民工心理状态的影响，也认为其城市生活处于边缘化状态，并且户籍制度等是该问题产生的重要原因。

Gu、Zheng 等（2007）等认为应当建立包含大都市和农村城镇化发展的多维度社会政策系统、提供新农工市民身份、纠正城乡资源分配不均等的局面，同时，对城乡社会整合应该给予足够的社会关注，以协助新农工顺利融入社会。Froissart（2008）对 Fan 的著作 *China on the Move*：*Migration*，*the State and the Household* 中的内容及论证方法提出异议，认为农民工在完成自己的人生目标和预计可实现的目标后，仍然会回到农村。Démurger等（2009）的研究表明农民工由于资源的限制，在进入劳动力市场时就处于弱势地位，造成其收入远低于城市居民，而地区因素、单位时间工资因素、工作时间因素影响均不显著。这也就造成了其在城市适应中的生活融入困难。Chan（2010）则更加明确地指出，中国的劳动力市场是对农民工的剥削，使经济危机的影响全部落到了处于劳动力供应链底层的农村劳动者身上。

可以看出，国外对中国新农工的研究集中在其外部影响因素及造成的影响方面，提出了户籍制度、劳动力市场分配不公等对新农工社会交往适应有影响。

（二）国内相关研究

1. 新生代农民工城市社会适应问题的客观因素分析

王春光（2001）率先提出了以新生代农村流动人口为研究对象的社会认同和城市融入问题。在学术界引起强烈反响，自此之后，逐渐涌出了许多关于这方面的研究。

邓秀华（2010）、王艳华（2010）的研究也认同以上结论，同时，邓秀华提出组织平台的缺失也同样对其造成阻碍；王艳华认为新农工城市融入不仅在于个人的努力，更需要政府和其他社会团体共同工作。李伟东（2009）的研究也证实了以上结论，认为由于社会制度设置的缺陷，即使新农工在心理和精神上已经接受了城市文明，也难以完全融入城市生活中。许传新（2008）通过对 600 名青年农民工的抽样调查后得出结论，家庭背景、城市经历、大众传媒、社区参与、相对剥夺感、组织支持对该群体社会适应有显著影响。郑欣（2011；2014）从传播社会学的角度出发，提出媒介系统在新农工城市适应中的可行性及可操作性，为新农工城市适应提供了强大的精神力量。

也有学者从公民权利的角度进行研究，如王春光（2010）认为即使政策的演变让农民工的城市化越来越有希望，也并不能立刻满足他们城市化的要求。城市融入存在各方面的张力，而社会政策的整体改革仅仅是基本前提。聂洪辉（2014）的研究也认为农民工城市融入问题的实质是户籍问题，进而提出"户－权"合一及"人－权"合一的概念，认为应该达到权随人走的状态，以解决新农工城市融入的困境。何绍辉（2008）的研究也认为由于城乡二元结构等各种制度性因素的制约，陌生的城市生活、工作和交往方式，使新农工难以在城里"扎根"。

2. 新生代农民工城市社会适应问题的主观因素分析

针对新农工城市社会适应的主观因素方面，现有的文献主要从其文化方面进行分析。沈蓓绯、纪玲妹等（2012）认为文化认同和融入是城市融入中最为复杂和根本的问题。李伟东（2009）的研究认为，新农工对城市现代文明的接受能力高于对城市各种规则的理解，对相关法律、法规的陌生更加导致其无法保障自己权益，难以融入城市社会，形成"半城市化"现象。也有学者提出应该培养和提高新农工的抗逆力，这对其顺利地融入城市生活具有现实意义（赵翔、张向东，2011）。

针对新农工交往行为的研究指出，新农工群体普遍的亲缘和小地缘交往呈现的内卷化特征，作为建构文化的一部分，成为新农工城市文化适应系统的突破口，必须去内卷化（汪国华，2009）。李萍、李浩（2014）的研究也证实了这个观点，认为新农工与迁入地的同质群体之间交往内卷化的现象，对其社会交往、社会适应造成了一定影响。

近年来，更是涌现了大量从新农工主观能动性出发的研究。如朱力等（2010）的研究认为新农工群体的城市适应模式属于主动适应和被动选择相结合的"半主动适应"模型，该群体中确实有部分受强烈的留城意愿的推动，通过各种方式主动寻找与城市社会融合的有利契机。聂洪辉（2012）的研究针对新农工群体出现的"大城市和沿海城市就业—家乡市县城市买房—农村房屋土地占有"或者"沿海城市或家乡市县就业（或县市买房）—农村建房和土地占有"的新格局。高梦媛、郑欣（2013）在研究中也认为，新农工在城市融入过程中并不是对城市文化的全盘接受或盲目认同，而是进行选择并重组。

3. 其他群体的社会适应过程研究

由于目前针对新农工的社会适应过程研究还没有，只得转而参考其他亚文化群体的社会适应过程研究，以期从中得到启发。

目前，关于社会适应的理论研究主要分为四大类，即人格模型、智力（认知）模型、自我调节模型、综合模型。人格模型认为社会适应等同于人格适应，良好的社会适应是人格稳定的标志。智力（认知）模型源于皮亚杰提出的发生认知论，认为社会适应是个体认知发展的结果，是一个平衡、不平衡之间循环转变的动态变化过程（陈建文，2009）。自我调节模型将社会适应看作自我应激反应，强调个体的自身调节机制。综合模型即将人格、智力、自我的因素综合，用以解释个体的社会适应行为（聂衍刚、郑雪，2006）。综合模型中主要有 Rotter（1982）提出的社会认知模型（转引自郑雪，2004），Salovey 与 Mayer（1993），以及 Goleman（1995）等提出的情绪智力理论（转引自王少静，2012）。

其中，陈建文（2003）在 2003 年提出社会适应的机制包括社会适应过程和方式两个方面，并且认为社会适应过程包括评估比较环节、心理发动环节、内容操作环节及适应评价环节；2010 年，他将前两个环节顺序颠倒，改为心理发动环节、评估比较环节、内容操作环节、反馈性自我评价环节这四个环节。这是目前所能找到的文献中唯一涉及社会适应过程的理论内容。

刘斌志（2013）借用优势视角的观点，通过对"瘾君子"、艾滋病感染者的深度访谈，发现他们的社会适应经过了前期的权能激发、人际互动，中期的问题解决，直至最后自我进行的评价反馈，共四个阶段。而时蓉华（1983）认为，人的社会化的过程，就是获得社会角色的过程，角色的获得是个不断综合性学习的过程，是随角色的改变而进行的。同样，李新昕（2010）也提出角色适应过程中，需要从自我本身和社会两方面进行角色调试，消除角色冲突是不可能的。

（三）研究不足与趋势述评

综合以上可以看出，现有的研究对新农工的城市社会适应进行了详细而又深刻的研究、探索，不仅揭露了城乡二元管理制度对其社会适应的影响以及影响方式,更从新农工群体自身出发,揭露群体交往内卷化对社会适应造成的可能影响。更有部分学者从新农工的个体理性行为分析,提出其社会适应的自主选择性,并表示新农工不会盲目地决定在城市扎根,而是会从城乡利益进行分析,做出经济理性的选择。可以看出,现有的研究内容十分丰富,对该群体社会适应的现状、影响因素、解决措施都进行了较为详尽的说明。

然而,现有的研究却鲜少能从新农工群体内部进行资料收集,绝大多数是数据分析、文献阅读的结果,是由上而下进行的研究,缺少了新农工自己的声音。而且,现有的研究集中于对社会适应状态的静态分析,缺少对其成因的动态探究。在各种数据库中,以"新生代农民工""轨迹""过程""历程"为关键词,均搜索不到相关文献,只得寻找其他相关的适应性过程研究。这也就告诉我们,虽然社会科学中对社会适应的研究众多,但关于其概念界定并没有形成公认的标准,对社会适应的过程更是研究甚少。

三 研究设计

(一) 研究方法选择

本研究使用质性研究方法,既能够从新农工自我意识出发,获得新鲜的第一手资料,又能够观察到其生活、工作状况,为研究补充更加丰富的信息。

具体而言,采用半结构式访谈法和观察法。由于现有的文献对新农工的适应轨迹研究较少,能够获得的了解不多,基于对文献资料的了解和前期预调查的结果,我们制定了访谈提纲。在访谈中,根据提纲的内容进行提问,并鼓励研究对象说出自己的想法和经验,进行灵活的调整提问。

(二) 研究对象选择

本研究的研究对象为由农村进入城市的新生代农民工群体,这一群体多集中在较为发达地区,加之笔者个人对杭州、上海两地资源较为熟悉,于是选择这两地作为研究对象的首选地。后采用目的抽样的方式,选取两地符合新农工条件,即 35 周岁以下的农村外出务工青年,同时,以外出务工年限超过 1 年作为时间界限,以心智健全,能够进行日常交流作为基本要求。选择这样的对象,是基于对社会适应轨迹的研究必须是已经完成社会适应的过程，务工年限过短、经历较少，还未进行完整的社会适应状态的对象并不合适。在两地，先通过熟人入场，再通过滚雪球的方式获取更多合适的研究对象。研究共访谈了 17 名新生代农民工，其中男性 10 名，女性 7 名；20 岁以下 8 名，20～29 岁 5 名，29 岁以上 4 名，其详细信息如表 1 所示。

表 1　访谈对象基本信息

序号	编号	年龄（岁）	性别	籍贯	职业	外出务工年限	基本情况
1	Sh01	33	男	安徽	餐厅主厨	16 年	和妻子在外务工，8 岁女儿留守老家
2	Sh02	17	男	江西	餐厅打荷	1 年 6 个月	个人外出务工，家中独子
3	Sh03	31	女	重庆	服务员	16 年	和丈夫在外务工，10 岁儿子留守老家
4	Sh04	19	男	安徽	后厨	1 年 10 个月	个人外出务工，家中独子
5	Sh05	18	男	安徽	后厨	2 年 3 个月	个人外出务工，家中独子
6	Sh06	19	男	云南	厨师	3 年 6 个月	个人外出务工，有一长兄在山东务工
7	Sh07	14	女	江苏	服务员	1 年 3 个月	与父亲在外务工，12 岁时母亲离家出走，有一 8 岁的妹妹在老家
8	Sh08	18	女	安徽	服务员	4 年	一家四口都在外务工，有一长兄
9	Sh09	19	男	安徽	传菜员	2 年 1 个月	个人外出务工，有一姐姐在上海某专科学校上学
10	Hz01	32	男	江西	餐厅主厨	15 年	个人外出务工，12 岁的儿子和妻子在老家
11	Hz02	24	女	江西	服务员	6 年 3 个月	和丈夫在外务工，6 岁儿子留守老家
12	Hz03	28	女	安徽	服务员	5 年	和丈夫在外务工，10 岁女儿留守老家
13	Hz04	30	男	江苏	领班	14 年	个人外出务工，5 岁的女儿、2 岁的儿子和妻子在老家
14	Hz05	19	女	安徽	服务员	2 年 2 个月	个人外出务工，家中独女
15	Hz06	21	女	福建	服务员	3 年 4 个月	个人外出务工，有一弟弟在老家上学

序号	编号	年龄（岁）	性别	籍贯	职业	外出务工年限	基本情况
16	Hz07	25	男	安徽	餐厅主厨	8 年 5 个月	个人外出务工，家中独子
17	Hz08	21	男	江西	餐厅打荷	3 年 8 个月	个人外出务工，有一妹妹在老家上学

注：访谈者的编号采用"访谈者工作地点＋访谈顺序"进行，如"Sh01"则表示在上海访谈的第一位对象。访谈者外出工作年限是指其离开家乡到城市工作的年限，并不是在该城市的工作年限，并且以访谈日期为截止日期计算。

（三）研究资料的收集

本研究综合考虑新生代农民工的文化水平、生活习惯，最终选择访谈法和观察法作为研究方法。

具体而言，研究运用半结构式访谈法，根据事先准备的访谈提纲，对流动年限超过 1 年的新农工进行开放性提问，在取得访谈对象同意的基础上决定选择录音或笔记的方式进行记录，对关键问题进行重点追问，再通过滚雪球的方式访谈其他研究对象，获得研究资料。

观察法是贯穿于整个资料收集过程的方法。由于时间、精力和个人能力的限制和对被研究对象知情权的尊重，研究使用的观察法属于非参与式观察、静态观察。研究者以新生代农民工的"客人""服务对象"的身份出现，对其现在生活状态进行初步观察，既是选定研究对象的过程，又建立了初步的熟人关系，为后期的访谈打下了基础。

四　发动－憧憬阶段——新生代农民工社会 适应动力积蓄阶段

（一）新生代农民工"发动－憧憬阶段"形成的促成因素分析

1. 教学资源的落后

新生代农民工户籍所在地区一般为经济发展较为落后的地区，并且这些地区的教育发展也相对落后，教学资源配置较低，而相对的高考分数线却和其他教育大省一样，甚至大多数情况是更高的。他们发觉自己念完高中也是徒劳，最后总是要加入打工的队伍的，早一天加入就早一天能够赚钱。

家里没有什么可以干的活，在家待着就没什么事情了。我们那里教学质量又不好，培养不出什么大学生，我又比较懒，不爱学习，毕业之后就出来打工了。（Sh02）

初中毕业暑假来上海玩，那一年中考我差 120 分，我们那里的高中改制，乡里的高中原来 8 个班，一下子只剩 1 个班，就肯定上不了了。在上海这边也觉得环境什么的都不错，也就不想上了，想去大城市。本来我父母特别反对，坚持想我去上学，但我坚持不上，就算了。（Sh04）

怕上学，学不进去，上学就跟坐牢似的，虽然我也知道还是上学比较好，但我就是学不进去，不想上学，自己学习也不好。我们那边还是上学的小孩比较多，但是读出来了也没什么大用啊，最后不还是打工，有几个能上大学的啊。（Sh06）

可以看出，在流出地教育资源配置较为落后的情况下，高考分数线较高，自身对教育不够重视，教师素质水平低等都造成了新生代农民工无法通过知识改变命运的悲剧。

2. 学习技能的愿望

相比第一代农民工赚钱养家的外出动力，新生代农民工对"见世面""学习技能"的要求则显得更为强烈。出生于 20 世纪 80 年代后的他们大多没有经受过饥饿的时光，有着生活较为富足的成长经历，对于经济的渴求也就没有那么强烈。对于外出打工，他们就是想到大城市看看，见见世面。

就想出来见见世面，从小都在老家，也没有见过外面大城市是什么样子的，就想出来看看玩玩，多接触接触外面嘛，要不一辈子就在家里那个小地方困着，多没劲啊，我才不想那样呢。（Sh05）

我觉得上学没什么用，我成绩又不好，脑子比较笨，还是学一门手艺比较好。其实对经济收益那个时候也无所谓，还小，就不觉得需要这些，吃的穿的都不愁，就是单纯地不想上学了，成绩本来就不好，肯定考不上的，在学校也坐不住，就不想再待了。那时候就比较想出来，想来大城市玩。（Sh08）

3. 脱离土地的愿望

新生代农民工大多没有务农经历，对于土地也不像第一代农民工那样有着深厚的感情。在他们看来，务农不可能成为他们的生存技能，他们既不会也不愿意进行农业劳动。同时，他们的父辈也在强调希望他们能够有一技之长，养活自己。由于自己不想种地、不会种地，而又需要养活自己，所以大部分选择了外出务工。

> 真不想种地，种地太苦了，我也不会种，都要我爸妈帮着我弄，而且那个时候打工能赚钱还是蛮多的。（Sh01）
> 我爸妈又不会让我去种地，我也不会种，正好村里很多人都出去打工了，我就也出来了。（Sh05）

4. 周围环境的影响

作为社会性动物，人类无时无刻不处在一个互动的环境中，这也就形成了一种互相影响的机制。新生代农民工群体也不例外，在外出务工之前，他们在家乡的生活受到其他人群的影响，而这些人包括他们的同辈群体和父母。在这样的环境影响下，他们做出外出务工的选择也就不足为奇了。

> 周围的同学也都是在玩，学不到东西，学了的也没什么用，想想就算了。（Hz01）
> 我们那周围出来打工的多，小时候就学习不好，基础没打好，大家都玩得多，不像城里还上辅导班什么的，对这个不看重，后来，看着很多人都出去打工了，我就也不上了，就出来打工了。（Hz07）

（二）新生代农民工在"发动－憧憬阶段"的个体适应状态特征

1. 对陌生生活的害怕、紧张

由农村进入城市，带来的不仅仅是生活环境的改变，更是语言文化、生活方式、朋友圈的整个变化。同时，可以看到的是，新生代农民工外出打工时，年龄普遍较小，平均年龄15岁左右，最小的14岁未到就独自外出务工。在这样年幼的时候，独自离开家庭的庇护，迎接生活上翻天覆地的改变，对任何人而言都是不容易的。而面对未知，人类总是恐惧的。他们谈到刚来到外地时，人生地不熟，对周围环境的陌生感，对陌生人的害怕。

> 刚来的时候是感觉差别挺大的，就还有点害怕，觉得这里真的挺陌生的，而且当时又比较小，一个人在外地挺怕的。就觉得这里和家里不一样，我也说不出来什么感觉吧，就可能是因为周围都是自己不熟悉的人，就挺戒备的，挺怕自己被别人害了什么的。（Hz04）

面对一个人在异乡工作打拼的生活，新生代农民工第一个感觉就是陌生、不安，既有对陌生环境的紧张，又有对周围其他打工者的提防。他们知道自己的城市打工生活已经开始，却还没有摸清头绪，该以何种方式面对这一切。

2. 对繁华城市的新鲜、兴奋

虽然进入城市生活，充满了紧张与不安，但城市的美丽与丰富多彩也一下子吸引了他们的注意力，让他们原本简单的生活充满了色彩。对城市生活的新鲜感会在这个阶段占据主要位置，让他们觉得生活非常开心，甚至幸运。他们很喜欢城市的生活，喜欢这里的生活便利、游乐众多。

> 大城市有大城市的好处，我挺喜欢的，吃的多，玩的多，我一有空就出去玩。（Sh02）
>
> 就觉得灯红酒绿的，特别繁华，要什么有什么，以前电视里看到的场景，现在就在身边，觉得挺神奇的，也挺幸运的。还是出来好啊，在老家一辈子都没有机会的，这才是青春吧。就多挣点钱，多试试自己没玩过、没吃过的东西，给我爸妈、我妹买点东西，好多他们都没见过，没享受过呢。（Hz08）

可以看出，城市与农村的不同让新生代农民工一下子领略到许多从未见过的事物，这些东西带来的吸引力，给他们带来了较高程度的满足感。其中 Hz08 的观点具有一定的代表性，也许能够解释为何新农工群体纷纷放弃学习，来到城市打工。

3. 对自我成长的信心、期待

由于外出务工中增长见识、学习技能的动机占大多数，对这方面的期待也就成为新生代农民工群体在发动—憧憬阶段的主要状态。他们对于在城市打工让自己得到的成长，并且对这些持肯定态度，认为只有在这样的环境中才能够得到成长。

在这里就是比较自由，大家各干各的，谁也不会管谁，做好自己的事情就行了，其他的事情都和你没关系，做得好还能有些奖金，这挺好的。(Sh04)

以前没想过这些，哪想得到啊，我以前做事很拖拉的，磨蹭半天的，现在做事可快了，一个菜两三分钟就好了。(Hz07)

新生代农民工对城市打工生活中得到的自我成长、锻炼，以及公平的竞争机会还是很看重的。并且这对于他们的城市生活适应有着积极的促进作用，能够帮助他们在城市初步立稳脚跟，满足自己基本的生活需要。

五　受挫－低落阶段——新生代农民工社会适应事实受阻阶段

（一）新生代农民工受挫－低落阶段形成的促成因素分析

1. 制度限制带来的不公平感：子女上学及暂住证

谈及制度限制，近几年已经有很大的改善，对暂住证的检查已经不那么严格。但曾经的暂住证检查情景却一直萦绕在他们脑海中。他们谈到了当初由于没有暂住证自己所受的委屈，以及现在对这个的埋怨。

刚来的时候查得很厉害的，晚上睡觉都不敢睡死，都会有人用手电筒在外面照着，看到有人（住）就要进来查，查到了就要被遣送回去的，我们后来都只敢睡床底下的。在家里哪会有这种事情啊。(Sh01)

最不一样的就是会有人查暂住证吧，其实我就觉得挺奇怪的为什么查得那么严。(Hz01)

即使现在对于暂住证的要求并不像之前那么严苛，许多"90后"的打工者也没有这样的经历，但对于"80后"的他们而言，这段经历对他们的影响很大，甚至让他们从此以后改变了对城市打工生活的态度。

而除了在暂住证问题上受挫，还有就是孩子异地上学的问题。新生代农民工来自农村，大多成家较早，而孩子不能上学就成了他们很头疼的一个问题。

> 孩子上学啊，我孩子今年 8 岁了，还是不能在这里上学，要房东的房产证明，人家怎么可能给你啊。孩子也不太听我们的，就一直在宿舍里看电视。也不知道该怎么和他交流。（Sh01）

> 想孩子，有时候打电话回去孩子问我什么时候回去，我也不知道怎么回答他，店里忙，又不好请假。他又不能在这里上学。（Hz03）

2. 文化冲突带来的拉扯

文化冲突带来的拉扯包括两个方面：一方面是新生代农民工对流出地文化环境的过度熟悉导致其社会适应过程受阻；另一方面是指新生代农民工在成长过程中与原生家庭文化的拉扯关系，自身想要独立却又无法顺利融入的矛盾心情，这对其社会适应过程也产生了阻碍作用。

在调查中，笔者发现一个现象，就是新生代农民工对家乡亲人的依恋，来自流出地文化潜移默化的影响和拉扯，这些都明显地牵绊了他们的社会适应。鲜明的现实对比让他们对家乡的依恋更加强烈，而对城市的归属感也就会被削弱，游离在城市边缘。

> 父母年纪大了，想回父母身边照顾他们，我年轻，身体有什么不好还能扛着，他们就不行了，年纪大了，等过几年，我要回去，好好照顾我爸妈。（Sh03）

> 我当然就想在这里生活啊，可我爸妈、我妹在老家啊，但我又没能力把他们接过来，就只能先在这里过自己的，最后还是要回去的，不能留下来，户口也留不下来，像我们店里有人小孩还在老家呢，没办法过来上学啊。最后不还是得回去，这都是命啊。（Hz08）

3. 群体内关系的矛盾

新生代农民工在城市的打工生活，很大一部分时间是与来自同一个劳动地点的打工者共同度过的，王春光（2010）的研究就认为，新生代农民工延续着第一代农民工的行为方式——以群聚的生活方式为主，重视内群体交往，缺少群际关系。我们的实地调查发现其生活交往呈现内卷化的特点，人际交往范围几乎都集中在群体内部。

　　我老家那边感觉人情味比较浓，大家互相之间也比较熟悉，有什么事情都会互相照应。这边感觉大家之间都不熟悉，住在商品房里连对门的人叫什么都不知道，这点还是我们那边比较好。感觉在这边，挺冷漠的。（Sh04）

　　就是一起的人都挺冷漠吧，大家虽然住在一起，但也仅此而已，并没有其他很亲近的感觉，在这里，挺孤独的。真的走得太快了，有时候刚熟悉几天，人家就不在这干了。（Hz02）

没有人情味的淡漠的人际关系，彼此之间的矛盾、冲突导致关系的恶化，很多刚刚离开学校就进入打工社会的新生代农民工表示很不适应这样的转变，还没有懂得如何与同事相处，又处在年轻气盛的年纪，互相的关系很容易就遭到破坏。

4. 个人经济危机

新生代农民工在城市务工过程中，还面临一个问题就是经济状况的失衡。这个问题一方面是由于他们有限的经济收入在消费水平较高的城市社会确实显得有些捉襟见肘，另一方面也是因为他们的消费意识超前，理财能力较弱，不懂得有效管理自己的财产。

消费水平导致的经济危机在使得他们生活水平下降的同时，更容易让他们产生无力感。自己已经尽力却仍然无法保证生活的基本需要，这种无助感对其社会适应动力的打击是不容小觑的。

　　生病从来不敢看，只能自己买点药吃吃，太贵了。我老家那里，看病很方便的，也很便宜，十几块钱就能好的感冒，在这里要几百才能看好。哪有这样的，根本就不敢生病。（Sh03）

　　没钱用的时候，身上都凑不出20块钱，刚去广东的时候人生地不熟，年纪小，爸妈又不敢给太多钱放身上，安顿下来就没钱了，就只能吃餐厅提供的饭菜，这样熬了20多天终于发工资了。那阵子瘦了一圈。（Sh04）

　　现在基本上每个月工资都是没有结余的，我弟上高中，马上又要上大学了，那肯定要用的更多了，多攒点钱比较好。（Hz06）

他们怀着对城市生活的憧憬来到这里，却因为这样那样的因素，而将自己逼到如此困窘的境地。个人对经济状态的把握度较低，由此带来的安全感也就不足，甚至连基本的自我生存的需求都得不到保障。

除了消费水平导致的经济危机，还有一个因素就是新生代农民工个体的经济管理能力欠缺，消费水平超前，对潮流时尚的追求高于其父辈。这也就使得他们经常陷入入不敷出的窘境。

> 最困难的就是这一阵子吧，和朋友借钱买了个手机（iphone5s），5300 元，我借了 4000 多元，就一下子感觉没钱了，好穷啊，手头上都没有什么余钱了，就什么都不敢乱花，只能等到发工资，还得还钱给朋友，还要自己生活，我还想攒点钱去重庆见我女朋友（相恋的网友）。（Sh05）

可以看出，即使新生代农民工从农村进入城市，脱离了辛苦的务农生活，他们的生活水平并没有显著提高，甚至因为这个，他们的基本生存都得不到保障。

5. 城里人的态度

谈到农民工的问题，一定躲不了的一点就是城市人对他们的态度。近年来，在城市外来人口数量不断增多，外来人口犯罪率较高的情况下，有些城市人对待他们的态度有时并不友好。而这样既给他们造成了伤害，又在他们心中留下了不好的印象。

> 这肯定有啊，就感觉城里人挺看不起我们的，看我们的那个眼神都是斜着看你，这让人很不舒服。有时候，店里人多，忙得有点来不及。客人来了，有些城里人叫我们的时候，就很不客气，说话什么的就挺让人生气的，那种口气就真的让人特别不能忍受。（Hz05）
>
> 我们宿舍在小区里，刚住的时候楼下住的老人家就和我们说让我们别随地吐痰，别往楼下丢东西。你说，就算有农村人这样，也不代表没有城里人这样啊，又不是随地吐痰的都是农村人，挺气人的。（Hz07）

农民工进入城市，在城市中通过自己的劳动获得报酬，是一种平等的劳动关系。而城市人的态度却将这种劳动关系拉向不同的方向。

（二）新生代农民工在"受挫－低落阶段"的个体适应状态特征

1. 对现实社会的无奈忍让

上文也提到，新生代农民工在城市生活的很多挫折是外界环境及文化造成的，并不是他们单独的个体所能改变的。在面对这些问题时，他们没有选择，只能默默地承受，默默地忍让。其实很多人在面对自己无法处理的问题时，都会采取忍让的方法。

这件事情（孩子异地上学问题）也没办法解决啊，除非达到条件但不可能的。那些条件我们很难达到的。（Sh01）

没办法的，我只能忍受着（孩子异地上学问题及看病带来的经济压力），等以后离开这里就好了吧。（Sh03）

肯定会有啊（城市人的歧视）。我也没办法，说实话，我自己只能管好自己，我怎么管别人啊，他们想怎么样我还能管住啊。（Hz07）

并且，需要注意的是，新生代农民工在城市受到外界的伤害时，无论这些伤害是源于制度层面还是外群体层面，除了忍让，他们并没有其他任何可行的合法选择。

2. 对无法解决问题而选择的离职

对于受到的挫折，新生代农民工还有一个显著特点，就是离职率高，企图用频繁更换工作来躲避所遇到的无法解决的问题，外在表现就是高流动率。在访谈中，流动率最高的访谈对象，一年内换了5个工作岗位，最长的一个岗位待了3个月就离开了，甚至有时候离职是几个小时内做出的决定，在当月工资都不结的情况下就收拾包袱离开。

再这样的话（被师傅打骂），我就走了，不在这干了，去别的地方找活呗。没人能帮我啊，这里我就认识这店里的人，其他人也不认识，谁会帮我啊，就只能靠自己。以前还说什么，在家靠父母，出门靠朋友，都没时间交朋友还怎么靠啊。（Sh02）

要是太过分了（受其他店员欺负），我就走了，重新找个店干活。也不能一直这样被欺负，也不敢和我姐讲，怕她难过。（Sh09）

可以看出，当新生代农民工内部的人际关系差到一定程度时，他们选择的处理方式是躲避，逃离这样的环境。而他们没有意识到的是，这样的人际关系是需要双方沟通，共同进行改变的。他们太过年幼，不知道如何处理，又太过敏感。而在面对家庭关系造成的不可解决情况时，他们往往也会选择离职，这样的选择既是理性的结果，也充满了无奈的色彩。

六 顺应－孤立阶段——新生代农民工社会适应状态形成阶段

（一）新生代农民工"顺应－孤立阶段"形成的促成因素分析

1. 工作时间安排过于紧凑

新生代农民工与第一代农民工在就业方面有一个显著的区别，那就是就业行业的差别。新生代农民工就业的行业分布呈现明显的"两升一降"特征，即在制造业、服务业中的比重呈上升趋势，在建筑业中呈下降趋势（全国总工会新生代农民工课题组，2010）。服务业、制造业的工作时间安排与国家节假日安排正好相反，尤其是服务业，呈现明显的假期工作的特点，由于休息时间过短，他们大多只有每天下午三个小时左右的休息时间，一般只能自己休息一下，或者整理内务。

> 一般就下午两三点的时候没事，能休息一下，像我们店还做夜宵，经常晚上要做到两三点，休息的时间很少的，一般大家都得洗洗衣服，睡睡觉，特别累。（Sh01）

在访谈中，笔者了解到，大多数新生代农民工在私营单位打工，他们每天的工作时间超过 10 小时，甚至有些年轻人，因为单位人手不够，日工作时间会超过 13 小时，晚上工作到 2 点，早上 6 点又起来继续干活。这样高强度的工作时间不仅使他们处于非常疲惫的状态，也占用了他们的空闲时间，使他们鲜有机会处理自己的事务，更难以建立单位外的人际关系网络。

2. 城市人际关系网络薄弱

由于工作繁忙，时间安排紧凑，新生代农民工并没有多余的时间进行工作环境外的人际交往，他们的城市人际圈主要集中在打工群体内部。由此造成他们的人际关系既不稳定，又起不到抗风险作用。

几乎全部的受访对象都表示自己在这里只认识工作单位里一起打工的同事，其余没有认识的人。他们最短的在城市打工一年三个月，最长的 16 年，除了认识其他打工者之外，并没有其他的朋友。

> 就一起上班认识的人，大家之间比较熟悉，经常聚在一起聊聊，机会也不是特别多，主要大家下了班都挺累的，想休息休息，不太会还闹腾着玩。（Hz01）
>
> 店里的几个人，关系都还挺好的，大家年纪都差不多，下班的时候就经常聚在一起，住也住在一个宿舍。（Hz05）

3. 环境应激适应能力偏弱

除了上述两个外界因素导致新生代农民工的社会资本较低之外，还有一个内部原因就是他们的环境应激适应能力不是很强，对外界因素的忍耐力较弱，表现为在平时工作中，遇到一点麻烦的事情，他们就会想到离开工作岗位，不想继续干这样的活。

受访对象谈到因为琐事，经常不想干了，想回老家，但由于父母管教不得不待在单位继续干活：

> 会啊，和我师傅吵架的时候，我就不想干了，可是不干这个，我也没什么其他用，还没学会，到其他店也一样要学，想想也没什么大区别，就算了。回老家的话就更没用了，只能种田，我又不会，那不就只能在家混吃等死了，会被我妈骂的。（Sh02）

他们对事件的忍耐力不足，但在父母的强制下，还能够保持稳定，继续在岗位上干活。但这种由外力作用而执行的事情，动力并不充分。

可以看出，新生代农民工的环境应激适应能力不足，对于身边琐事的忍耐力不够。这也反映出他们对自身的高期望，而这与个体能力、资源有限之间的矛盾关系，造成了迷茫、烦躁的心态，使他们生活在较低满意度的状态下，而又不知如何解决，只得妄图通过工作的更替改变现状，寄希望于下一个工作单位，而带来的往往是失望。

（二）新生代农民工在"顺应－孤立阶段"的个体适应状态特征

在顺应－孤立阶段，新生代农民工的个体适应状态更加趋于稳定，并且与前两个阶段不同的是，他们不再对城市生活充满期待和信心，更多是从经济理性角度考虑自我是否有物质所得和其他优厚条件，不再追求过多的自我享受和城市融入。

1. 对经济追求的执着，对回老家的渴望

与第一阶段的状态不同，在这个阶段，新生代农民工普遍对经济收益较为重视，将这个视为自己在工作单位去留的标准。在这一阶段，他们对于经济追求的渴望与其父辈相似，都是希望能够尽量多地攒下钱，保障自己生活，改善生活质量。

几乎所有的访谈对象都表示会因为工资低离开现在工作的地点，去工资更高的单位。

> 工资高一点多好啊，我现在每个月都余不下钱，想买的东西都买不了，回去身上也没啥钱，脸上过不去。能多赚点钱，多好，傻子才不去呢。（Sh02）

> 我应该就去了，我想多挣点钱，男人嘛，还是要有自己的事业的。多攒点钱，能够回家自己开个小饭店，还能照顾我爸妈。（Sh09）

可以看出，在最后阶段，他们更加重视自己的经济实力，经济态度更加成熟，他们努力工作、努力挣钱。目的很简单，就是回老家。

2. 对学习技能更加重视

除了对经济追求的渴望，新生代农民工在这一阶段对是否能够学到技能、拥有一技之长也比较重视。在这个阶段，他们基本已经认定自己在城市待不长久的事实，除了积累财富外，更加重视的就是学些本领，确保自己返回家乡后还能够自力更生，不为生活所迫。

> 我在这边做得挺好的，而且活也不忙，师傅也比较愿意教我，这一行还是要看师傅的，已经教了我很多了，我再学学，就能自己做厨师了，那个工资就高了，不能轻易走的。（Sh04）

> 在这里，大家比较照顾我，领班姐姐我也很喜欢，她对我也很好，

很愿意教我一些道理，去别的地方，我就怕没什么年纪差不多大的人，那就待着很闷，很无聊了，也学不到东西，我不太想那样。（Sh07）

可以看出，在这个阶段，他们在意识到无法拥有外界人际关系网络资源后，便将注意力转移到技能习得上，希望通过技术提高自己，提升自己的能力，为以后做打算。在访谈中，若干访谈对象都有提到，学些本领，以后回老家开个店，这也就是他们未来的打算。利用在城市打工的机会，攒些钱，学些技能，以后回到老家，自己开店，不用再外出务工。

3. 对是否能适应城市社会的无所谓

除了以上两个特点，还有一点很明显的就是对于在城市是否能够适应的无所谓态度。可以说，这个与第一阶段的期待心情几乎是完全相反的。在这一阶段，他们对于自己适应的要求降得很低，只要能够吃饱、穿暖、活着就行，并没有其他的期望。

我们男孩子，没那么多讲究，到哪都能活下去，有的吃，有的睡就行了，不会想那么多。（Sh04）

哪有什么适应不适应，反正不会把自己饿死就行了，有自己的工钱，有吃有喝，不会把自己搞死搞没就不错了。（Sh05）

哪有什么不适应，只要有饭吃，到哪里不是一样活着啊，就是挺想我儿子的，也觉得对不起我爸妈，拖累了他们。（Hz02）

可以看出，从刚开始对自我成长的自我实现需求，到这一阶段的"只要活着"的基本生存需求，新生代农民工对自己在城市生活的期望已经大打折扣。

七 研究结论

新生代农民工在城市适应的过程分为三个阶段，依次为发动－憧憬阶段、受挫－低落阶段、顺应－孤立阶段。这三个阶段之间的界限并不十分明显，并且后两个阶段还会存在反复出现的情况，但顺应－孤立阶段是他们最后达到的相对稳定状态。

发动－憧憬阶段，这是新生代农民工城市社会适应动力的积蓄阶段。

在这个阶段，他们因为家乡的教学资源不到位、周围外出打工者众多、脱离土地的愿望等，来到城市社会。而在这个阶段，他们对陌生的城市社会感到害怕、紧张，而对繁华世界的憧憬和向往更让他们充满斗志，对自己有期盼。

在受挫－低落阶段，新生代农民工会面对很多突如其来的打击，变得低落、愤怒。制度带来的原始不公平、外界条件带来的骨肉分离、原生家庭的拉扯关系带来的痛苦、打工群体内部交往信任度较低、个人经济水平不济带来的尴尬境地、有些城市人的不友好态度，让敏感的他们感到压抑。这些问题都给了他们一个沉重的打击，在这之后，他们便会选择自己的出路，一部分觉得事情已经到了无法忍受的地步，便选择离开，还有一部分迫于各种压力，选择留了下来，也就会进入下一个阶段。

第三阶段，顺应－孤立阶段，新生代农民工已经达到稳定状态。而这个稳定状态是一个社会适应水平很低的状态。由于工作单位的劳动时间安排紧凑，他们没有机会发展群体外的人际关系，而如第二阶段所提到的，群体内人际关系处于低信任状态。他们基本处于孤立无援、无法链接到外界资源的状态，对于生活中的不顺心，也只能默默忍受，选择顺从。而在这个阶段，他们行为指向性很明确，就是积累一切可积累的财富，为回家乡做准备。

可以看出，新生代农民工的城市社会适应轨迹是一个适应积极性、适应状态曲曲折折。在与周围社会环境互动的过程中，为了达到生存、生活的目的，他们不得不再三选择隐忍、压抑自己。而在这个过程中，他们经历了由憧憬、向往，到低落、愤怒，再到顺从、逃离的心理适应特征变化，表面上看似他们达到了稳定的低水平适应状态，实际上，这不仅是他们累积财富和技能的过渡阶段，更是他们努力压抑自身负面情绪的过程。这样的状态其实很不稳定，极易产生情绪的爆发，从而导致越轨行为的发生。

在经济、文化飞速发展的今天，沿海城市居民生活水平进一步提高，而农民工的生活质量虽得到了很大改善，但城市融合道路充满艰辛，他们能做的也只是积累一定的财富后返回家乡。

参考文献

白友涛，2011，《熟悉的陌生人：大城市流动穆斯林社会适应研究》，宁夏人民出版社。

车文博，2002，《心理咨询大百科全书》，浙江科学技术出版社。

陈建文，2003，《关于社会适应的心理机制、结构与功能》，《湖南师范大学教育科学学报》第 2 期。

陈建文，2009，《人格与社会适应》，安徽教育出版社。

陈建文，2010，《论社会适应》，《西南大学学报》（社会科学版）第 1 期。

邓秀华，2010，《新生代农民工问题及其市民化路径选择》，《求索》第 8 期。

付光伟，2007，《另一种不适应——新生代农民工农村社会适应性障碍的社会学分析》，《中国青年研究》第 11 期。

樊荣庆、吴燕，2005，《涉罪外来未成年人平等权的司法保护问题研究》，《青少年犯罪问题》第 5 期。

戈夫曼，2009，《污名：受损身份管理札记》，商务印书馆。

高梦媛、郑欣，2013，《文化自觉：从娱乐消费看新生代农民工的城市适应——以长三角地区外来务工人员为例》，《新闻界》第 16 期。

何绍辉，2008，《在"扎根"与"归根"之间：新生代农民工社会适应问题研究》，《青年研究》第 11 期。

李萍、李浩，2014，《新生代农民工城市适应："精英"与"平民"群体的同异》，《广东行政学院学报》第 2 期。

李伟东，2009，《新生代农民工的城市适应研究》，《北京社会科学》第 4 期。

李新昕，2010，《青少年角色社会化历程研究》，《文教资料》第 29 期。

刘斌志，2013，《毒瘾艾滋病感染者的社会适应历程及影响因素》，《南京人口管理干部学院学报》第 29 期。

聂洪辉，2012，《两栖与三栖的生活——新生代农民工城市适应研究》，《河南社会科学》第 20 期。

聂洪辉，2014，《"人 - 权"合一：破解新生代农民工城市融入的关键——以新生代农民工返乡置业为例》，《湖北社会科学》第 8 期。

聂衍刚、郑雪，2006，《社会适应行为的结构与理论模型》，《华南师范大学学报》（社会科学版）第 6 期。

全国总工会新生代农民工问题课题组，2010，《关于新生代农民工问题的研究报告》，《江苏组织》第 8 期。

沈蓓绯、纪玲妹、孙苏贵等，2012，《新生代农民工城市文化融入现状及路径研究》，《学术论坛》第 6 期。

时蓉华，1983，《个人的社会化过程》，《当代青年研究》第 12 期。

汪国华，2009，《新生代农民工交往行为的逻辑与文化适应的路向》，《中国青年研究》第 6 期。

王春光，2010，《新生代农民工城市融入进程及问题的社会学分析》，《青年探索》第 3 期。

王艳华，2007，《新生代农民工市民化的社会学分析》，《中国青年研究》第 5 期。

王少静，2012，《社会适应性研究述评》，《广西青年干部学院学报》第 22 期。

韦小满，2004，《关于弱智学生社会适应能力评估的理论探讨》，《中国特殊教育》第 1 期。

许传新，2006，《"落地未生根"——新生代农民工城市社会适应研究》，《南方人口》第 22 期。

杨彦平，2010，《社会适应心理学》，上海社会科学院出版社。

杨春华，2010，《关于新生代农民工问题的思考》，《农业经济问题》第 4 期。

朱力、赵璐璐、邬金刚等，2010，《"半主动性适应"与"建构型适应"——新生代农民工的城市适应模型》，《甘肃行政学院学报》第 4 期。

赵翔、张向东，2011，《新生代农民工社会适应性研究综述》，《安徽农业科学》第 39 期。

赵若辉，2012，《迷乱/紧张理论和青少年偏差与犯罪》，《山东警察学院学报》第 24 期。

郑雪，2004，《人格心理学》，广东高等教育出版社。

郑欣，2011，《新生代农民工的城市适应——基于传播社会学的视角》，《南京社会科学》第 3 期。

郑欣，2014，《人生规划与媒介驱动：新生代农民工城市适应研究》，《江苏行政学院学报》第 2 期。

Chan, K. W. 2010. "The Global Financial Crisis and Migrant Workers in China：'There is no Future as a Labourer; Returning to the Village has no Meaning'," *International Journal of Urban and Regional Research*, 34 (3) .

Chunhua, Y. 2010. "On the Issue of the New Generation of Migrant Workers," *Issues in Agricultural Economy.*

Démurger, S., Gurgand M., Li S., et al. 2009. "Migrants as Second – class Workers in Urban China? A Decomposition analysis," *Journal of Comparative Economics*, 37 (4) .

Froissart, C. 2008. "The China Quarterly", 196：937 – 938 doi：10. 1017/

Gu, S., Zheng, L., Yi, S. 2007. "Problems of Rural Migrant Workers and Policies in the New Period of Urbanization," *China Population, Resources and Environment*, 17 (1) .

Goleman, D. 1995. *Emotional Intelligence.* Bantam Books, USA.

Portes, A. Zhou, M. 1993. "The New Second Generation：Segmented Assimilation and its Variants," *The Annals of the American Academy of Political and Social Science*, 530 (1) .

Salovey, P. & Mayer, J. D. 1989 – 1990. Emotional Intelligence. *Inaagrination, Congnition and Personality.* Vol. 9, No. 3.

Wong, K., Fu, D., Li, C. Y., et al. 2007. "Rural Migrant Workers in Urban China：Living a Marginalised Life," *International Journal of Social Welfare*, 16 (1) .

都市社会工作研究　第 4 辑
第 161 ~ 186 页
© SSAP, 2018

来沪人员社会融入过程研究

——基于上海市 X 区 13 位来沪人员的访谈资料分析

夏雷霞*

摘　要　随着经济社会的发展，目前上海市外来常住人口已占全市常住人口的 2/5，他们的社会融入问题受到学者们的广泛关注。本研究运用质性研究方法，对 13 位来沪人员进行半结构式访谈，分析其社会融入的发展趋势，总结其社会融入过程的类型，展现该群体社会融入的动态过程。本研究发现来沪人员的社会融入过程主要有高 - 低缓慢融入型、高 - 高变化融入型、低 - 低缓慢融入型、低 - 高缓慢融入型和低 - 高变化融入型等五种类型。基于此，本文从社会工作的角度提出了加强来沪人员的主体能力建设、提供多样化的服务等建议，以加强来沪人员的社会融入进程。

关键词　来沪人员　社会融入　社会工作

一　研究背景

（一）问题提出

随着经济和社会的发展，上海市外来常住人口不断增长。更好地融入

---

*　夏雷霞，华东理工大学社会工作专业硕士，研究领域主要为流动人口和社会融合、社区社会工作等。

上海不仅是来沪人员适应城市生活的需要，更是建设和谐社会的重要组成部分。近年来，我国中央和地方都推出了许多促进外来人口积极融入城市的相关政策。2011 年民政部下发的《关于促进农民工融入城市社区的意见》中，首次从国家层面描绘了农民工参与社区生活的"路线图"，为维护农民工合法权益提供了制度保障（梅亦、龙立荣，2013）。2014 年《国家新型城镇化规划（2014～2020 年）》提出，到 2020 年，要促使 1 亿左右长期进城务工经商的农业转移人口在城镇落户。国家进一步在政策上促进进城务工经商的农业转移人口融入城市（邓睿等，2016）。

与流动人口相关的研究很多，其中关于社区融入的议题更是不胜枚举。学者们对这一议题的研究多集中于现状分析、成因分析、政策对策等方面，研究对象主要包括农民工、新生代农民工、随迁子女等群体，研究多从问题视角出发，但对来沪人员融入过程的深入探讨较少。

笔者在研究过程中接触到了很多来沪时间相对较长的人员，他们的融入情况比较好，在社区中积极参与活动，与社区居民相处融洽，对上海也有比较强烈的归属感。该街道所在的社工机构承接了政府专门服务来沪人员的项目，目的在于促进来沪人员融入街道，融入社区生活。但是笔者对于他们的融入状况到底如何并不清楚，更加好奇的是他们融入的过程是怎样的，这些感受和疑问为本文的研究奠定了基础。因此，本文拟从来沪人员的角度出发，探索他们目前的社会融入现状及过程。

（二）研究问题

本文研究的问题聚焦点于：已经在上海生活 1 年以上的来沪人员的社会有怎样的融入过程？研究对象在社会融入过程中可能存在怎样的融入类型？通过深入探讨，以期为相关的政策制定和政策发展提供参考。

（三）概念界定

1. 来沪人员

目前关于外来人员的称谓很多，包括"农民工""新生代农民工""新市民""城市新移民"等。因为部分研究对象来到上海几乎没有工作过，大部分研究对象还没有取得上海市户籍，因而本研究的"来沪人员"特指来到上海生活、务工或创业，在上海连续居住 1 年以上的人。

2. 社会融入

本研究所指的社会融入可以理解为广义的社会融合，这一概念最早由涂尔干在《自杀论》中提出，目前学术界对于社会融合没有明确的定义，大多数学者倾向于认为社会融合就是个体和个体之间、不同群体之间和不同文化之间相互配合、相互适应的过程，并以构筑和谐社会为目标（嘎日达、黄匡时，2008）。本文的来沪人员社会融入可以理解为外省市的人来到上海后，在上海定居、生活、发展，与当地的居民逐步融为一体，渐渐适应城市的生活方式和文化规则，成为事实上的城市居民的过程和状态（任远、邬民乐，2006）。本研究对来沪人员社会融入的描述主要包括城市生活中的经济融入、社会融入、文化融入、心理融入四个方面。

二　文献回顾

（一）国外对社会融入议题的研究综述

国外对于社会融入的研究范围非常广泛，从研究人群上看，包括中国留学生、中国国内移民、意大利的印度护士、老年人和存在精神康复问题的人等群体。研究的议题丰富多彩，包括社会融入阻碍因素的研讨、对社会融入的看法、社会融入与职业融入的关系、社会融入与健康的关系、社会融合和中国新移民的主观幸福感之间的关系等。

其中，对中国留学生活或国内移民的研究颇多。研究发现，许多中国学生对他们的交友范围及交友情况感到不满，他们觉得文化距离是阻碍他们融入大学社区的主要因素，但也有个人因素的影响（Spencer et al.，2017）。学者 Yan 等（2017）研究了在中国地区间流动的国内移民之间的社会收入不平等现象、社会融合和健康状况之间的相互作用。研究表明，经济一体化、文化适应与融入意愿等社会融合因素与健康显著相关。社会收入不平等与国内移民的健康状况呈负相关。例如，中等收入差距水平（基尼系数为 0.329）的青岛，该城市的国内移民健康状况最好，社会融合程度较好。收入差距较大（基尼系数为 0.447）的另一个城市深圳，该城市移民的健康状况是最差的，社会融合程度较差。学者 Wei 和 Fangfang（2017）探讨了社会媒体、社会融合和中国新移民的主观幸福感之间的关系。研究确定了城市新移民社交媒体的使用与主观幸福感之间的正相关关系，以及通过社会整合可能产生的间接关系。这项研究揭示了社交媒体的使用可以促进他们的社会融合，包括建立社会认同、社交网络以及真实的社会参与。城市新移民的社会整合，特别是他们的社会认同水平，与他们的主观幸福感显著相关。

对于西方国家及欧洲国家和地区的社会融入的相关研究比较多元化，学者 Stievano（2017）等对意大利的印度籍护士的职业和社会融合展开了定性研究，他的研究结果显示，印度护士在意大利的移民对于获得扩大经济和社会特权的机会是重要的，也摆脱了与护理工作相关的耻辱的历史假设，特别是妇女。Hadil 和 Karenl（2016）对澳大利亚穆斯林的社会融合问题进行了有趣的探讨，从戏剧的角度出发，探讨了穆斯林领袖对社会融合问题的看法。

可以看出，国外对社会融入的研究非常丰富、多元，在概念的理解、社会融入实践等方面都较成熟且深入。许多学者对少数群体的社会融入颇有兴趣，对各类群体的社会融入情况进行研究，有利于促进其社会融入，因此对于这一话题的研究，仍然有诸多值得探讨的领域。

（二）国内对社会融入议题的研究综述

国内对于社会融入的界定，学者时立荣（2005）、张利军（2006）等根据马斯洛的需求层次理论，将农民工的社会融入分层为：经济生活的融入、社会日常生活的融入、社会心理层面的融入。他们经过了经济和社会两个层面的融入，农民工在心理上对城市社区产生了认同感、依赖感、归属感及责任感，习得了城市的文化观念，才基本上完成了城市社区融入的过程（时立荣，2005）。关信平、刘建娥（2009）认为农民工的社会融入包括了社会交往、平等地参与社区选举、参与社区管理等方面的内容。

绝大多数研究结果显示，农民工的城市社区融入程度低，面临城市社区融入难等问题。张利军（2006）、杜万忠（2008）、林蓉（2009）、高春凤（2010）、谈蕴（2013）等人从不同的分析角度均得出总体上来说农民工的社区融入难、融入水平低的结论。

关于农民工社区融入过程中面临的具体问题，高春凤（2010）认为流动人口的城市社区融入不足主要表现在居住空间、社会交往、社区支持、社会参与的隔离四个方面。谈蕴（2013）指出农民工社区融入方面存在的问题包括缺乏社区归属感、缺乏参与利益机制、社区管理体制不完善、社区参与的保障制度不健全等四个方面。肖云、邓睿（2015）的研究发现新生代农民工"融城"过程中在人际关系、诉求渠道、日常活动、身份认同等方面存在向同质群体"内卷"的趋势。侯力、解柠羽（2010）等人指出城市农民工二代移民的社会融入面临体制性、经济性及其自身方面的障碍。

崔岩（2012）的研究发现，流动人口在现居地即使已经居住多年且工作稳定却并没有完全认同"本地人"的身份，没有实现心理上的融入。

总体上来说，学者们都是从内、外两大方面，从个人、社会、政府或制度三个角度来分析劳力型新移民难以融入城市社区的原因。张利军（2006）、杜万忠（2008）认为是制度、社会和农民工自身原因共同造成了农民工城市融入难的问题。高春凤（2010）认为流动人口城市社区融入不足的原因主要是：二元结构的城市镶嵌、流动人口的自身原因、城市居民的认知偏差、城市社区的功能缺失等。孟娜（2014）总结出二元户籍制度、现有社区管理局限、农民工自身人力资本和社会资本的匮乏是阻碍农民工社区融入的原因。肖云、邓睿（2015）认为目前非制度性因素对新生代农民工城市融入的阻碍凸显。刘玲玉（2016）认为农民工城市社区融入困难一方面是因为农民工自身素质不高，受教育程度有限，转变困难；另一方面是外部制度和本地居民的排斥甚至歧视。

关于社会融入，目前学界对流动人口的社会情况做了比较多的量化研究，得出的结论多为融入情况较差，融入水平低，其融入过程中的困难、阻碍因素等是众多学者研究的重点，对流动人口的政策建议多不胜数。但是，目前关于来沪人员的质性深入的研究还是比较缺乏的，社会融入其实是一个长期性的行为和结果，因此笔者认为应该从来沪人员的自身出发，具体去了解他们的融入水平、融入过程，更加全面深入地探析其社会融入的因素。

三 研究设计

（一）研究方法

1. 质性研究

本研究重在探讨在上海生活了较长时间的来沪人员的具体融入经验，包括他们现在的融入状况、融入过程等较为抽象的内容，且这些都是未知的，因而采用访谈等质性的研究方法能够更加准确、灵活、全面地收集信息。故本研究采用质性研究的方法。

2. 研究地域及研究对象的选取

本研究的研究地域为上海市 X 区 C 街道，因该地区的来沪人员较多，该街道团工委近年来委托社会工作机构组织开展了促进来沪人员社区融入的项目。相对来说，该街道的来沪人员是比较多而集中的，且其中部分人享受到了社工的服务。因此，本研究以此街道作为抽样样本。研究采用目的抽样的方法，筛选出在 C 街道生活了 1 年以上的来沪人员，研究对象的人数随着信息的饱和而终止。

（二）受访者基本信息

本研究共访谈了 13 位来沪人员，为了保护受访者的隐私，笔者进行了化名处理，基本信息如表 1 所示。

表 1　受访者基本信息

编号	年龄（岁）/性别	学历	职业	来沪年限	婚姻状况	是否落户	是否购房
01 丁	33/女	高中	后勤	11 年	已婚一孩	否	否
02 陈	37/女	中专	无业	15 年	已婚二孩	否	是
03 健	32/女	大专	无业	12 年	已婚一孩	否	是
04 薇	36/女	本科	无业	5 年	已婚一孩	否	否
05 刘	30/女	中专	无业	8 年	已婚一孩	否	否
06 燕	33/女	本科	销售工程师	10 年	已婚一孩	是	是
07 虞	32/女	高中	微商	10 年	已婚一孩	否	是
08 林	40/女	本科	微商	15 年	已婚二孩	否	是
09 盈	34/女	初中	福彩售票员	6 年	已婚二孩	否	是
10 慧	46/女	初中	理发师	7 年	已婚一孩	否	是
11 余	46/女	小学	果汁店店员	7 年	已婚二孩	否	是
12 嫚	35/女	高中	童装店老板	12 年	已婚二孩	否	否
13 张	37/女	中专	营业员	14 年	已婚一孩	是	是

（三）研究思路

根据文献的梳理，本研究将社会融入这个概念分为经济融入、社会融入、文化融入、心理融入四个主要维度，从这四个方面着重展示当前来沪人员的社会融入状况。根据访谈中得到的信息，笔者运用扎根理论的资料分析方法对访谈资料进行分析整理，最终根据其社会融入过程的特点进行总结归纳。

四 来沪人员高 - 低缓慢融入型

高 - 低缓慢融入型的被访者并不多，最典型的代表是被访者 03 健，她刚来上海的融入情况总体是比较好的，但随着时间的推移，因为家庭的组建、工作的变动等，融入水平发生了变化。

(一) 初始阶段：融入水平较高

被访者 03 健来自东北，自信，要强，2005 年独自来到上海，找到了一份很不错的工作，当时的她大专刚毕业，天不怕地不怕。那时候工作比较轻松，她在上海没有亲友，但她通过网络找到了一个老乡群，认识了一群在上海工作的老乡，偶尔会和他们聚会，生活安稳充实。被访者 03 健对上海最大的印象是节奏快、竞争激烈，不过她觉得这样的氛围还是比较适合自己的，适合她拼搏奋斗的个性。

> 刚来时候我 (融入) 可以打十分啊，我自己一个人在这里打拼，谁也不怕谁，就我自己。那个时候没有真正认识到这些东西 (融入、归属)。没有真正意义上的归不归属，我自己打我自己的一片天下。上海就在我脚下。(案例 01: 03 健)

可以看出，这一阶段户籍制度、教育制度对被访者还没有影响，她的社会融入状态较好。这一阶段整体的特征表现为：经济融入水平较高，生活简单、压力小，社会及文化融入开始发展，心理融入水平较高。

(二) 发展阶段：融入水平变低

被访者 03 健 2007 年去苏州结婚生子后回到了上海。为了照顾孩子，她不得不辞掉工作，家庭支出基本靠丈夫一人撑着，房子、车子、小孩教育等各方面的开销开始让她觉得颇有压力。另外，带孩子等家务占据了大部分时间，她和老乡的交流慢慢变少，社会活动的参与也逐渐减少。孩子长大因为没有上海市的户口，很多好的、公立的幼儿园不能上，让她觉得有点不公平，但又无可奈何。

在发展阶段，被访者在上海由一个人变为一个家庭，影响其融入的因素不仅仅有自己，还包括她的家庭。孩子的受教育问题、思乡的情绪在很大程度上阻碍着来沪人员的心理融入；因为照顾孩子使来沪人员失去工作、社会交往的机会，经济融入与社会融入的水平开始下降，最终使被访者的整体社会融入水平变差。

（三） 现阶段：融入水平一般

现阶段被访者 03 健的交往圈子很小，几乎都是孩子妈妈，多为外省市的，没有上海本地朋友。对老家的依恋感比较强，想家的情绪慢慢变得明显，经常给家里打电话，回家的次数更多了，寒暑假会带着孩子回老家住一两个月。为了孩子读书，她会一直在上海待着。为了走出家门，更多地融入社会，她会刻意去参加一些公益活动、社区活动等，但这样的机会并不多。

> 现在每天都往家里打电话。一天一个电话，最少。给自己安排好就行了，我一年能回去两个月左右吧。现在看来的话，孩子在这边上学是会在这里的，不会太挪动的（不上学的时候不一定还在上海）；因为你毕竟在这里生活十年了。因为我全心全意地说，我不属于上海（归属感差）。我不是上海人，就这么简单。（案例 01：03 健）

可以看出，被访者现阶段的融入状态一般。人际交往圈子虽小但她有主动融入社会的努力；工作状态仍然为无业，不利于其个人的经济融入；文化融入水平趋于平衡；最主要的是心理融入水平较差，虽然其现在的社会适应程度、生活满意度较高，但其对上海的归属程度非常低，且留城意愿不强。因而整体社会融入水平一般。

五 来沪人员高 – 高变化融入型

高 – 高变化型的来沪人员指的是其初始阶段的融入状态较好，现阶段各方面的融入状态都比较好。在融入的过程中，一些如孩子教育、经济收入等因素影响其融入过程，使其社会融入的进程加快或减缓。属于这一类型的被访者有 06 燕和 12 嫚，她们的融入趋势比较相近，但其中的变化、影响因素不尽相同。

（一）初始阶段：融入水平较高

被访者 06 燕来自湘西，2006 年跟随男友来到上海工作。她男友比她在上海多待了几年，经常会带着她出去玩，让她慢慢了解上海。那时的她生活满意度非常高，觉得什么都新鲜，没有什么忧虑的事情。

被访者 12 嫚刚来上海的时候有四五个亲人在上海工作、生活，有的已经在上海定居落户了，另外还有一群老乡在上海。刚来上海的时候，她初中刚毕业，在上海先玩了两个月，各个地方先转了转，对上海有了比较好的印象。之后亲戚帮她找到了一份适合她的工作，她在工作之余和朋友吃火锅、唱歌，非常开心又无忧无虑，整体的融入状态较好。

> 整天就是玩的一个状态，整天就聚餐啊，吃火锅啊，晚上就唱 K 呀，晚上去哪里玩玩啊，就是旅游啊，这些。（案例 02：12 嫚）

这一类被访者刚来上海时对上海的良好印象让其心理融入的过程更为顺利，生活中的压力也还没有开始出现，整体的心态都比较好，因而其心理融入水平还是比较高的。另外，刚来上海拥有较多的社会关系促进了来沪人员的社会融入。整体来看，这一类型的被访者初始阶段的整体社会融入水平较高。

（二）发展阶段：融入水平平稳上升

两位被访者都是从开始工作后进入发展阶段的。工作后，被访者慢慢接触更多人，包括上海本地人和外省市的人。不同的是，被访者 12 嫚性格非常开朗外向，交往接触的朋友比较多；而被访者 06 燕则有一点自卑，性格也偏内向一点，交往的朋友并不多，圈子比较小。

两位被访者的孩子出生后都有父辈过来帮忙。所以在生育这一重大转变下，两位被访者都能够比较平稳地度过。经济方面，两位被访者的家庭收入都在慢慢地积累。在这段时间，两位被访者的心态基本相同，对自己生活的满意度在慢慢提升，孩子的出生带来了很大的喜悦，生活平静。

> 可能是自己把自己封闭起来吧。我觉得我这个人还是比较自卑的那种个性，跟自己的成长有关系。反正朋友就比较少。（案例 01：06 燕）

那时候的同事和我都差不多大，一下子不就玩到一起了啊，有本地人也有外地人，我不分这个的，都一样。大家吃吃喝喝玩玩啊，互相介绍了认识，圈子就越来越大了。（案例 02：12 嫂）

可以看出，这一类型的被访者社会融入发展过程中，其融入水平总体是平稳上升的。工作后经济资本慢慢积累，经济融入水平平稳上升；社会融入水平的发展因个体性格的不同而产生一定的差异，亲友的社会支持力量帮助其应对生活中的危机与转变，使其更好地融入上海；生活的稳定、孩子带来的喜悦促进了来沪人员心理融入。

（三）转折阶段：融入水平迅速提升或者出现阻碍

两位被访者的融入过程都出现了转折，但引起转折的因素不同，带来的结果也不一样。被访者 12 嫂的女儿要上幼儿园的时候决定让女儿留在上海念书，待在自己身边。这个决定当然要付出更多的金钱，但被访者 12 嫂对这个决定从不后悔，因为女儿就在自己身边，上海的教育水平让她非常满意，带着女儿的她接触到了更多的朋友，更重要的是，这让她有了在上海定居的念头。女儿上幼儿园后，她重新找了一家店面，做起了童装店老板，收入比之前有一定的提高，还请了一位员工帮忙，自己的时间就相对比较自由了，她能够照顾女儿，偶尔还可以和朋友出去玩。

被访者 06 燕的转折出现是因为在她女儿一岁左右的时候，她妈妈不得不回去照顾弟弟的孩子。老公要上班，她开始一个人带着孩子，工作不得不放弃，家庭的支出依然如故，收入却减少了，压力随之而来，融入进程出现阻碍。

后来我弟弟生小孩，她（被访者妈妈）去帮我弟弟带了，不可能再帮我了。自己带的话也不开心，很累。（案例 01：06 燕）

可以看出，转折出现的原因基本与孩子有关，孩子让来沪人员的生活压力急剧增大，心理的压力、经济的压力总体上阻碍着其融入社会。而孩子接受到良好的教育，对来沪人员的生活满意度的提升来说也有非常大的影响，让其心理融入水平随之提升。同时，经济与社会融入的推进整体上使其社会融入水平得到了迅速提升。

（四）现阶段：融入水平很高或者一般

现阶段被访者 06 燕和 12 嫚的社会融入水平呈现不一样的状态。12 嫚现在很想在上海买房定居下来，正和丈夫一起努力攒钱。而被访者 06 燕虽然已经买房且户口也迁过来了，孩子在很不错的学校读书，但她还是想回去。

被访者 12 嫚最亲的亲人几乎都在上海，没有牵挂让她融入上海更加顺畅，而且她和这里的朋友已经亲密得像家人，其中包括上海本地人。所以，上海对她来说是一个有感情的地方。另外，上海的环境对她的吸引力也非常大，孩子的教育环境非常好，教育水平高；公正公平的文化氛围也让她觉得非常好。被访者 12 嫚想留在上海的另一个因素是在上海能够获得较高的收入，而老家不能，且老家的消费、支出并不比上海少很多。

> 本地的会在一个圈子里，他们会在一起说话，你就听不懂啊。幼儿园家长会的时候，其他家长全场都说上海话（自己不会），那么你就会觉得你比较难以融入。其实我觉得也不光是语言，可能跟生活经历有关系。其实还是圈子（社会交往范围）吧。其实还是很飘（心态）的感觉。买房子在银行还有那么多的贷款。家里的老人年龄也越来越大。（案例 01：06 燕）

从以上分析中，可以看出，现阶段两位被访者的社会融入水平出现了差异，赡养父母的责任如果能在上海完成能够帮助其融入上海；与朋友交往密切能够促进其心理融入；经济收入与老家的巨大差距能够促使其留沪且更利于经济融入；对文化氛围的接纳与认同促进其文化的融入。因而被访者 12 嫚的整体社会融入水平很高，而 06 燕的融入水平一般。

六　来沪人员低 - 低缓慢融入型

低 - 低缓慢融入型是指被访者刚来上海的时候，其社会融入状态比较差，对上海很不适应，生活满意度差，没有亲友的支持等；在发展阶段，其融入一般处于持续低水平的状态，部分被访者可能出现转折，如搬到环境更好的地方等情况使其整体社会融入水平提升；现阶段，被访者的融入状态基本比较差，留沪意愿低，想回老家，与本地人交往少，大部分被访者只是把上海当作一个暂时生活的地方。社会融入过程属于这一类型的被访者包括被访者 04 薇、09 盈和 11 余。

（一）初始阶段：融入较差

被访者 04 薇来沪前，她和老公已经在浙江宁波生活了 10 年，已经买了学区房，两个人的工作都挺好的，孩子有婆婆帮忙带。但是，她丈夫的父亲突然生病，需要很多钱治病，丈夫为了得到工资更高的工作来到了上海。当时的她面临着三个非常大的转变：离开生活 10 年已经适应的宁波，来到上海；从上班族变成全职妈妈；由婆婆带孩子变成自己照顾孩子。这些转变让她觉得生活非常辛苦，心情非常差，甚至有点抑郁。因而，其社会融入水平也非常低。

被访者 09 盈和 11 余刚来上海的状态比较类似，工作都不顺利。两人第一份工作都是在服装厂，09 盈做了几个月之后受不了这种劳动强度，回了老家。11 余在服装厂做了一个多月就不做了，太累了，工资一分都没拿到。后来她换了好几份工作，都非常辛苦，对上海的美好向往瞬间破灭。后来11 余大女儿要生孩子就回老家了。

> 因为那时候不是我公公，孩子的爷爷不是生病了嘛，然后我婆婆就回去照顾他了，然后这边就我下来（辞职）了，下来就带孩子，那我们三口人就来这里了，那个时候突然带孩子，还突然间离职，还突然间到了一个陌生的城市（三大转变）。然后房子又这么小，然后不知道未来该怎么样。有点抑郁，那时候。（心情差）（案例 01：04 薇）
>
> 因为是一个老乡带着吧，做服装。服装厂里面，后来因为太累了，那时候我们苦，那时候真的挺苦的，早上七点钟上班，然后到了晚上一直加班，加到十点。十几个小时呀。大概坚持了半年，受不了，然后就不干了，回去了。（适应不了）（案例 02：09 盈）

可以看出，融入上海并不是一件容易的事情，没有文化、没有技能的被访者很难在上海立足。被访者个人能力不足，只能找到对学历要求低的工作，工作的强度使其无法适应，无法达到经济融入。劳力型的工作需要占用被访者大量的时间，因而与外界的交往很少，阻碍其社会融入的步伐。

刚来上海的挫折让被访者难以达到心理融入。

（二）发展阶段：融入持续低水平

在发展阶段，被访者 04 薇社会融入状态一直处于比较低的水平。她住的环境持续好几年都很差，生活满意度不太高。没有上海户口，家门口的公立幼儿园不能上，最后上了私立的幼儿园。

被访者 09 盈在孩子读书的时候又回到了上海，她老公一直都在上海工作。这一次回来通过老公的师傅找到了一份比较轻松的工作，可以接小孩放学。但是这份工作的弊端也非常明显，工资很低，没有同事，工作时间比较长，因而其业余活动很少。

被访者 11 余初期在回老家帮大女儿带孩子之前的阶段，工作一直都不太顺利，工作时间长、工资低、劳动强度大，这段时间她和上海本地人的交往也很少，对上海人的印象不太好，朋友圈子还是一起来打工的老乡。

> 感觉尤其是那个时候带孩子，没有那么多耐心，也没有那么多爱心，我觉得好烦呀，这个小孩子怎么这样啊，然后动不动就会发火，发火了之后我自己还会趴在那哭一顿。那个时候就觉得自己，哎呀，突然间怎么生了孩子就变成这样的生活了。（案例 01：04 薇）
>
> 总觉得有些上海人有点瞧不起人呢，看不起外地人那种感觉。（案例 03：11 余）

来沪人员社会融入的过程也是其生活的轨迹。在发展阶段，被访者的生活状态对其心理状态产生很大的影响，工作顺利与否直接关系到他们的经济融入水平的高低。整体来看，被访者这一阶段的社会融入水平持续较低。

（三）转折阶段：融入水平缓慢提升

两年前被访者 04 薇换了一个更好的居住环境，这次租的房子让她慢慢有了家的感觉，心情也好多了。她女儿开始参加国家羽毛球队，训练让她女儿的身体素质得到了较大的提高，这让她非常高兴。另外，她会带着女儿参加一些社工举办的活动，如文化馆的艺术宣传、展览等。

被访者 09 盈的转折是因为自己的孩子开始在上海上学，他们开始办理积分，她老公也开始准备考本科，提升学历让孩子能够在上海考高中。她对福彩售票员的工作渐渐适应，对老公认识的人也慢慢熟悉起来，晚上会去小区附近锻炼，慢慢融入社区的生活。

被访者 11 余的转折其实不止一次，一次是因为找到很满意的工作，一次是因为自己创业失败，打击较大。最后一次是小女儿要出生了，这一次的转折驱使被访者 11 余回到老家，过了好几年再回到上海。

> 我们想了两种啊，如果我们的本科证办不下来，然后自己不是又去读书嘛，为了小孩子又去考个本科证。自己到时候再看他这个交金方面能不能提升积分嘛（为了孩子在上海高考的资格努力提升自己）。（案例 01：09 盈）
>
> 后来我那个老乡说，那个 ML 镇那边的商场里面招人，我就到那里去做那个清洁工，还就是那里面，说实在的，我说这么多年还就是那里最轻松。那里面我做两年了，那里面真轻松。后来我们在三林自己开卖鞋子的店，做了一年，就包括我们一年的工资全亏到里面，就是说白干一年，一分钱没赚（创业遭受挫折）。（案例 02：11 余）

转折阶段的出现对被访者来说，既有可能是机遇也有可能是挑战，社会融入水平向好的方向发展，还需要一定的运气和自己的能力。整体来说，被访者自身的学历、能力、生活环境对他们的社会融入水平有非常大的影响。

（四）现阶段：融入仍然较差

现阶段三位被访者的社会融入状态都是比较差的。被访者 04 薇的女儿虽然在羽毛球队让她很欣喜，但是学校的老师却让她觉得自己只是个"过客"，她和女儿根本不被学校的老师接纳。她女儿的老师在开家长会时的用词能够明显感觉到对外省市家长的不友好态度，在上海常常会有一家三口相依为命的感觉。周围的环境时时刻刻都提醒着她"我是个外地人"。因而她也时不时地就会想"我们要不要回宁波"，因为这里生活的状态让她很难有归属感。

相比其他的被访者，被访者 11 余的融入状态更差，生活的圈子非常小，上班基本没有认识新朋友的机会，下班的时间基本用来做家务和睡觉。而且她的工作是全年无休，没有五险一金。工作之余，她很少和朋友出去聚会，老家也很少回。而且她工资还是很低，老公的工资也不高，两个人想都没想过要在上海定居，这里的房价根本不容她想，等到小女儿上完学了，她和老公就准备回老家养老了。

被访者09盈的融入现状也不怎么好，她想回老家，留在这里只是为了孩子读书。家里的老人年龄越来越大，她又是家里唯一的女儿，很担心自己的父母。另外，在这里的生活压力、经济压力也一直比较大。

> 就是最起码以我的理解来说，你不会时时刻刻都想着自己是个外地人，最简单的，而且周围的环境也不会提醒你，你是个外地人。（案例01：04 薇）

> 我因为没钱所以才要待在这个地方（上海），你知道吗？当然当不了家了，家永远都是在农村的，这个我们肯定就是说，把这里当个过渡吧。（案例02：11 余）

特定场域如学校对待外地父母或孩子的态度对来沪人员的心理融入水平产生了很大的影响，被访者04薇就是明显的例子。没有亲密的社会交往圈影响了来沪人员的社会融入水平，如被访者04薇与11余。虽然孩子的教育环境比较好、老公的收入比较高，但是心理融入和社会融入的因素综合起来，被访者04薇整体社会融入水平还是比较低。

> 我觉得不是很舒服这个学校。刚开学第一次给家长开会的时候，当时我就在想给家长开会的老师他不是校长级的也是主任级的这种老师，然后他就说我们上学的时候要穿运动鞋，而且要穿好一点的运动鞋，要80块以上的，就这样子说话的，那我当时就觉得心里挺不舒服的，然后现在还会经常出现类似的问题，我心里一直很纠结，所以我一直也比较犹豫要不要回去，因为我宁波的那个房子对口的是一个学区房，那个学校也是一个挺好的学校，还是比较好的。（案例01：04 薇）

可以看出，赡养老家的父母的责任对来沪人员的社会融入具有较强的影响力，使其留沪意愿降低、心理压力增大，从而影响其心理融入。另外，经济融入水平的低下使其没有留沪意愿，这方面也是影响其心理融入的重要因素。

七 来沪人员低－高缓慢融入型

低－高缓慢融入型的特点比较明显，被访者社会融入的整体过程就像一条平滑的曲线，没有什么波折，融入水平慢慢提升。初始阶段的社会融入水平比较低，目前的融入状态相比刚来的时候要好，但相比现阶段社会融入状态好的被访者来说比较一般。被访者 08 林和 10 慧的社会融入过程属于这一类型。

（一）初始阶段：融入水平较高

被访者 08 林和 10 慧都是为了找工作才来到上海的。她们之前都在城市生活过，所以刚来的时候适应情况稍好。被访者 08 林刚来的时候是自己一个人，找工作没有什么顾虑，也比较顺利。被访者 10 慧在南充学了理发，刚来上海的时候先找了一家理发店打工，工作、生活节奏有点快，稍微有点不适应，但是做的是自己非常熟悉的工作，慢慢地就适应了。理发店的同事都是外地来的，慢慢就熟络了起来。

来沪人员原来生活的环境与上海的差异对于她们的社会融入来说具有较大的影响力。相对差异小使得来沪人员的社会融入进程更为顺利。另外，具备工作技能、学历基础让两位被访者找工作都比较顺利，从而促进其经济融入。总体来看，两位被访者初始阶段的社会融入水平较高。

（二）发展阶段：融入水平缓慢提升

被访者 08 林和 10 慧的融入过程都比较平缓，生活中没有什么事情打破平衡而促使她们的融入过程发生大的改变。08 林在上海待了几年之后遇到了她老公。婚后孩子上学有婆婆帮忙带，老公户口转到了上海，不需要担心孩子上高中的问题，她和老公工作挣钱，生活比较平稳。

被访者 10 慧在理发店工作一年后就和老乡一起开理发店了。虽然收入有了提升，但一年四季无休，而且近些年理发店也越来越多，生意越来越难做了。工作性质导致她交往的圈子很小，业余文化活动参与的也很少，即使是亲子活动她也没怎么参加过，都是让孩子奶奶带着去的。

每天上下班弄孩子，接孩子，就这些，就是一个平平常常的，怎么说呢，反正我们的生活就很平淡。三点一线，上班、下班、弄孩子（平静的生活）。（案例02：10 慧）

在两位被访者的生活中，既有促进她们融入的因素，如户口的迁移；也有阻碍其融入的因素，如工作时间长，缺少社会交往；整体来看，其融入的过程比较缓慢，但发展趋势是好的，总体而言发展过程比较顺利且缓慢。

（三）现阶段：融入水平一般

现阶段两位被访者在上海都已买房，但还贷的压力都不小，且两位的经济收入都不高。另外，两位被访者现在的交往圈子都比较小，好朋友很少，两人几乎没有空闲时间，业余生活几乎空白。因而，她们的生活满意度都比较低。对于留沪，两位被访者都有一种不情愿的情绪，她们自己完全可以回去，回去能够过得很舒服，但是为了孩子的教育，目前还是要留在这里。

我可以回去啊，我完全可以回去，我回家过得很舒服。你现在孩子在这边呀，那孩子户口在这边，他以后读书什么的都是在这边。（案例01：08 林）

可以看出，两位被访者对于上海的归属感并不强烈，对于她们而言，还是老家更好，留在上海更多的是为了孩子，为了家庭。此外，生活中经济上的压力、照顾孩子的困难让她们的生活满意度比较低，总体而言，社会融入水平难以得到较大的提升。

八　来沪人员低－高变化融入型

低－高变化融入型的被访者刚来上海的时候融入状态基本较差，在上海没有亲友，适应情况比较差，或在融入过程中遇到一些挫折，如工作不顺等。在发展阶段，大部分被访者有回老家生孩子或者离开上海的经历，导致她们融入上海的过程受阻或中断。之后，被访者又经历了一个让她的融入进程加快的转折阶段，不同的被访者因为不一样的情况而发生转变。最终的融入状态都比较好，总体来看，她们融入上海的过程都是呈上升趋势的。此类型的被访者较多，包括 01 丁、02 陈、05 刘、07 虞和 13 张。

（一）初始阶段：融入水平较低

被访者 01 丁 2006 年因男友工作调动一起来到上海。她找了很久也没有找到合适的工作，生活中遇到的本地人对待她的态度又让她感觉被排斥。在上海待了几个月之后就回老家结婚了。被访者 02 陈 2002 年来上海，通过中介找到了一份工作。那时候的她除了上班，其他时间都在家里不出门，几乎没有什么朋友，对上海人的感觉也是觉得他们比较排外。被访者 05 刘 2009 年结婚后跟随老公来到上海，她一直没上班，天天待在家里，经常想家，融入状态比较差。被访者 07 虞结婚后跟随老公 2006 年来到上海。刚来的时候找了一份电脑销售的工作，但没做到一个月就辞职了，太难做了。后来就一直在家没再工作过。刚来不久她老公突发急性阑尾炎，在上海没有任何亲友的她直接把老公连夜带回老家，通过老家的熟人找到医生开始医治。被访者 13 张 2003 年来到上海，和老乡一起进了一家印刷厂，上班非常累，比较不适应，对上海的饮食习惯、饮用水的味道都非常不习惯。除了几个老乡之外，几乎不认识其他人。

> 其实我刚刚来上海那时候对上海的感觉，最先的感觉，觉得上海是蛮排外的，没有现在这么好，以前真的是蛮排外的（初期被排斥感）。（案例 01：01 丁）
> 上海人，我个人感觉哦，还是比较排外的，你不觉得啊上海人？你以为他喜欢外地人啊？说话都难听，乡下人（上海话），就是很贬低的感觉（被歧视的感觉）。（案例 02：02 陈）

几位被访者刚来上海时对上海的适应与接纳程度都比较低，影响其融入上海的因素主要包括对上海人的印象、思乡情绪、社会交往情况等。因而，其总体的社会融入水平都比较低。

（二）发展阶段：融入呈波折发展

发展阶段是被访者在上海的生活基本安定下来的阶段，在这一阶段，偶然性或常态性事件的发生让来沪人员的社会融入过程发生波折。

被访者 01 丁和 05 刘因为要回家带孩子离开上海,这种情况是影响来沪人员社会融入比较常见的不利因素。被访者 01 丁回家结婚,而后回到上海,接着怀孕又回到老家,生完孩子又来到上海,她一个人在带孩子的过程中和老公吵架了或者带孩子烦了、不开心的时候都会往家里跑,这一阶段的她心情起伏比较大,总喜欢回老家,对上海没什么归属感。被访者 05 刘在上海没有任何人能帮她带小孩,只好先回老家把孩子带大一点再回上海。被访者 13 张孩子出生后和婆婆因为观念不同,带孩子常常出现争执,自己又从上班的状态转变为全职妈妈,和朋友的联系变得非常少,因而在这阶段产生了比较强的不适应感,心理上的压力比较大。

被访者 02 陈的生活原本比较平静,但是她弟弟意外出现的工伤事故对她产生了比较大的影响。被访者 07 虞的融入进程中出现波折是因为她的家人希望她能回老家生活,因为她每年回家都非常麻烦,孩子也只有她自己带着,非常辛苦。所以那时候的她很纠结自己是否应该继续留在上海。

> 我弟那时候让广告牌砸伤了,躺在医院里,老板还跑了,后来我们找了很久,才找到他,然后上诉,让他赔钱。(生活受到很大影响,心情变差)(案例 01:02 陈)
>
> 如果在家里我很轻松啊,我妈我爸,我老公的爸妈都是可以帮忙(带孩子)的呀,在上海就只有我一个人。(带孩子方面上海劣势较大)(案例 02:07 虞)

孩子的情况对来沪人员社会融入的影响几乎是全程的,因为孩子是他们生活中非常重要的部分。孩子出生后的成长环境、家庭提供的支持情况都是他们社会融入的重要影响因素。在上海缺少家人支持,缺少心理依靠的被访者会时不时就往家里跑,需要在家里生育孩子的被访者反映了其社会融入水平低的事实。

(三)转折阶段:融入水平迅速提升

经过一段时间的波折发展之后,几位被访者的融入状态几乎都出现了转折。被访者 01 丁的孩子上幼儿园后,她找了一份工作时间比较短的工作,既能照顾孩子又能照顾家里,还能够学习新的东西。工作后她慢慢有了自己的圈子，公司有不少上海本地人，01 丁对他们有了更多的接触和了解，原本对上海人的抵触心理慢慢消散。带孩子的压力减轻后心情也变得更好，在上海的生活就慢慢变得有吸引力，不再经常回家了。05 刘在孩子能走路的时候经常带着他出门，因为孩子需要多和人接触，在这样的情况下，她也不得不主动和孩子的家长交流，慢慢地她也认识了一些朋友，慢慢地不再待在家里不出门了。

> 慢慢喜欢上海还是工作以后，有了那个圈子以后，就像他们说，上班了以后有一个圈子才会往外走。（案例 01：01 丁）
> 就是因为有了小孩以后嘛，你不能总在家啊。就开始带小孩出来。就慢慢跟小朋友接触嘛，就认识。（案例 02：05 刘）

被访者 02 陈和老公开的水产店被拆，政府没有给予相应的补偿，导致他们经济损失比较大，心情也比较差。后来他们找了新的店面，继续做生意，事情慢慢就过去了。后来的转折是他们在上海买房，孩子上学的问题随之解决。孩子开始读书后，她不再管生意上的事情，请了一个员工帮忙，自己专心在家里照顾孩子。这个时候开始生活发生了很多改变，但是这些转变都让她的心渐渐安定下来，安心照顾孩子，带孩子的同时还交到了几个聊得来的好朋友，有空了就带着孩子参加一些社区活动。因而被访者 02 陈的生活满意度逐渐提升，整体社会融入水平也迅速提升。

> 小孩开始上学之后我就专门管孩子了，店里就我老公主管，请了个帮手，店里还是比较忙的。我就主要管好孩子就可以了。（案例 01：02 陈）

被访者 07 虞的转折主要是因为留在上海的决定。五年前，她考虑着回家发展，但是她的老公坚持留在上海，一番沟通之后最后决定了留在上海，接着就把房子买好了，女儿开始上幼儿园。女儿上幼儿园后经常有居委会举办的活动，她的时间比较多，经常参加。因为她比较积极，乐于助人，受居委会干部邀请做了家长委员会的委员。加入家委会让她的融入状态有了很大的提升，首先是朋友在慢慢增多，交往圈子越来越大；另外，也感觉到了社区对自己的接纳，心理上的融入提升了很多。这些事情对于她后来的融入进程起到了非常大的作用，让她后来的生活状态变得更加充实有趣且富有意义。

> 　　就感觉挺好的。（居委会的人）没把我们当外人。有时候像那个书记他们开会啊什么的，做公益活动啊，向别的小区学习啊，我们都会去参加的。（案例01：07虞）

可以看出，这一阶段被访者社会融入水平发生转折的原因主要包括孩子上学问题的解决、开始工作、社会交往圈子扩展、得到社区的接纳与认可、对上海人的不良印象消除、买房安定下来等几个方面。这些方面既包括经济融入的因素，如开始工作；文化融入的因素，如社区活动的参与；也包括社会融入的因素，如社会交往圈子扩展；心理融入的因素，如得到社区的接纳与认可、买房安定下来等。

（四）现阶段：融入水平很高或者较高

目前，几位被访者的融入状态都已经比刚来上海的时候好多了。其中，被访者01丁和07虞现阶段的融入状态都非常好，被访者02陈、05刘和13张的融入状态较好。被访者01丁和07虞对于上海都有非常强的归属感，对自己生活的小区有主人翁的意识。两人都打算一直在上海生活下去，也希望自己的孩子以后能在上海定居，对上海的认同程度非常高。

虽然被访者02陈、05刘和13张的融入状态较好，但是还存在一些因素阻碍着她们完全融入上海。被访者02陈对于政策的排斥感仍然没有减弱，为了应对孩子可能不能在上海高考的问题，她在昆山也买了房子，如果到时候上海不能高考，她会带着孩子去昆山高考。被访者13张目前的生活状态比较平稳，房子早就买好了，周末都会和老公带着孩子到周边旅游，经济压力比较小，另外和同事相处得也比较融洽。被访者05刘的融入状态比较差，主要是没有买房子，对上海的归属感不强，但是她和老公还是很想在上海定居，正在努力攒钱买房子。

> 　　还是挺好的，要不然也不会爱这个城市，也不会想在这个城市扎根嘛（融入了上海，想在上海扎根），对吧，我现在真的不想（回老家），回去都不习惯了。（案例01：07虞）

有房子就觉得是我的家了呀，现在是租别人的房子就觉得有一种漂泊感。而且，好像就是和上海本地的人基本上没什么交流。（案例02：05刘）

最终的社会融入状态受来沪人员心理融入水平非常大的影响，心理融入主要包括来沪人员的留沪意愿、对沪的归属感、生活满意度、心理状态等方面。经济融入促使来沪人员有了买房定居的可能性，对上海的认同与接纳使被访者逐渐有主人翁的意识。

九　结论与反思

研究发现，社会融入的过程主要有高－低缓慢融入型、高－高变化融入型、低－低缓慢融入型、低－高缓慢融入型和低－高变化融入型等五种类型。各类型发展特点各有不同，但每种类型基本会经历初始阶段、发展阶段与现阶段，大部分被访者在发展阶段后都有转折阶段，不同类型的发展速度不同。另外，现阶段来沪人员的社会融入水平呈现较大的差异。整体来看，经济、社会、文化和心理四个维度的融入都达到比较好的来沪人员非常少，整体较好和一般的来沪人员最多，融入状况比较差的来沪人员有一小部分。因而其整体的融入水平还是有待提高的。

刚来上海时来沪人员因受个人能力、社会关系网络、机遇等方面的影响，其初期的社会融入水平呈现高低不同的现象。发展过程中，因来沪人员的经济积累、社会关系网络发展、文化接纳与适应程度、心理融入状态的不同发展状况不同，其整体的社会融入进程亦呈现不一样的特点，生活中无刺激无变化的被访者社会融入发展过程平缓上升。而出现危机或挑战等转折点时，被访者若顺利度过则融入水平迅速提升，反之下降。现阶段来沪人员的整体融入水平参差不齐，大部分来沪人员社会融入水平一般，少数为很高或较低。

基于研究结论，结合社会工作服务的特点，笔者提出以下几点建议。

1. 提升来沪人员自身能力

在访谈中，笔者发现能够主动提升自我的来沪人员非常少，因而社会工作者在进行能力建设之前，首先需要提高来沪人员的自我提升意识。社工可以搭建技能交流平台供来沪人员学习、提升自我能力，包括软实力与硬实力，软实力如烘焙、糕点、厨艺、编织等技能，硬实力如学历、工作技能等。

2. 开展丰富多元的活动

社会工作者可以开展技能交流类小组活动，以小组的方式让来沪人员进行分享，在丰富来沪人员生活的同时提升其自信心，同时加强其对上海的归属感。开展方言学习小组，提升来沪人员的语言融入程度，帮助其更快地适应上海的语言氛围，促进其与上海居民的沟通。开展兴趣小组，为来沪人员提供培养兴趣的机会，促进其扩大社会交往。

3. 营造良好的社区氛围

友好、融洽的氛围是来沪人员对社区的归属感的重要来源。在社区中，社工可在重大节日时举办社区活动，邀请社区居民参加，让他们在轻松愉快的氛围中增进对彼此的了解。社工可举办亲子类活动，让孩子和来沪人员共同融入。孩子是来沪人员生活中最重要的组成部分，孩子的融入也能够促进来沪人员的融入。

4. 宣扬公正公平的社会准则

社会工作的服务对象是社会中需要帮助的人群，其服务范围比较广，服务的受众也比较广。因而可以在开展大型活动时，对服务群体进行适当的宣传，倡导社会大众遵循公平公正的准则，公平公正地对待身边的每一个人。

5. 倡导户籍制度改革，实行居住制度

目前我国实行的是城乡二元户籍制度。政策需要提议才有发生改变的可能。因而笔者认为，从社工的角度，可以链接人大代表、法学专家等专业性资源，推动现行的户籍制度变革与完善。

6. 倡导教育制度改革，实行异地高考

孩子不能在上海高考是不少来沪人员回老家的主要因素之一。目前教育资源分配不均而导致人口流动增加的影响越来越大，要从根本上解决问题还是应该注重均衡分配教育资源，保障各地区的学生基本能够得到优质的教育。在人口流动的背景下，政府应与时俱进，制定出与实际情况相符的教育制度，如允许异地考生在沪高考等，坚决不可忽视来沪子女平等接受教育的权利。

参考文献

包亚明，1997，《布尔迪厄访谈录——文化资本与社会炼金术》，上海人民出版社。

陈成文，2000，《社会弱者论：体制转换时期社会弱者的生活状况与社会支持》，时事出
版社。

陈向明，2000，《质的研究方法与社会科学研究》，教育科学出版社。

池子华、田晓明、吴铁钧，2008，《苏州市劳动密集型企业民工的心理融入调查》，《心
理科学》第 1 期。

崔岩，2012，《流动人口心理层面的社会融入和身份认同问题研究》，《社会学研究》第
5 期。

邓睿，2015，《重庆农民工城市社区融入的困境及突破路径》，硕士学位论文，重庆
大学。

邓睿、冉光和、肖云、刘迎君，2016，《生活适应状况、公平感知程度与农民工的城市
社区融入预期》，《农业经济问题》第 4 期。

风笑天，2005，《社会学研究方法》，中国人民大学出版社。

Malcolm Payne，2008，《现代社会工作理论》，冯亚丽、叶鹏飞译，中国人民大学出
版社。

关信平、刘建娥，2009，《我国农民工社区融入的问题与政策研究》，《人口与经济》第
3 期。

刁鹏飞，2012，《社会支持研究述评》，《哈尔滨工业大学学报》（社会科学版）第 5 期。

杜万忠，2008，《农民工的城市社区融入问题探讨》，《石家庄法商职业学院教学与研究》
（综合版）第 1 期。

嘎日达、黄匡时，2008，《西方社会融合概念探析及其启发》，《理论视野》第 1 期。

高春凤，2010，《社会工作介入流动人口城市社区融入的思考》，《社会工作》（下半月）
第 5 期。

高宣扬，2004，《布迪厄的社会理论》，同济大学出版社。

行红芳，2011，《社会支持、污名与需求满足——艾滋孤儿救助形式的比较研究》，社会
科学文献出版社。

侯钧生等，2010，《西方社会学理论教程》，南开大学出版社。

刘建娥，2011，《中国乡城移民的城市社会融入》，社会科学文献出版社。

刘佳，2007，《社会工作介入与儿童社会资本建设》，硕士学位论文，山东大学。

刘玲玉，2016，《社会工作视角下农民工城市社区融入研究》，硕士学位论文，沈阳师范
大学。

李净净，2014，《农民工子女城市融入抗逆力研究》，硕士学位论文，中国青年政治
学院。

李强，1998，《社会支持与个体心理健康》，《天津社会科学》第 1 期。

李卓、郭占锋，2016，《抗逆力视角下留守老人社会疏离的社会工作干预模式》，《华中
农业大学学报》（社会科学版）第 6 期。

梁波、王海英，2010，《城市融入：外来农民工的市民化——对已有研究的综述》，《人

口与发展》第 16 期。

林蓉，2009，《从北京的"浙江村"看农民工在城市的社区融入》，《消费导刊》第
　　5 期。

梅亦、龙立荣，2013，《中国农民工城市融入的问题研究》，《江西财经大学学报》第
　　5 期。

马凤芝，2015，《类家庭流浪儿童抗逆力的获得和养成》，《青年研究》第 1 期。

霍鹏，2014，《农民工家属城市社区融入的个案服务》，硕士学位论文，郑州大学。

侯力、解柠羽，2010，《城市农民工二代移民社会融入的障碍研究》，《人口学刊》第
　　6 期。

孟娜，2014，《包容性发展理念下农民工社区融入研究》，硕士学位论文，大连理工
　　大学。

任远、邬民乐，2006，《城市流动人口的社会融合：文献述评》，《人口研究》第 3 期。

上海市统计局，2017，《2016 年上海市国民经济和社会发展统计公报》，http://
　　www. shanghai. gov. cn/nw2/nw2314/nw2318/nw26434/u21aw1210720. html，最后访问
　　日期：2018 年 5 月 25 日。

上海市统计局，2017，《人口总量》，http://www. stats – sh. gov. cn/html/shglmenu/201408/
　　216887. html，最后访问日期：2018 年 5 月 25 日。

上海市政府，2017，《上海市人民政府关于进一步推进本市户籍制度改革的若干意见》，
　　http://www. shanghai. gov. cn/nw2/nw2314/nw2319/nw11494/nw12331/nw12343/nw393-
　　28/u26aw47267. html，最后访问日期：2018 年 5 月 25 日。

时立荣，2005，《透过社区看农民工的城市融入问题》，《新视野》第 4 期。

谈蕴，2013，《公民参与与农民工的城市社区融入》，硕士学位论文，上海师范大学。

王亚娟，2011，《社会工作视角下的农民工社区融入》，硕士学位论文，苏州大学。

王桂新，2006，《中国人口迁移与城市化研究》，中国人口出版社。

王思斌，2003，《转型时期的中国社会工作》，华东理工大学出版社。

王思斌，2005，《社会工作导论》，高等教育出版社。

吴素霞，2011，《上海市农民工子女义务教育问题与对策研究》，硕士学位论文，华东理
　　工大学。

吴宝、李正卫、池仁勇，2011，《社会资本、融资结网与企业间风险传染——浙江案例
　　研究》，《社会学研究》第 3 期。

肖云、邓睿，2015，《新生代农民工城市社区融入困境分析》，《华南农业大学学报》
　　（社会科学版）第 14 期。

仰滢、甄月桥，2012，《基于"推拉理论"的新生代农民工身份转型问题探析》，《中国
　　青年研究》第 8 期。

杨东亮、陈思思，2015，《北京地区流动人口幸福感的影响因素研究》，《人口学刊》第
　　5 期。

郑杭生，1996，《转型中的中国社会与中国社会的转型》，首都师范大学出版社。

郑剑，2011，《社会资本论》，博士学位论文，华中科技大学。

林南，2005，《社会资本——关于社会结构与行动的理论》，张磊译，上海人民出版社。

张晓灿，2016，《社区服刑人员的复原力发展过程研究》，硕士学位论文，华东理工大学。

张利军，2006，《农民工的社区融入和社区支持研究》，《云南社会科学》第 6 期。

张广利、陈仕中，2006，《社会资本理论发展的瓶颈：定义及测量问题探讨》，《社会科学研究》第 2 期。

Bourdieu, P. 1986. "The Forms of Capital," in Richardson（ed）*Handbook of Theory and Research for the Sociology of Education*, Westport, CT: Greenwood Press.

Stark, B. Vedres, L. Bruszt. 2006. "Rooted transnational publics: Integrating foreign ties and civic activism," *Theory and Society*, 35（3）.

Drewelies, J., Wagner J., Tesch – Römer C, Heckhausen J, Gerstorf D. 2017. "Perceived control across the second half of life: The role of physical health and social integration," *Psychol Aging*, 32（1）.

Fuller, H. R., Fiori, K. L. 2017. "Longitudinal implications of social integration for health and well – being in late – life," *Innovation in Aging*, 1（1）.

Howarth, M., McQuarrie, C., Withnel, N. l., Smith E. 2016. "The influence of therapeutic horticulture on social integration," *Journal of Public Mental Health*, 15（3）.

Hadil, S., Karen1, F. 2016 "Social integration of Australian Muslims: A dramaturgical perspective," *Journal of Sociology*, 52（2）.

Jacobs, D., Tillie, J. 2004. "Introduction: Social Capital and Political Integration of Migrants," *Journal of Ethnic and Migration Studies*, 30（3）.

Kallen, H. M. 1956. *Cultural Pluralism and the American Idea*, *Philadelphia*, University of Pennsylvania Press.

Spencer, H., Dauber, D., Jing, J., Lifei, W. 2017. "Chinese students' social integration into the university community: hearing the students' voices," *Higher Education*, 74（5）.

Stievano, A., Olsen D., Tolentino Diaz Y., Sabatino L., Rocco G. 2017. "Indian Nurses in Italy: A Qualitative Study of Their Professional and Social Integration," *Journal of clinical Nursing*.

Thompson, D. 2009. "What does 'Social Capital' Mean?," *Sydney: Australian Journal of Social Issues*, 2009（2）.

Wei, L., Fangfang, G. 2017. "Social Media, Social Integration and Subjective Well – being Among New urban migrants in China," *Telematics and Informatics*, 34（3）.

Yanwei, L., Qi, Z., Wen, C., Li, L. 2017. "The social income inequality, Social Integration and Health Status of Internal Migrants in China," *International Journal for Equity in Health*, 16（1）.

都市社会工作研究　第 4 辑

第 187～198 页

© SSAP, 2018

社会帮教与社区戒毒康复研究

——以上海市篆刻戒毒康复项目为例

林贻亮 *

摘　要　自从 2008 年 6 月 1 日实施的《中华人民共和国禁毒法》提出了社区戒毒和社区康复的戒毒措施后，上海市的社区戒毒康复理论和实践取得了多元化的发展。本文通过访谈和参与式观察法，对上海市徐汇街道某一个社区提供的"帮教"＋"篆刻疗法"的服务模式进行分析，得出的结论是：社区戒毒康复工作要全面整合资源；寻找连接个人、社区和社会的桥梁；积极发挥专业人士和优秀志愿团体作用来实施社区戒毒康复工作。

关键词　社区戒毒　帮教　篆刻疗法

一　导论

（一）研究背景

上海在 2003 年便成立了中国大陆首家戒毒社会工作社团，招聘和培训大量禁毒社会工作者，以政府购买服务、非营利组织承接服务的方式，将专业社会工作方法运用到社区戒毒康复领域，率先在国内进行了禁毒社会

＊　林贻亮，上海大学社会学院社会工作专业硕士，研究方向为禁毒社会工作。

工作制度创新；2008 年 6 月 1 日实施的《中华人民共和国禁毒法》，提出了社区戒毒和社区康复的戒毒措施；2014 年 7 月中共中央、国务院印发的《关于加强禁毒工作的意见》，提出要创新吸毒人员服务管理方式；2015 年12 月颁布的《全国社区戒毒社区康复工作规划（2016～2020 年）》，提出将大力推进社区戒毒社区康复工作，组织实施社会化戒毒康复工程，全面提升对戒毒康复人员的服务管理水平。因此，开展社区戒毒的工作符合当今禁毒工作的潮流，对社区禁毒模式进行研究有利于探索出具有中国特色的禁毒工作体系。

此外，我国的部分省份陆续开展了社区戒毒实践工作，例如江苏省苏州市的"自强服务社"模式、贵州省的"阳光工程"建设、湖北省成立的"戴拓普黄冈社区"、云南省昆明市的"大观模式"等，这些成功的经验对社区戒毒模式的推广和完善起到了一定的示范作用。

虽然目前我们在社区戒毒上的理论、模式、实践等方面的研究已经取得了优越的成绩，但一方面，因为缺少对我国各地社区戒毒运行模式中"佼佼者"的基于创新性、体制内部高效运作的成功原因分析以及对比分析，所以使我国社区戒毒成功经验的借鉴价值、推广程度受到限制；另一方面，学者多致力于社会工作介入社区戒毒的研究，缺乏对基于帮教工作开展的社区戒毒研究，导致社区资源浪费。

（二）研究问题

上海市徐汇区康健希望印社是上海市第一个由社区康复人员组成的艺术团体，在这样的一个团体中，为戒毒人员提供的服务可以说是一种本土化模式的创新。在笔者实习期间，该印社的社长社工 C 就自豪地说："帮教在服务中体现，康复在艺术中进行。希望印社可以说是在上海市的所有社区戒毒康复工作中，复吸率最低，帮助吸毒人员更好地实现自身价值与社会价值的地方！"经过长期的参与观察和访谈，笔者尝试着归纳总结希望印社的社区戒毒康复模式，希望能够为在社区戒毒康复的模式带来思考，推动禁毒社会工作模式的本土化创新和社区戒毒康复工作的思考！

社工 C 总结康健希望印社的服务模式——帮教在服务中体现，康复在艺术中进行。简单地概括就是"帮教"＋"篆刻疗法"相结合的模式，通过长期的实习和参与观察，笔者对这种模式的运行进行了思考："帮教的团体有哪些呢？""帮"和"教"有什么区别？"艺术疗法与帮教有什么联系呢?"对这些问题的回答,笔者将通过对康健希望印社服务模式进行详细分析并向大家展现,最后对社区戒毒康复进行归纳和反思。

二 文献综述

(一) 国内社区戒毒的文献综述

自《中华人民共和国禁毒法》颁布以来,针对社区禁毒康复的理论和实践的研究取得不少的成果,而针对社区戒毒康复的实践研究大多数在有坚实的经济基础和完善的社区建设基础的东部发达的上海、江苏、广州等地开展,西部偏远落后的贵州、云南等地的社区禁毒康复工作很难开展。总体来看,学者的研究主要从以下四个角度进行:一是从理论指导角度出发,张丽芬(2015),侯荣庭(2011),王学兵、张河川(2011)等多名学者分别基于优势视角、生态系统理论、多中心治理理论等理论支持研究其对社区戒毒的普适性及应用实例;二是从同伴教育的研究角度出发,叶雄、彭少峰(2014)探讨了同伴教育在社区戒毒康复中的实践、成效与不足,彭少峰、罗玲(2014)进行了同伴教育的理念分析以及费梅苹(2011)探讨了同伴教育在重构社区戒毒康复人员新的生命意义方面所发挥的功能及其途径;三是从国外社区戒毒实践成果角度出发,王丹(2010)、王苹(2011)等多名学者进行了中外社区戒毒模式比较研究,探析我国禁吸戒毒新路径;四是从工作方法角度出发,钟莹、刘传龙(2011)论证了个案管理模式运用在禁毒社会工作之中的可行性和必要性。

通过对文献的梳理发现,一是学者多关注对国外社区戒毒成功经验的分析比较及其对我国的借鉴意义,缺少对基于普适性、地域特殊性的我国各地社区戒毒运行模式的研究;二是学者多致力于社会工作介入社区戒毒的研究,缺乏基于非正式群体开展的社区戒毒研究;三是强调同伴教育的个人层面研究,缺乏对如何回归社区和社会的模式的探讨。

(二) 国外社区戒毒的文献综述

英国社区戒毒模式"处方体系"(Prescription System)以禁绝毒品为最终目的,并以精神病学家直接来负责具体实施,是美沙酮替代疗法的前身,它把吸毒成瘾归为疾病范畴,要用医疗手段来处理(王竞可,2005)。"处方体系"是当代美沙酮替代疗法在科学、法律方面的发展和变迁。英国国民医疗体系 NHS 在社区戒毒中扮演着一个极其重要的角色，它们为吸毒者提供有关毒品问题的咨询、处方毒品和戒毒的康复。

美国的治疗性社区戒毒模式（简称"TC"模式）始于 20 世纪 60 年代中期，以后逐渐发展壮大，现已在全世界 70 多个国家应用，是一种典型的社区性治疗康复模式。事实证明，美国的"TC"模式在使吸毒成瘾人员重新社会化方面具有极好的康复效果和成功经验，值得我们借鉴。目前美国较成功的"TC"模式有风口顶村、凤凰村、戴拓普等（刘仁菲，2016）。"TC"模式的治疗是由专业人士、康复病人和病人家属一起对吸毒成瘾人员进行个别指导、集体治疗、技能培训和职业辅导，紧紧围绕吸毒成瘾人员自我承认、反省、行动、成长和觉醒来展开，最终促成个体行为和人生观的转变，达到回归正常生活、重建社会关系和戒除毒瘾的目的。"TC"模式是在共同生活的环境中，通过一套明确的奖惩条例实行等级制管理，运用戒毒者内部自治和社区组织外部管理的双重戒毒力量，达到回归社会的目的。目前，全美有数百个戒毒治疗社区每天为数千名吸毒人员提供服务，其康复内容包括治疗保健、艾滋病预防、教育培训、妇女项目等（吴大华，2012）。此外，国外还有日本的"社区治疗地域网络模式"、西班牙的"戒毒村模式"以及意大利团结中心（The Italian Center of Solidarity）等成功运行的社区戒毒模式。总之，国外的社区戒毒模式已经成熟，成功地实现不同专业人士之间的资源整合，形成一套完整的社区服务体系，从而使戒毒人员步入正常的社会生活。

三 概念界定

（一）社区戒毒

社区戒毒是《中华人民共和国禁毒法》（以下简称《禁毒法》）规定的戒毒措施之一，但《禁毒法》与《戒毒条例》并未直接对其下定义。学术界对社区戒毒的定义有以下几种说法。徐晶（2011）认为："社区戒毒是指公安机关依法将符合社区戒毒条件的毒品成瘾者置于社区内，由政府机关负责，相关行政机关提供指导与协助，以社会团体和社会志愿者参与为主，以使毒品成瘾者戒除毒瘾为目标的一种强制教育矫治措施。"该观点认为社区戒毒是将戒毒人员置于社区这个空间内被动地接受教育矫治，强调其强制性。与之不同的是，姚建龙（2012）认为，社区戒毒是指吸毒成瘾人员在户籍所在地或者居住地的城市街道办事处、乡镇人民政府或者其指定有关基层组织（如居委会、村委会）的监督下自愿进行戒毒。这种观点侧重于表述社区戒毒具有半志愿半约束性质。刘仁菲（2016）认为，社区戒毒规定吸毒人员必须在乡镇（街道、社区）政府的组织、监管下，通过家庭、社区、公安以及卫生、民政等力量和资源，在社区里实现戒毒。社区政府下设社区戒毒工作小组具体实施社区戒毒，工作小组由社区戒毒专职工作人员、社区民警、社区医务人员、社区戒毒人员的家庭成员及禁毒志愿者共同组成。这种观点较为客观，注重社区资源的整合。社区戒毒的定义还有很多，但是它们存在一个一致的观点，即社区戒毒是以社区为运行平台，由政府机关主导，多元社会力量联合参与、共担责任，协助吸毒人员戒毒的戒毒模式（陈晶宇，2014）。笔者结合实习所在社区戒毒康复中心的情况，认为社区戒毒的概念更倾向于较为客观的观点，即它是由政府机关主导，设专职工作人员、社区工作者、社区医务人员等相关人员，整合社区多样力量联合参与共担责任，协助吸毒人员戒毒的戒毒模式。

（二）帮教

"帮教"从字面意思来理解就是帮助和教育。在大部分国家最广义的概念上使用"社区矫正"这一称谓。在帮教活动的探索初期，主要的帮教对象为被做出微罪不起诉的未成年人。随着帮教活动的深入开展，帮教对象逐渐扩展到所有的微罪不起诉人。盛宏文（2012）将帮教的主体分为检察院、司法局（所）、以社区为单位充分调动社区力量实施帮教三大类。我国社区戒毒工作模式的实践倾向是注重"教"，忽视"帮"，也就是实践经验更多的是围绕社区如何开展有效的形式或者实施有效的手段教育戒毒人员戒除心瘾。社工 C 和社工 L 认为："帮教是与戒毒人员建立专业关系的基础，帮助和教育是相辅相成的，缺一不可，只有正确地看待它俩的关系，才能提供有效的服务。"换句话而言，帮教工作应该是"帮"中有"教"，"教"中有"帮"，"帮"与"教"结合。综上所述，笔者认为康健希望印社的帮教是以社区为单位，充分调动社区力量实施帮教，从而和戒毒人员建立专业关系，满足服务对象的需求，最终顺利地恢复正常的社会生活状态的一种服务模式。

（三）篆刻疗法

艺术疗法是以艺术活动为中介的一种非语言性心理治疗，通过艺术让患者产生自由联想来帮助患者从内外环境中找到和谐关系、稳定和调节情感、消除负向情绪、治愈精神疾病，以获得人格成长和发展的一种心理治疗方法。这种非语言的方式在某种程度上比语言方法的表达更为清楚，特别是对于无意识的表达和比较中的自我防卫机制的患者的表达，效果更为明显（彭善民，2010）。艺术疗法的种类丰富多样，例如绘画治疗、文学阅读治疗、音乐治疗等，而篆刻疗法是艺术疗法的其中一种形式，艺术疗法用于实践可以概括总结为两大派：艺术派和治疗派。而康健希望印社的艺术治疗形式是以篆刻治疗为主，以绘画和书法治疗等为辅。选择篆刻治疗为主要治疗，社工 C 告诉笔者主要原因有三点：“第一是成本低，方便易行；第二是既接地气又能克服心瘾；第三是它能够不仅作为康复的载体，而且能够连接社区和社会资本，满足戒毒人员的物质生活需要。”

四　“帮教”＋“艺术疗法”模式的运行

（一）“帮”与“教”中的不同团体角色与作用

在“帮”的主体上，康健希望印社的团体主要有三大类：社工、社员、志愿者。他们扮演的角色和所起到的作用也有所不同。社工在“帮”上面扮演着支持者和资源链接者的角色，主要是为戒毒人员提供专业的个案服务，社区整合资源的服务，等等，社员主要是扮演同行者的角色，即他们经常会在下午的时间段聚集在康健希望印社，形成一个无领导者的自发小组，小组的成员可以是戒毒人员，或者是戒毒人员的亲朋好友以及志愿者，他们聚在一块聊艺术、聊情感、聊生活等。现有的研究表明，戒毒人员想吸毒的一个重要原因与他们所处的毒友圈和亚文化有关系，这种自发形成的小组形式对戒毒人员的孤独寂寞时间打发是很有效的。在志愿者方面，康健希望印社的志愿者都是拥有一定社会身份的人，他们有的是画家，有的是书法家，有的是在校的音乐老师，他们的主要角色是教育者。他们在平时并不是单纯地讲解一些戒毒知识，更重要的是教戒毒人员画画，写书法，唱唱歌等陶冶情操的活动。有研究显示，“大部分接受调查的戒毒人员长期体验到不同程度的紧张、焦虑、压抑、内疚、自责、冲突和较强的挫折感”（杨玲、李鹏程，2007）。三大主体在不同的角色中起到的作用，对戒毒人员克服心理上的“心瘾”等问题有很大的帮助。

在"教"的主体上,康健希望印社的团体与"帮"的团体一致:社工、社员、志愿者。他们在说"教"的形式和内容上也有所差异。社工主要是教戒毒人员学习篆刻(这项任务主要是社工 C 通过篆刻艺术小组进行)和戒毒人员如何申请补助金等生活上和一些法律上的问题(主要是社工 L 进行服务);社员之间的"教"指的是社员们将学习到的艺术技巧教给新的戒毒人员,以篆刻艺术小组为例,往期的学员会来到康健希望印社教新一期篆刻小组班的学员,把所学到的经验传授给他们。这样的一种帮扶模式不仅是互相学习,更是同伴同行的戒毒人员之间相互建立关系、自信、自我认同,从而摆脱"复吸"的心瘾,并且彼此之间形成强有力的精神支柱!在志愿者方面,主要是招募一些有一技之长的艺术家,或者教育者。他们"教"的内容就是能够给戒毒人员带来收入的艺术或者技术活儿,例如篆刻、画画、书法等。戒毒人员从志愿者那里学到一些艺术的创作,并把自己的艺术作品进行义卖,对减轻戒毒人员家庭的负担能够起到一定的积极作用!

(二)篆刻艺术小组的运行

篆刻艺术小组自 2008 年开始,目前已经举办到第十期。每一期的举办都引起上海市禁毒工作的"轰动",学习篆刻艺术的服务对象从当初的 8 名到现在已达到 71 名,其间共开展了专业小组活动 46 次,参与各类活动 60 余次,参加全国乃至国际书画篆刻大赛 11 次,共刻印章 3500 多方。下面是笔者对这个小组从组员的招募到目标等内容进行的简单总结(见表1)。

表1　篆刻艺术小组情况简介

艺术小组的命名	篆刻艺术辅导班
服务宗旨	为了帮助案主培养健康的兴趣爱好,使他们不再无所事事,让他们的生活重新有寄托,从而达到戒除心瘾和助人自助的最终目的
服务目标	案主通过学习篆刻艺术,锻炼定力、耐力和意志,增强戒断毒瘾的信心,发展健康的兴趣和爱好,充实业余时间,掌握谋生技能,提高自立能力和防复吸的能力,以更好地回归社会、回报社会
项目基金来源	起步阶段:自己的艺术作品作为启动费 中后期:成效显著并被媒体关注,政府社团支持

续表

艺术小组的命名	篆刻艺术辅导班
运作方法	活动前：围绕着艺术、人生、休闲、家庭等话题举办讲座沟通，现身上海市举行的艺术交流、心理测试等活动 活动时：重要的是传统上的师徒关系，老师手把手地教戒毒人员学习篆刻、学习书画，等等 活动后：把学习艺术、交流艺术、欣赏艺术与戒毒康复、防止复吸、提高认知、改变行为、开展心理治疗等紧密结合起来，在印社中形成无领导的自治小组
小组的评估	行为方式上的转变：培养了新的兴趣 交流内容上的变化：经济话题到艺术话题 心理上的改变：自卑消沉到自信乐观 "心魔骚乱心" 到意志力耐力增强 自我价值上的成效：否定到肯定 社会价值：破坏社会到服务社会，帮助他人

（三）"帮教" + "篆刻疗法" 的相互作用

正如社工 L 所言："所有的帮教都应该为服务对象做起，因为他们都是弱势团体，只有服务好了，才能得到服务对象的认可才能和他们建立专业关系。帮教可以说是了解服务对象的困境和问题，这个阶段需要个案管理的方式以帮助解决问题！"简单来说，帮教服务更多涉及的是个人层面的康复问题，而印社的三大不同主体在"帮教"上所起到的作用是全方位和多层面的，那么是如何从个人层面的服务扩建到社区和社会层面呢？而艺术治疗中的"篆刻疗法"就是搭建起个人层面到社区层面再到社会层面的桥梁，正如社工 C 所说：

康复一定要有载体，要有内容，要有抓手，而篆刻疗法贯穿着服务对象整个小区戒毒和小区康复的整个过程！把篆刻疗法和服务对象的帮教联系起来，把这两者结合起来之后，这个疗法才有生命力。第一，把篆刻疗法和培养服务对象的兴趣爱好结合起来，这样使服务对象能够更长久地从事戒毒。第二，把篆刻疗法与他们的成才以及他们作品展示结合起来，从而恢复他们的自尊心。第三，篆刻疗法可以改善与家人的关系。因为大多数服务对象与家人的关系都不太好，篆刻使他们有机会给亲人或爱人开发印章，这样或多或少可以改善关系。第四，篆刻疗法可以培养服务对象的感恩之心，我们经常给服务对象开展一些走进社区的服务，让他们服务社区，这样可以把他们学到的知识无私地奉献于社会。另外，篆刻疗法可以参与我们重大的政治生活或政治事件，例如我们可以刻汶川大地震、世博会等主题。例如，我们康健希望印社就开展了"一带一路主题"相关的印章比赛活动，这样就可以把服务对象从边缘的社会引导至主流社会。第五，篆刻疗法可以走市场化道路。我们的服务对象大多数是低保户，家破人亡，妻离子散。通过篆刻，可以收藏寿山石，走出一条属于自己的市场化道路，这样既可以恢复自尊心，又能够给生活带来一些资金，也能够为自己谋出路，我想小小的篆刻疗法，就是中国的社会工作本土化的创意创新。

"帮教"是艺术治疗的基础，帮教服务做好了，才能发展艺术治疗，艺术治疗中的篆刻治疗又是康复的重要载体，是连接社区社会的桥梁。这种社区戒毒康复模式的运行，可以判断是治疗与生计发展的结合，是个案管理的一种有效运作模式，是将戒毒人员从个人层面连接到社区社会层面的桥梁。

五　归纳与反思

（一）"帮教" + "篆刻疗法"模式的归纳

社区康复戒毒工作想从根本上解决吸毒人员的"心瘾"问题，不仅要从个人层面上根除毒品对其的影响，还要更好地让戒毒人员能够顺利融入社区社会，恢复正常的社会生活功能。个人层面的康复工作离不开建立专业关系的基石服务"帮教"，"帮教"的团体不应该仅限于专业的禁毒工作者或者社会工作者，应该更多地面向社会的其他优秀团体。他们可以是来自各行业的志愿者，也可以是戒毒人员本身。在"帮教"服务的过程中，"帮"与"教"应该是相辅相成的，不能够将两者分离开来，这样才能提供更好的服务。图 1 便是康健希望印社的帮教模式的运行方式。

另外，康复一定要有载体，艺术疗法中的篆刻疗法在戒毒人员的社区和社会层面搭起了桥梁。如同社工 C 说："康复一定要有载体，要有内容，要有抓手，而篆刻疗法贯穿着服务对象整个社区戒毒社会康复的整个过程！"篆刻疗法通过参加为社区居民篆刻字等活动服务于社区，这样可以把

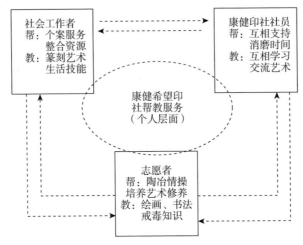

图 1　康健希望印社的帮教模式

他们学到的知识无私地奉献于社区。另外，篆刻疗法可以参与到我们重大的政治生活或政治事件，让戒毒人员重心恢复信心，恢复正常的社会生活！也就是通过这样一种形式的篆刻疗法，把戒毒人员的个人层面到社区和社会层面连接起来。可见，"帮教" + "篆刻疗法"的运行模式为社区戒毒康复实现了一种有效的资源整合。康健希望印社取得成功，是"帮教" + "篆刻疗法"巧妙结合产生的运作模式，这种模式产生的效果是 1 + 1 > 2 的，而且在康健希望印社中能够顺利运作，很少存在阻力，如图 2 所示。

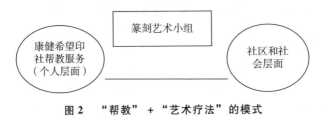

图 2　"帮教" + "艺术疗法"的模式

（二）"帮教" + "篆刻疗法"模式对社区戒毒康复的思考

1. 结合我国的实际情况，整合利用正式和非正式系统资源

康健希望印社的帮教团体有专业社工、社区人员和社会志愿者，这些人来自正式和非正式的社会系统，启发社区戒毒康复工作小组必须自我加压，切实协调好禁毒工作专职干部、禁毒社工、志愿者和社区网格员这"四支中坚力量"，着力强化社区戒毒康复人员建档、工作衔接和管控措施

等三项规范工作，以保证机构与机制的全面跟进，充分展现社区戒毒康复试点工作带来的张力（周传欣、杨伟，2017）。如果说康健希望印社是良好运行的底层模式，我们在设计顶层的体制时，该如何把当地政府、司法行政部门和非政府如何整合起来，提供更好的社区戒毒的高效机制呢？社区戒毒工作者在开展社区康复工作时，能够运用到的非正式和正式资源有哪些？应该如何有效接地气地把他们整合到社区的康复中心来？社会工作者应该有所反思。

2. 寻找社区戒毒康复个人层面到社区层面及社会层面的桥梁

康健希望印社从个人层面到社区及社会层面的桥梁是通过篆刻疗法这种形式搭建起来的，可以说将禁毒工作和我国传统艺术形式结合起来了。我们是否能换一种思路，即这个桥梁并不是某一种单纯的能够进入市场的商品或者艺术品，能否换成有针对性的职业技能培训，例如，绿化工、插花员、保洁工、汽车零部件销售、仓库保管员和面点师等多种培训项目，考试通过可获得上海市人力资源和社会保障局颁发的职业技能等级证书，等等。

3. 积极发挥禁毒社工和帮教志愿者的辅助作用

戒毒人员的志愿者与社区戒毒康复人员更多的是一种帮助者与被帮助者的帮教关系，他们之间的交流更加自如，社区戒毒康复人员面对社工时也易敞开心扉，这在很大程度上能够缓解戒毒人员的戒备心理，对司法戒毒民警的日常管理和帮教工作有着较好的辅助作用。在帮教志愿者的招募中，与以往的志愿者有所不同的是，这些志愿者都能够进行一定的"帮教"服务，即能够有一技之长给社区康复人员带来缓解心理压力、走入社区和社会的机会。

总而言之，社区戒毒康复工作单靠某一方面的力量是行不通的，必须促进各个部门之间的协调与合作，还要加强各部门的交流和沟通，避免体制上的弊端和各个部门推卸责任，积极地动员群众参与到社区戒毒康复工作中来。

参考文献

张丽芬，2015，《社会工作与戒毒人员回归社会——一个基于抗逆力视角的分析》，《甘肃社会科学》第5期。

侯荣庭，2011，《生态系统理论视野下的社区戒毒》，《山西师范大学学报》（社会科学版）第 4 期。

王学兵、张河川，2011，《多中心理论视角下的社区戒毒》，《云南警官学院学报》第 6 期。

叶雄、彭少峰，2014，《从"受助者"到"助人者"的美丽蜕变——上海社区戒毒"涅槃重生同伴教育小组"的案例分析》，《社会工作与管理》第 3 期。

费梅苹，2011，《意义建构：戒毒社会工作服务的实践研究——以上海社区戒毒康复服务中的同伴教育为例》，《华东理工大学学报》（社会科学版）第 2 期。

钟莹、刘传龙，2011，《〈禁毒法〉背景下的社区戒毒工作与社会介入工作》，《江西师范大学学报》（哲学社会科学版）第 3 期。

王竞可，2005，《析英国社区戒毒模式探我国禁吸戒毒新路》，《云南警官学院学报》第 3 期。

王苹，2011，《论实行社区戒毒的意义》，《辽宁警专学报》第 1 期。

王丹，2010，《中外社区戒毒模式比较研究》，《云南警官学院学报》第 5 期。

刘仁菲，2016，《论美国戒毒模式的经验和启示》，《云南警官学院学报》第 3 期。

陈晶羽，2014，《我国社区戒毒研究文献综述》，《法制与社会》第 5 期。

吴大华，2012，《美国社区戒毒立法及其借鉴》，《贵州师范学院学报》第 10 期。

徐晶，2011，《社区戒毒模式研究》，硕士学位论文，西南政法大学。

盛宏文，2012，《微罪被不起诉人社区帮教工作机制探索》，《中国刑事法杂志》第 1 期。

彭善民，2010，《篆刻艺术小组：戒毒社会工作的本土创新》，《福建论坛》（人文社会科学版）第 7 期。

彭少锋、罗玲，2014，《自助·互助·助社会：戒毒社会工作与同伴教育的融合探索》，《社会福利》（理论版）第 11 期。

杨玲、李鹏程，2007，《吸毒者回归社会的过程：归属与认同的剥夺》，《心理学探新》第 2 期。

姚建龙，2012，《〈戒毒条例〉与新戒毒体系之运作》，《中国人民公安大学学报》（社会科学版）第 5 期。

周湘斌、常英，2005，《社会支持网络理论在社会工作实践中的应用探讨》，《中国农业大学学报》（社会科学版）第 2 期。

周传欣、杨伟，2017，《社区戒毒（康复）人员安置帮教后续照管机制探析》，《中国司法》第 4 期。

都市社会工作研究 第4辑

第 199~209 页

© SSAP，2018

禁毒社会工作的本土化探讨

丁根鹏 *

摘 要 为了能够更好地发挥社会工作在禁毒领域的作用，各地相继开始探索更具有本土特色的禁毒社会工作模式。上海作为较早将社会工作运用于禁毒戒毒领域的地区，在禁毒社会工作本土化探索方面卓有成效。为此，本文在已有研究成果的基础上，结合上海市禁毒志愿者协会开展的"同伴教育"、上海市康健希望印社开展的"篆刻艺术疗法"以及上海市自强服务总社开展的"亲子平行小组"等具体实践，从对同伴教育中同伴辅导员的人才培养机制、项目活动开展中"仪式"的运用、对服务对象的生命意义的建构和拓展服务对象的社会支持网络等方面进行论述，进一步探讨禁毒社会工作的本土化。

关键词 禁毒社会工作 本土化 同伴教育

一 选题缘由

日趋严重的毒品问题已经成为全球性的灾难。毒品的泛滥直接危害人们的身心健康，并给经济发展和社会进步带来巨大的威胁，已成现今困扰

---

* 丁根鹏，上海大学社会学院社会工作专业硕士，研究方向为禁毒社会工作。

社会生活最大的祸患。联合国毒品与犯罪问题办公室发表的《2016 年世界毒品报告》显示，被界定为受到吸毒病症困扰的人的数量达到 2900 万。全球约有 2.5 亿年龄处于 15 岁到 64 岁的人，在 2014 年至少使用过一次毒品，约有 20.7 万人因使用毒品而死亡。在我国，吸毒人员数量依旧占较大比例，国家禁毒委员会发布的《2017 中国毒品形势报告》显示，截至 2017 年底，全国现有吸毒人员 234.5 万名（不含戒断三年未发现复吸人数、死亡人数和离境人数），其中，男性 200.7 万名，女性 33.8 万名，分别占 85.6% 和 14.4%。在全国现有的 234.5 万名吸毒人员中，不满 18 岁的有 4.3 万名，占 1.8%；18～35 岁的有 142.2 万名，占 60.6%；36～59 岁的有 87 万名，占 37.1%；60 岁以上的有 1.1 万名，占 0.5%。吸毒人员低龄化特征突出。

为了能够有效打击毒品势力，杜绝毒品所带来的危害，我国政府制定和出台了《中华人民共和国禁毒法》《戒毒条例》等一系列的政策和法律法规，提出禁毒工作实行预防为主，综合治理，禁种、禁制、禁贩、禁吸并举的方针；指出应当建立政府统一领导，禁毒委员会组织、协调、指导，有关部门各负其责，社会力量广泛参与的戒毒工作体制。

社会工作作为维护社会稳定所不可或缺的力量，在禁毒方面所能发挥的作用也愈加受到政府和社会各界的重视。以上海为例，自 2003 年开始在禁毒戒毒领域引入社会工作的理念和方法，招聘和培训禁毒社会工作者，从而在全国率先进行了禁毒社会工作制度创新，开创了"政府主导、社团自主运作、社会多方参与"的社区戒毒康复新模式（范志海，2011）。此后，为了能够更好地发挥社会工作在禁毒领域的作用，各地也相继开始探索更具有本土特色的禁毒社会工作模式。而如何使禁毒社会工作更符合各地区发展情况也成为各学者研究的主要方向。当前，上海在禁毒社会工作本土化探索方面卓有成效，为此，本文将在已有研究成果的基础上，结合上海禁毒社会工作实务模式，进一步探讨禁毒社会工作的本土化。

二 文献综述

（一）关于国外戒毒实务模式相关研究

由于毒品问题的世界化，各国关于禁毒的合作进一步加强，在戒毒模式的探索和发展中体现出对卓有成效的戒毒模式的相互借鉴的特点（房红等，2010）。目前，世界各国在戒毒领域使用较为广泛的戒毒实务模式主要包括 TC 模式、医学治疗模式、监狱戒毒模式等。

　　TC（Therapeutic Community）意为治疗社区，是一种居住治疗模式。它集戒毒和仿家庭环境于一体，让病人住在一起，相互帮助，相互制约，以集体治疗为基础，以高度结构化、等级化的家庭氛围为手段，最终促成个体行为和人生观的转变（高朝霞，2009）。李晓凤、马瑞民（2014）认为TC 戒毒模式正在创造一个新的社会环境，组成一个新的社会群体，构建一个新的社会结构，由此让吸毒人员在自我管理、同伴支持的过程中重新社会化。

　　医学治疗模式主要是指使用药物替代来进行治疗。目前，美沙酮药物替代治疗被许多国家所采用。美沙酮替代治疗计划主要针对阿片类药物高度成瘾的吸毒人员，通过替代递减服用美沙酮达到控制毒瘾的目的，使成瘾者具有一定程度的社会功能，避免或减少吸毒人员死亡及其他违法行为（刘仁菲，2016）。美沙酮维持治疗的具体操作模式是由医疗机构在一定地域开设美沙酮门诊，吸毒者每天到门诊服用美沙酮，同时，门诊还提供心理咨询、心理辅导、职业辅导、艾滋病病毒预防教育等服务项目（房红等，2010）。美沙酮替代治疗计划并不要求完全禁戒毒品，但必须治愈毒瘾，改善戒治者的社会生活功能，促使其回归社会（刘仁菲，2016）。

　　监狱戒毒模式是指在监狱等改造场所内对药物滥用者开展戒毒治疗。在英国监狱中有 55% 的罪犯同时是吸毒者，对监狱里的服刑人员进行戒毒治疗是英国戒毒工作中很重要的一部分，很多戒毒机构专门针对监狱吸毒成瘾人员开展戒毒工作。如果吸毒成瘾的犯罪嫌疑人被判入监狱服刑，则由专门针对监狱毒品成瘾人员开展戒毒工作的机构对其进行戒毒治疗，如果被保释或被判社区服刑，则转入社区戒毒治疗小组（张晴，2014）。美国则针对有毒瘾的罪犯开展了融教育评估、心理矫治、行为矫治、康复训练、医疗救助、技能培训、回归社会等子项目为一体的戒毒计划，对高风险、毒瘾强的罪犯进行强制性住院式的戒毒治疗和相关处罚（刘仁菲，2016）。

　　综合以上戒毒模式可以看出，经过多年的探索和实践，国外的戒毒实务模式已经较为成熟，在禁吸戒毒工作体系方面也较为完善。由于我国的禁毒法以及相关政策条例与国外相比颁布的时间较短，禁毒社会工作也还处于探索阶段，因此，关于禁毒戒毒工作的开展，在一定程度上可以借鉴国外的经验，如 20 世纪末美国戴托普公司与我国卫生部签署协议后在云南昆明开展的 TC 治疗模式便是一种有益尝试。然而，由于各国之间对毒品的法律定性、戒毒理念、社会观念等存在差异，如在英国，人们并不将吸毒行为视为违法，他们认为，政府的责任是打击毒品犯罪，而不是禁绝毒品。吸毒行为本身不违法，只有当吸毒者的相关行为危害社会与公共安全、危害他人生命与财产安全时，才会受到法律追究（杨细桂，2014）。这就要求我们在借鉴国外经验的同时，也应当积极探索符合我国国情与社会发展要求的本土禁毒工作。

（二）关于国内禁毒社会工作相关研究

对于禁毒社会工作的本土化，范志海（2011）认为我国的禁毒社会工作应以政府购买项目、自上而下推动为主，并要实施以社区为本的戒毒策略，社会工作手法应多元化。与此同时，应注重对药物滥用者的定位及社会保障问题，避免引发伦理困境与法律议题。王瑞鸿（2007）提出应发展综合支持的戒毒社会工作，进一步尝试整合政府、社会乃至企业等多方资源，在具体操作模式上，提出了家庭治疗方法、团体康复疗法、社区支持疗法和综合增能疗法，力求走出一条深深植根于中国现实土壤、富有本土特色的专业化道路。李新华（2008）则提出在禁毒工作开展中尝试使用"回顾怀旧法"的观点，认为回顾怀旧法能有效帮助服务对象自觉、详细、有效地认识自我。

在禁毒社会工作的实务模式方面，赵环等（2008）认为个案管理适用于无法有效使用资源的案主和适用于多重问题的解决，并且强调专业团队的合作及服务体系的输送，提出将个案管理模式运用于禁毒社会工作中，并建构了实施体系即目的体系、案主体系、改变代理体系、资源体系和运作体系。候婷（2016）提出在戒毒过程中开展小组工作模式能够使服务对象戒毒康复的整体水平得到提升，有效改善亚文化对社区戒毒群体的误读，让社区戒毒组员找到归属感。赵芳（2015）在社区戒毒社会工作的工作模式研究中，强调在整合生理—心理—社会和个人—家庭—社区不同系统的基础上，形成强戒所所内强戒与社区戒毒无缝衔接、分类评估综合干预的工作模式，注重家庭干预和社区再融入，个案管理、同伴辅导、自助小组和社区照顾等方法在实务层面被反复验证，促进整个社区戒毒社会工作的发展。

当前对于禁毒社会工作本土化，各学者在工作中对运用的理论、实践操作模式、社会工作介入方法、介入视角等都有进行一定的研究，但对于禁毒社会工作中对戒毒人员的关注度以及社会工作者应从哪些维度更好地发掘戒毒人员的潜能等方面的研究还存在一定的空缺。为此，本文将结合上海市较为典型的戒毒机构及其开展的戒毒康复服务对以上几个方面进行一定的探讨。

三　本土禁毒社会工作的具体实践

上海市禁毒社会工作在政府及社会各界的大力支持和帮扶下，其发展程度已经处于国内较为领先的水平，禁毒体系也较为完善，还探索出了一系列较为成功的禁毒操作模式。本文将结合上海市禁毒志愿者协会开展的"同伴教育"、上海市康健希望印社开展的"篆刻艺术疗法"以及上海市自强服务总社开展的"亲子平行小组"等具体实践，探讨禁毒社会工作的本土化。

（一）同伴教育在禁毒社会工作中的运用

同伴教育是一种具体的、专业的教育方法，请经过培训且具有相同年龄、背景、经历或有共同语言的同伴辅导员在他们自身同属的同伴群体中开展工作，以达到预期目标（费梅苹，2017）。同伴教育的典型特点是：在既定人群中充分利用同伴辅导员的力量来有效改变同一群体的其他成员。同伴教育在西方国家得到了发展，多用在公共健康的各个领域，包括：疾病预防、营养教育、家庭计划、青少年性教育等。

上海的同伴教育主要应用于社区戒毒康复服务领域，2003 年第一条戒毒热线——"叶子戒毒热线"建立，2004 年闸北区启动女子戒毒沙龙项目活动，其间经历了由沙龙活动向项目制、工作室运作的形式衍化；从社区层面向就业基地、强戒所内的拓展（叶雄等，2016）。"涅槃重生同伴辅导教育小组"和"海星同伴巡讲项目"是同伴教育发展过程中的标志性服务。

"涅槃重生同伴辅导教育小组"的具体内容主要包括两个方面。一是同伴辅导员的培养。在这一过程中，机构旨在培养一批已经成功戒毒康复并愿意奉献自己，愿意为其他正在戒毒的人员提供帮助，成为他们的学习榜样的同伴辅导员。二是开展多种形式的同伴教育活动。该部分主要开展多形式的同伴教育活动，包括小组活动、同伴信箱、同伴之窗等。"涅槃重生同伴教育辅导计划"项目实施以来，成效非常显著，项目所培养的同伴中，

操守率达 93.3%，同伴辅导员操守率达 94.4%；所培养的同伴中，64.52%
的自信心得到了提升。此外，该项目也带动了 387 名药物滥用人员接受戒毒
康复（叶雄等，2016）。

"海星同伴禁毒巡讲项目"由成功戒毒康复以及有意愿参加禁毒志愿服
务的康复同伴组成，主要通过参与巡讲的同伴群体分享自身在"吸毒—戒
毒—康复"这条路上的经历，让社会各阶层和各领域的群体了解毒品的危
害以及应当具有的防范意识，也让正在进行戒毒康复的人群坚定戒毒的信
念。该项目实施三年来，足迹遍布了戒毒所、学校、商务楼宇、社区，共
完成了 252 场巡讲。这其中包括 219 场社区演讲、15 场进校巡讲、5 次商务
楼宣传、10 次戒毒所巡讲以及 3 次 "6·26 国际禁毒日"大型活动。此次
巡讲完成了约 1.2 万份的问卷调查，受众群体达 4 万人，培养了一支康复同
伴禁毒巡讲队伍，打造了一个禁毒宣传的品牌（上海市禁毒志愿者协会，
2017）。

对于戒毒人员来说，在开展禁毒社会工作中运用同伴教育使其改变了
自我认同，获得了榜样的力量和同伴间的支持，增强了戒毒信心，提高了
抵御毒品诱惑的能力；使其体会到了小组的魅力，超越了个人利益，萌生
了集体荣誉感和团队归属感。而对于同伴辅导员来说，生命意义的重新建
构是同伴教育活动带给他们的最大功效。当他们对自己的生活有了新的定
义，对自己的生命价值赋予了新的意义时，他们内心会激发出戒毒康复的
巨大动机。同伴间相互支持、相互担当的团体动力，帮助他人、服务社会
的崇高责任和使命，使他们获得了保持操守、实现持久康复的巨大能量。

（二）篆刻艺术疗法在禁毒社会工作中的运用

艺术疗法是以艺术活动为中介的非语言性心理治疗，通过艺术让患者
产生自由联想来帮助患者从内外环境中找到和谐关系、稳定和调节情感、
消除负向情绪、治愈精神疾病，以获得人格成长和发展的一种心理治疗方
法（彭善民，2010）。当前，瑜伽、绘画、音乐等各种艺术形式被应用于不
同的领域，这些艺术方式能够给处于困境的群体以帮助。

篆刻艺术疗法是由康健希望印社的社工所创建的，旨在通过开展小组
的形式教授小组成员篆刻艺术，在此过程中不断提升小组成员的自制力和
自信心，从而达到戒毒康复目标的一种艺术治疗。通过篆刻，戒毒康复人
员在其心理康复、人格完善和操守保持方面都有了很大的改善。参与篆刻

艺术小组及其相关的活动，使小组成员重拾生命的意义，促使其自我价值的实现。此外，由于参与篆刻小组的人员都是戒毒人员，同伴之间的榜样力量、相互扶持与帮助，也能够增强组员之间的凝聚力。

篆刻艺术小组是艺术疗法的一种创新，也是禁毒社会工作本土化的一种形式，体现的是治疗与发展结合型戒毒社会工作取向（彭善民，2010）。篆刻艺术小组一方面使戒毒人员更加坚定了自己戒毒的信心，重拾对美好生活的向往，体现了艺术疗法的治疗价值；另一方面，学习篆刻技术，使戒毒人员拥有了一种新的手艺，为其生存提供了实质性的帮助，促进其自我价值的实现，体现出发展的功能。如果说治疗取向是基于社区戒毒案主的"病人"假设，那么发展取向则更多地体现了案主"能人"假设的理念，只有这种治疗与发展相结合的思路才可能契合戒毒康复人员的真实需求（彭善民，2010）。

（三）平行小组在禁毒社会工作中的运用

平行小组是小组工作的一种形式，旨在通过群体活动或经验，帮助参与者成长和发展，主要是指两个分开但同时进行的小组，通过联合活动，如实践练习、互相配合的小组活动内容和进度、联组活动等，从而实现小组目标（高殿林，2015）。

为了改善药物滥用者的家庭互动方式，解决他们与家庭成员之间存在的沟通、信任等一系列问题，使其能够获得较为强有力的家庭支持，上海市自强服务总社经过一连串的探索与实践，成功将平行小组工作方法运用于戒毒康复过程中。平行小组主要由两部分人员构成，一部分是药物滥用人员，另一部分是药物滥用人员的家庭成员。在小组开展过程中，社工将根据小组成员存在的问题及需求制订活动计划，针对药物滥用人员所组成的小组，主要是增强他们的戒毒信念，形成小组同伴互助关系，获得家庭成员的支持与信任等；针对药物滥用人员的家庭成员所组成的小组，主要是改变他们对于药物滥用人员的看法，提升他们照料药物滥用人员的能力，构建与禁毒相关的知识储备体系等。平行小组的开展过程中，将适时开展联合活动，加强两个小组之间的沟通，逐步实现短期、中期、长期的目标。

对于药物滥用人员来说，平行小组的开展一方面增强了其戒毒信念，使其获得了小组同伴的支持，另一方面改变了家庭成员对他们的不信任状态，使其获得了良好的家庭支持，其社会支持网络进一步完善。对于药物滥用人员的家庭成员来说，参与平行小组改变了他们之前的错误观念，增加了他们对药物滥用人员的信任，提升了后续照顾的技能。此外，参与小组的家庭之间也实现了一定的互动与互助，获得了更多的支持。平行小组工作方法运用于戒毒康复过程，成功协助组员（成瘾者与家属）走出自我封闭状态，为服务对象与家人提供了互动沟通的渠道和机会，增进了双方之间的了解和理解，实现了共同改变，改善了家庭沟通模式、质量，进一步促进了药物滥用人员的康复过程，是本土禁毒社会工作的一种创新。

四 禁毒社会工作的本土化探讨

上海市禁毒志愿者协会开展的一系列"同伴教育"项目和上海市康健希望印社开展的"篆刻艺术疗法"以及上海市自强服务总社开展的"平行小组"等具体实践，在一定程度上都体现了对禁毒社会工作本土化的探索和创新。结合以上几种社会工作的具体服务过程，在当前学者已有研究的基础上，关于进一步探索禁毒社会工作的本土化，笔者将从以下几个方面进行论述。

（一）完善同伴教育辅导员的人才培养机制

戒毒康复人员在同伴教育过程中担任同伴辅导员有以下几个方面的好处。首先，发挥榜样的作用。在开展禁毒社会工作的活动中，同伴辅导员作为戒毒康复的过来人，能够让参与戒毒的人员看到成功戒毒的希望，坚定他们的信心。其次，增强同伴辅导员的信心和能力。同伴辅导员参与禁毒社会工作，不仅对戒毒人员有一定的帮助，对辅导员自身也有一定的好处，使其能够在参与过程中找到生命的意义，并且能够发挥自己的价值。最后，同伴辅导员能够与戒毒人员建立有效的关系。作为拥有相同经历的人，能够使同伴之间的沟通更为有效，有利于建立良好的专业关系。

目前，对参与禁毒社会工作的同伴辅导员的培养虽然已经得到了一些机构的重视，但还未形成一套完善并且较为规范的人才培养机制。基于此，笔者认为，在培养同伴辅导员时，应从戒毒所开始考察，由社工选取有意向并且性格等各方面都更为符合从事公益服务的人员；在戒毒康复过程中，社工除为其提供康复服务外，也应当挖掘其优势与潜能；在戒毒康复后，应不断培养其专业素养，为其链接相关资源，提升其能力。此外，也应建立起一套较为完善的考核机制与用人制度。

（二）注重"仪式"在项目活动中的运用

仪式是"组织化的象征活动与典礼活动，用以界定和表现特殊的时刻、事件或变化所包含的社会与文化意味"。从现象上看，仪式是被一个群体内的人普遍接受的按某种既定程序进行的身体的活动与行为。与传统习俗类似，仪式经常固定地、重复地在某个时间或某一特定情况下举行，并且承载着某种象征意义（张兵娟，2012）。

在禁毒社会工作相关活动的开展过程中，特别是在戒毒康复人员回归社会的过程中，应注重"仪式"的运用。以上海市戒毒康复人员为例，机构会定期为戒毒康复人员举办相关的纪念活动，让其感受到自己有一个新生命的开始，让他们感受到自己是被关爱的，是被社会所接纳的，进一步提升他们的信心。郑诚提出，在运用"仪式"时，社工应使此过程对参与者有情绪上的感染力，并且应该有社区的参与即有局外见证人，同时应该把重点放在面对过的挑战和对回归人员的肯定上。在举办"仪式"方面，应将重点放在回顾康复人员为新的开始所付出的努力上，让其体会到自己的价值所在。

（三）建构服务对象的生命意义

对于戒毒人员来说，其前期吸毒的经历以及在强戒所的过往，会使自己失去生活的方向，找不到生命的意义。为此，社工在对戒毒人员提供服务时，不仅要增强其戒毒信念，让戒毒人员远离毒品，也要积极为其建构生命的意义。以上海市禁毒志愿者的同伴教育和康健希望印社的篆刻艺术疗法为例，同伴教育中的同伴辅导员工作的开展，使戒毒康复人员发现自己具有帮助同类群体的能力；而在开展的巡讲项目活动中，同伴群体通过不断向社会各界分享自己的戒毒经历达到禁毒宣传的效果，也使同伴群体重新认识自己，肯定了自己对社会的贡献。康健希望印社所开展的篆刻艺术疗法，使小组成员不仅成功戒毒康复，而且在篆刻方面获得了一定的成就，寻找到了生命的意义。为此，社工在开展活动过程中应注重对服务对象生命意义的建构。

（四）拓展服务对象的社会支持网络

社会支持网络理论把个体与各种社会关系的交往视为一种相互关联的

网络，在这个网络中，个体获得各种正式或非正式的社会支持，从而获取社会资源（周湘斌、常英，2005）。对于戒毒人员来说，其吸毒的经历会使自身失去原有的社会关系，其社会支持网络也会呈现不完整的状态，这将在一定程度上阻碍其回归主流社会，从而降低其戒毒康复的信心，最终可能导致其"重蹈覆辙"。为此，为戒毒人员建立较为完善的社会支持网络，让其获得正式与非正式的社会支持就显得尤为重要。因此，在开展禁毒社会工作时，社工应拓展服务对象的社会支持网络，除了为服务对象争取获得更多的来自政府、社会组织、社会机构等的正式支持，还应改变戒毒人员与其家庭成员之间的互动方式，积极开展同伴互助，从而获得良好的家庭和同伴等方面的非正式支持。

五 总结和反思

社会工作作为禁毒戒毒方面所不可或缺的力量，在今后的社会发展过程中，终会起越来越重要的作用，而如何能够使禁毒社会工作更加符合各地的发展需要，进一步地促使其本土化仍是社会各界应当继续探索的领域。本文在结合上海市在禁毒社会工作服务开展方面较有代表性的机构的具体实践的基础上，对同伴教育中同伴辅导员的培养、项目活动开展中"仪式"的运用、服务对象的生命意义的建构以及服务对象的社会支持网络的拓展等提出了一些看法，探讨了禁毒社会工作的本土化。由于笔者的学术水平和知识储备的有限以及考虑因素的不健全，对各方面的分析可能存在不合理之处，对现实生活开展服务中的具体情况缺乏一定的论证，还有待进一步探索。

参考文献

曹霞，2007，《"小组社会工作"方法在本土禁毒社会工作中的应用》，《中国药物依赖性杂志》第 5 期。

范志海，2011，《禁毒社会工作的本土化经验及其反思——以上海为例》，《华东理工大学学报》（社会科学版）第 5 期。

房红等，2010，《国外禁吸戒毒模式述评》，《云南警官学院学报》第 1 期。

费梅苹，2017，《本土化视野下社区戒毒康复社会工作服务研究——以上海同伴教育为例》，《华东理工大学学报》（社会科学版）第 1 期。

高朝霞，2009，《对国外戒毒模式的借鉴与探索》，《中国司法》第 3 期。

高殿林，2015，《亲子平行小组在智障青年家庭亲子关系中的应用研究》，硕士学位论文，华中科技大学。

候婷，2016，《小组工作在社区戒毒者再社会化能力提升中的应用研究》，硕士学位论文，贵州大学。

李晓凤、马瑞民，2014，《我国戒毒社会工作的发展历史及实务运作模式初探》，《社会工作与管理》第 6 期。

李新华，2008，《"回顾怀旧法"在禁毒社会工作中的可用性》，《中国药物依赖性杂志》第 1 期。

刘仁菲，2016，《论美国戒毒模式的经验和启示》，《云南警官学院学报》第 3 期。

彭善民，2010，《篆刻艺术小组：戒毒社会工作的本土创新》，《福建论坛》第 7 期。

上海市禁毒志愿者协会，2017，《海星同伴禁毒巡讲团社区三年行项目结项报告》。

王瑞鸿，2007，《综合支持：上海戒毒社会工作的本土实践与创新》，《上海青年管理干部学院学报》第 1 期。

杨细桂，2014，《中英两国戒毒模式对比》，《特区实践与理论》第 2 期。

叶雄、张昱等，2016，《禁毒社会工作同伴教育服务模式研究——上海实践》，华东理工大学出版社。

张兵娟，2012，《互动仪式中的情感传播及其建构——以〈中国好声音〉为例》，《新闻爱好者》第 24 期。

张晴，2014，《中外戒毒资源配置比较》，《云南警官学院学报》第 2 期。

赵芳，2015，《社区戒毒社会工作模式的探索与实践》，《社会工作与管理》第 5 期。

赵环，2008，《刍议个案管理模式在禁毒社会工作中的运用》，《社会工作下半月》（理论）第 8 期。

周湘斌、常英，2005，《社会支持网络理论在社会工作实践中的应用性探讨》，《中国农业大学学报》（社会科学版）第 2 期。

都市社会工作研究　第 4 辑

第 210～233 页

© SSAP，2018

社区矫正社会工作的专业化发展历程研究

——基于 12 名社会工作者的访谈资料分析

向丽虹[*]

摘　要　本研究以社会工作为出发点，以社区矫正为落脚点，以专业化为着眼点，运用定性研究方法，通过研究社区矫正社工在专业化实践中的主体性感受和体验，探索社区矫正领域中社工的专业化发展的历程。研究发现，上海市社区矫正社工专业化发展历程可以分为三个阶段，分别是萌芽期、探索期和成长期，这是由内外因素的影响而成的。本文建议为社工助力，增强其专业化信念；加强政社对话，发挥政策在专业化发展中的推动作用；走本土化道路，以本土化带动专业化的发展。

关键词　专业化　主体性感受　社区矫正社会工作

一　研究背景

1. 问题的提出

2003 年 7 月 10 日，最高法、最高检、公安部、司法部联合印发了《关于开展社区矫正试点工作的通知》，并部署上海、北京、江苏、山东、天

---

*　向丽虹，重庆工程学院辅导员，主要研究领域是矫正社会工作、学校社会工作等。

津、浙江开展全国社区矫正试点。2012 年 1 月 10 日，最高法、最高检、公安部、司法部印发《社区矫正实施办法》的通知，对社区矫正执行体制、执行程序、矫正措施、法律监督等主要问题做出了相关规定，确保社区矫正工作在全国范围内的推行更为顺畅。2014 年 11 月 14 日，司法部、中央综治办、教育部、民政部、财政部、人力资源和社会保障部颁布了《关于组织社会力量参与社区矫正工作的意见》，提出加强矫正机构和队伍建设，切实提高社区矫正工作水平。政策法规的施行，为社区矫正社会工作服务的施行保驾护航。

上海市作为首批社区矫正试点地区之一，以"政府主导推动，社团自主运行，社会多方参与"为总体思路，管理体制分为市、区、街道/镇三个层面。市级层面由市政法委牵头成立上海市社区矫正工作领导小组，领导小组下设办公室负责全市社区矫正工作；区级层面由区司法局矫正（安帮）科承担具体业务指导；街道层面由司法所负责开展社区矫正；三级层面以"条块结合，以块为主"的体制推进矫正工作（陈楠，2011）；形成了独特的"上海模式"。社工在这个系统中发挥了非比寻常的作用；但同时也可以看到社工在专业化发展过程中暴露出的一些不足、不协调的地方。因此，对社工的专业化发展历程的研究，社工自身专业化水平、工作能力、经验积累等就显得无比重要。

2. 研究问题

基于已有研究和本研究的目的，本次研究主要集中探讨以下问题：上海社区矫正社工的专业化发展历程是怎样的？每个阶段具备哪些不同的特点？他们对专业发展的不同阶段的感受和理解有哪些？具体而言，第一，运用了哪些专业方法和技巧？运用的过程是怎么样的？什么因素影响了这种变化？第二，社会工作服务的目标是否存在变化，如果是，变化的过程如何？第三，服务内容的变化过程是什么？影响变化的因素有哪些？第四，社会工作伦理价值的本土化具体情况如何？影响因素有哪些？第五，服务过程运用的理论有哪些？运用情况如何？有效的工作模式有哪些？影响因素是什么？

3. 概念界定

（1）社区矫正

2003 年 3 月，司法部原部长张福森对社区矫正做出如下界定："我们所讲的'社区矫正'是与监禁矫正相对的行刑方式，是指将符合社区矫正条件的罪犯置于社区内，由专门的国家机关，在相关的社会团体和民间组织以及社会志愿者的协助下，在判决或裁定规定的期限内，矫正其犯罪意识和行为恶习，并促进其顺利回归社会的非监禁刑罚执行活动。"（汤啸天，2004）

（2）专业化

张贵新认为专业化包括两个方面的过程，即作为改善地位的专业化；作为发展、扩大专业实践中专业知识和改善其专业技巧的专业化（李峰，2012）。施险峰认为，"专业化"主要是"指根据一定专业的特点与标准，来要求和规范一个普通职业群体，以求这个职业群体不断提高从业能力，并争取专业地位，使其所从事的行业成为一种专门职业的过程即职业从普通职业发展成为专门职业的建设过程"（施险峰，2006）。综上所述并结合研究的目的，专业化指的是从职业逐步转变为专业的一个过程，一方面包含社工的专业方法和技巧、本土化理论和工作伦理的提升过程，另一方面包含社工的服务内容、服务目标的变化过程。

（3）社区矫正社会工作

赵玉峰等人提出"社区矫正社会工作"是指在社区矫正这一刑罚执行和社会福利过程中开展的，运用专业的知识和方法，帮助矫正对象恢复社会功能，促进矫正对象融入社会的职业活动（赵玉峰、范燕宁，2012）。郭伟和提出"社区矫正社会工作"就是把社会工作的理念、理论和实践模式运用到社区矫正工作中而产生的一种特殊的社区矫正模式（郭伟和，2005）。

二　文献回顾

1. 专业化的内涵理解

Abraham Flexer 提出几条标准：本质上的智力性活动、伴随着宏观层面的个人责任、从科学和知识中提取构成自身的理论材料、具有明确的实践性目标、可以通过教育的方式传授专业技巧、自我组织化、组织呈现利他性动机（亚伯拉罕·弗莱克斯纳、胡杰容、邓锁，2013）。Weiss 和 Welbourne P. 总结专业化的八个特质：公众认知、专属工作领域、专业自主性、知识基础、专业教育、社工组织、伦理标准、专业声誉及薪酬（Weissgal，Welbourne，2008）。费梅苹把社会工作的专业内涵发展的内容列为：专业方法的发展、社会工作目标的变化、服务领域和内容的拓展、本土化实践下的理论提炼等（费梅苹，2014）。基于上述分析，笔者将专业化的内涵表述为：专业方法和技巧、服务内容、服务目标、本土化理论和工作伦理。

2. 关于社会工作专业化的研究

（1）英国

英国社会工作专业化的主要特点：政府部门在社会工作专业化过程中发挥着主导作用；社会工作主要向政府部门寻求合法化；社会工作被定位为一门社会服务技术；社会工作的专业化发展水平比较低；社会工作专业化发展的动力不足（柴定红，2009）。

（2）美国

美国进步时代最重要的社会现象是社会结构分化加深和社会劳动分工加细，专业概念、专业社会使命、社会工作概念、社工专业发展、社工专业教育和社工专业实务发展的结果是社会工作由志愿慈善公益服务战略升级为专业化个性化社会服务，由非专业发展为半专业，由半专业升级为真正的专业，社会工作专业发展迈出实质性和革命性步伐，意义重大（刘继同，2013）。

（3）中国香港

香港的社会工作虽然历史上受英国社会工作专业化发展模式的影响，但其后的社会工作专业化发展逐渐走出了英国的模式，形成了自身特有的集英美社会工作专业化发展模式之优势的新模式，即以社工为主体、政府主导和市场运作为机制的三者协调结合形式。正是香港社会工作专业化发展的新模式，促使了其社会工作的发展比英美社会工作的发展有更大的优势和更广阔的空间（王菲、王福山，2014）。

（4）中国内地

在我国内地学术界，关于社会工作专业化论述主要是围绕以下几个方面展开的。第一，关于社会工作走专业化道路之必然性的探讨。第二，借鉴西方国家或者港台地区社会工作专业化发展的历程、实务模式的演变以及对内地社会工作专业化的启示，对社会工作专业化发展历史的探究；对西方社会工作理论脉络的梳理；对西方社会工作伦理价值的适应性研究等，尝试为中国社会工作专业化建设的制度保障、运行机制和实务体系等问题指明方向。第三，从制度保障的角度探讨如何促进我国专业社会工作的发展。第四，社会工作专业化与本土化之间的关系，从中国地区差异的角度出发，针对不同的政治、经济、文化等情况，从地区经验的角度反思专业化。第五，通过职业化的发展来推进专业化。在本土化基础上的专业化，即将西方专业社会工作理论、技巧与方法与本土性社会工作进行整合，从而发展出具有中国特色的专业化社会工作。第六，不同的专业化发展路径。路径之一为嵌入性的发展观，即通过西方专业社会工作在中国本土情境中的良好嵌入而实现我国社会工作的专业化发展；路径之二则为建构性的发展观，即认为我国社会工作的开展是不同的动力因素及其相互之间的互构关系共同建构的结果；而继续推进我国社会工作专业化的发展必然需要集合国家、公众、教育、社工群体等各方面的力量。

3. 关于社区矫正的研究

社区矫正在我国付诸实践后，学者们开始对社区矫正的工作进行反思、总结经验、指出问题，目的在于促进社区矫正各方工作更加完善，使行刑效果更加理想；如此一来，对社区矫正的专业化研究初见端倪，目前国内对社区矫正的专业化研究主要是从刑罚执行、矫正社会工作和宏观的社会环境等方面展开，讨论内容主要集中于社区矫正的目的、理念、制度、价值观、队伍建设、地方模式、国外模式、存在的问题、提出的建议以及少许的社区矫正社会工作发展研究。

而在这其中，不得不提到"北京模式"和"上海模式"，这是在我国社区矫正实务中最有影响的两个模式。靳利飞认为"北京模式"和"上海模式"在工作手法上有很大的不同："北京模式"主要采用了分阶段教育工作方法，注重以管教的方式从心理层面进行矫正；"上海模式"则从刑罚方法与措施、犯罪两个方面对矫正人员进行了分类管理，并采用了"三大板块五大基地"的实践形式，更注重工作中采用的社工手法，比如对尊重、接纳、平等、助人自助等理念的贯彻（靳利飞，2009）。

已有研究进行了较为广泛的讨论，但是，仍然存在以下几个方面的不足。第一，大多数研究将社会工作看作一门学科或一种职业，主要是从制度设计或制度保障层面来探讨如何促使其成为一门专业；因此，相对缺乏将社工当作一个切入点并将专业化水平和社工的主体性感受相结合去反思其具体的专业化发展过程。第二，已有研究基本上是静态的研究，缺乏对我国社工发展历程的梳理。虽然有学者从服务理念、工作目标、人才队伍、服务领域以及工作技巧等方面的变化展示了专业化建设所取得的成就，但对于理解社工的专业化发展如何受到了不同时期政治、经济、社会制度的影响，以及不同主体在其中的能动性作用发挥如何，仍然存在一定的局限性。第三，现有的研究，缺乏对社工专业化进行回溯性的研究以及其专业能力提升的过程性研究。

三 研究方法

1. 研究方法

质性研究方法。质性研究是一种着眼于研究者和被访者，对日常生活世界中意义的描述和诠释。在日常生活世界中，无论是客观的描述还是主观的诠释，都牵涉到语言的问题，因此，日常语言分析及语意诠释，提供了了解客观世界或主观价值体系的媒介。同时在研究过程中，研究者与被访者间的互动关系以及意义的分析与理解，本身就是较复杂的符号互动过程（陈伯璋，1989）。

2. 研究场域的选择

上海市作为首批试点的六个省（市）之一，积极开展探索，各区（县）均设立了专门的社区矫正工作机构，社区矫正工作的开展走在全国前列，积累了丰富的实践经验，这为本研究提供了很好的素材和样本。

3. 研究对象的选择

根据研究问题和内容的需求，本研究的研究对象为在上海市社区矫正领域有超过十年工作经验的社工，具体研究对象的选择采用的是目的性抽样，根据不同工作区站、不同工作年限（至少为十年）、不同学历的矫正社工，目的在于对上海市的社区矫正服务领域有一个全面的了解和认识，进而分析其专业化发展的过程。

4. 具体过程

根据滚雪球的方式选择研究对象。由于笔者曾经在社区矫正机构实习过，接触过一些矫正社工，也有一定的联系，这些社工在了解本研究之后，愿意作为本研究的对象；通过他们介绍其他与本研究目标相契合的研究对象。另外，寻求区工作站站长的帮助，请他们介绍一些符合要求的社工，在征求社工同意之后，进行访谈。研究对象的数量选取标准为研究资料饱和，本研究最终选择了4个区共12名社工作为本研究的对象。研究对象的基本情况如表1所示。

表 1 受访对象基本信息

序号	编号	年龄（岁）	性别	从业年限（年）	专业	职位
01	DJ01	46	男	12	行政管理/社会工作	站长
02	DJ02	48	女	12	社会应用心理学研究生	副站长/一线社工
03	HX01	35	女	11	社会工作	一线社工
04	HX02	41	女	13	法学	一线社工
05	HX03	37	女	13	法学	一线社工
06	KH01	46	女	12	英语专业	副站长
07	KH02	36	女	12	法学	一线社工
08	KH03	35	男	12	法学	一线社工
09	KH04	45	男	11	机械设计/法学	一线社工
010	DP01	35	女	13	法学	业务副总
011	DP02	34	女	12	社会工作（大专）	专业干事
012	DP03	35	女	13	法学	一线社工

注：本研究的研究对象的编号形式为"访谈地点代码 + 访谈顺序"；工作年限截止时间为
2016 年。

四 社区矫正社工的专业化发展萌芽期

本文从社工的职业选择、主体性感受以及初进社区矫正领域的专业化
的呈现过程，以此描绘出社工初进社区矫正领域的真实情景。本阶段主要
是指上海市出现社工至 2005 年这段时间。

1. 社工的入场

哲学家罗素曾经说，选择职业是人生大事，因为职业决定了一个人的
未来，选择职业就是选择未来的自己（刘红霞，2012）。

（1）专业出身的主动选择

推行社区矫正的初期，少部分高校已经开设了社会工作的课程。自身
所学专业跟职业选择相结合，专业出身的大学生更愿意进入社区矫正这个
场域；面对熟悉的专业词汇和工作内容，也更容易感受到这个工作所带来
的成就感，对自己的工作更有自信。

（2）换种环境的心态

改革开放之后，在快速发展的上海，不少行业经历了变革，部分行业
逐渐兴盛。新兴行业的出现，也吸引了一部分人的眼光，为其添砖加瓦；

社区矫正就成为其中的一个新兴行业。

（3）政府招聘的诱惑

社区矫正发展过程中，推行的是"政府主导推动、社团自主运作、社会多方参与"的理念，在相关职能部门的积极宣传之下，各行各业的社会人士会关注；并且在中国的社会语境下，政府代表着一种权威、正式和稳定，人们会虔诚地相信政府的行为。

2. 积极初探的专业化轨迹

（1）简单的专业工作方法和技巧

> 十几年前的话，我们社工还是比较重视个案，其实说个案，其实那个时候也是自己做自己的东西，并没有用到书本上的东西。（KH01）
>
> 应该说，在最早的时候，是不敢在对象中做小组的……在对象当中不做的，在我们社工当中做的。（DJ02）

个案作为社区矫正探索的第一个专业工作方法，从理论逐步走向了实践，却是在一条没有专业性指导的道路前行；小组作为全新的工作方法，在中国内地还没有多少人进行实践探索；一方面，知识储备不够，实践经验不足；另一方面，矫正对象的特殊性，害怕交叉感染。极少数社工秉着对专业的热爱和期望，尝试在社工群体中开展活动，这就打开了小组工作在社区矫正领域中的实践大门。

（2）行政化的工作目标

> 我认为从一开始，大家都是围绕重犯这个目标来开展工作的。因为当时很多文件都是这样写的。这是没有办法，因为这是我们的对象决定的。（KH01）
>
> 那时候的目标其实无论是矫正也好，还是刑满释放的安置帮教也好，那时候的目标其实是一致的，就是要没有重犯。（DP03）

社工并不应仅把预防重犯作为工作目标，而应该更加注重矫正对象的个体变化，对其进行思想、行为、心理的矫正，从根本上解决违法犯罪的问题，使其顺利回归社会。但在这个阶段，他们缺乏经验和专业知识的指导，并没有尝试着去探索新的方面，仅仅围绕着"不要重犯"开展工作。

此时的工作目标相对较单一，在某种程度上，也是由于专业化发展的不足。

（3）辅助性的服务内容

> 那个时候没有像现在有矫正实施办法嘛，就说要管理好这帮人，怎么管？没有具体的规定，一个月需要他们完成什么东西，都不知道，大家都很迷茫的，整天都不知道该干些什么；就觉得对他们管得比较松散。因为你没有那个（法律法规），就是没有手段的嘛，不像监狱里面，你不行，我要惩罚你，给你加刑，或者怎么样的，我们这边没有。就是说，我叫你来你不来，我也没办法。你不来我有什么办法，对吧，你不要给我工作，我也没有办法。（HX03）

社区矫正的主要内容是协助服刑、缓刑或者假释、感化教育期间的罪犯或者行为偏差者认清自我，改造或矫正行为模式，重建符合社会规范的生活方式，回归社会，并成为所在社区的一员（张乐天，2005）。

没有正式的规章制度出台，服务内容没有明确，社工缺乏开展工作的正式依据。所以，他们处于一种混沌、迷茫的状态。没有成熟的经验模式和正式的法律法规，初期的工作开展是艰难的。

（4）新鲜的本土化理论

> 实际上2003～2004年的时候，那时候的理论都是拿来主义，很多都是外面引进的一些东西，一直想把它本土化，符合中国特色的专业理论，但是我的体会就是做事情的时候是乱拳式，只要能把这个问题解决，什么理论都可以套用。（DJ01）

"拿来主义"是众多社工在本阶段对理论的理解。为了让自己的文字材料看起来更加专业、漂亮，会在其中添加部分社会工作的理论；但这仅仅是文字的堆叠，更多的是表面工作，为了工作的面子工程而勉强地运用一两种理论，缺乏目标取向。

（5）熟悉的工作伦理

> 我觉得这个（伦理）主要是平等兼爱啊，就是我们从来没有什么，基本上，除非情绪太恶劣，基本上我们没有什么看不起他们，就跟我

们一样的。因为不仅仅是这份工作，更重要的是我们都是平等的人，根本没有思考过所谓的工作伦理。（HX03）

中西方社会工作"爱"的思想的相通性、工作思想来源的相似性以及中国文化兼收并蓄的特性，促成了社会工作伦理本土化在中国进行的文化条件（徐亚丽，2011）。在中国传统思想的影响之下，加上传统教育的积累，坚持"平等、有爱、接纳"社会工作伦理，也为建立良好的关系打下了坚实的基础。

3. 知识浅与干劲足：社工主体性感受的积极起点

（1）满怀热情的投入

> 做社工了，做社工一开始是兴致很高。2005 年，那个时候，还利用自己的时间跑去对象家里宣传。那个时候对社工不是很了解，包括同事、同学、好朋友都会，只要有空，有空隙，我就会宣传社工的理念。那个时候还搞赞助，还搞资源，还整合资源。那个时候的社会，我们专业的东西，尽管学了，还是没有把理论和实践结合起来，但是，我非常有热情，愿意去做很多的事情，即使没有那么专业的东西。（KH04）

热情能够让人很快投入一件事情，但专业的才能让一件事变得持久。非专业出身的社工，抱着对社区矫正极高的热忱，积极尝试运用社工的部分专业方法和理念去实践，希望自己的工作能够为别人带去帮助，实现"助人"的目标。这一批作为中国内地社区矫正实践的先锋队伍，在专业知识几乎为零的情况之下，面对这份职业和工作依旧充满着信心。也正是他们的这份投入和认真，才成就了现在社区矫正的发展。

（2）现实阻挡不了的信心

> 2005 年嘛，我记得很清楚，那个时候，招聘进来的社工们，那个时候，站长说，你是科班出身，你要做专业的东西，我还是信心满满，一进来，不对，完全就是行政化的，真的就是完全行政化的东西，哪怕连个案里面都没有涉及社会工作的工作方法。做的一套跟写的一套完全是不一样的。（HX01）

　　作为专业出身的社工，出于对专业的热爱和领导的期许，希望展现自己的所学知识，展示出自己的不同之处。但是，实际工作与理想职业的脱节，慢慢有了一种不相适应的情绪出现，第一次感觉到理论和实践的差距、专业工作和行政工作的不相容。即使在这样的情况之下，他们对专业工作依旧满怀信心。

　　在政府和政策的支持下，社工正式开始社区矫正工作，对这份工作充满了热情和激情，其中也有一定的不适感。在本阶段，社区矫正还处于萌芽阶段，社工比较注重行政工作，对专业的理解较浅，尝试较少；他们对专业知识的理解更多地停留在书本上，没有多少机会和能力将专业知识耕作于实践服务中。

五　社区矫正社工的专业化发展探索期

　　2008 年对推进社区矫正工作提出了明确要求；2009 年明确了"教育矫正、监督管理和帮困扶助"任务。在宏观政策不断完善的情况之下，社工的专业化又有什么样的变化？根据社区矫正社工的主体性感受和专业化水平，本阶段主要指 2006 ~ 2010 年这段时间。

1. 逐渐深入的专业化轨迹

（1）扩展的专业工作方法和技巧

　　　　因为我是基层出生，是自上而下的要做小组，那个时候，领导有很刻意的要求。2008 年底就是摸索做比较正规的小组工作，做了一个关于摄影的，把我们周边的一些摄影爱好的对象组织起来，搞了一个摄影的沙龙。我们就是这样子尝试一些小组工作。（DP02）

　　领导的专业思维会在一定程度上影响社工的专业发展，通过自上而下的推动，让他们有一种压力和动力去开展专业服务；此时的小组工作进入社工的服务领域，让他们能够在日常工作中有新的工作方向，愿意去尝试；可以看出他们对于专业工作的渴望。

　　　　如果说技巧的话，我觉得可能是建立良好的关系吧。可能有一天，建立专业关系之后，取得信任之后，会说在什么情况之下，是在什么

样的心理状态之下，然后是发生了这样的事情。（DP03）

　　建立良好的关系就好像能打开封闭已久大门的钥匙。建立良好的关系，让社工跟服务对象之间的关系变得更加融洽、和睦，促进矫正对象放下心中的戒备，以平常心态交流，让他们有机会自省，认识到自己的错误，为解决问题提供重要的契机。

（2）多样的工作目标

　　其实很少有人问。其实从大的工作目标来说，让他们平稳地度过矫正期，不要出现什么大的问题，但是从我个人而言，除了大目标之外，我希望是在这个过程中，人的本质素质有所提高。（DJ01）

　　社工慢慢发现行政工作与专业工作需要结合。社工在必须完成的行政工作之余，把专业目标添加进去，让矫正对象能够真正学到一些东西，提升素质，更好地融入社会。

（3）深化的服务内容

　　服务内容，我们开始关注情绪管理啊，沟通技巧、亲子关系方面的。希望在这些方面为他们提供一些服务。因为大家的关注点逐渐转移啦。（KH01）

　　随着专业化水平的提升，社工的关注焦点从矫正对象转向服务对象的家庭，从对矫正对象的物质帮助转向关注交往技能、情绪管理等方面的服务，服务的内容越来越广泛、深入，也能够帮助服务对象解决一些问题。这不仅是专业服务的改变，也是专业能力的提升，更是专业化发展的必要阶段。

　　开一些小组，让他们孩子、对象一起来参加。我们会有某一个点，通过小孩子得到关注，让矫正对象感受到社会的温暖也好，或者说我们对他们的支持也好。（DJ01）

　　从室内活动走向室外，扩大服务对象范围，转移矫正人员关注点，让他们感受愧疚、温暖。改变专业服务思维，社工的服务内容发生质的变化，也预示着服务方面取得新进展，服务内容更加丰富，在专业化的道路上迈进一步。

（4）艰难的本土化理论

> 虽然社工发展了几年，应该是有一定的变化的。但是呢，其实我们没有什么技术含量，也不会点出问题在哪里，如何去改变。家庭模式改变，家庭沟通要改变，这才是我们的专业，但是你真的和对象说，你怎么说，你不能这么很专业化地说，很官方地说，还是本土化的东西，我们现在触及问题，用一句俗话，乱拳打死老师傅，瞎抢，没有什么套路的，达到你的就是好的，写文章怎么办。就是没有一个主线，例如，家庭结构治疗，家庭结构模式的改变，沟通方面的，我对这个问题的出现，没有主线，什么好的就用什么，就是杂，杂家，没有什么真正的传统的套路，那么写文章的时候，我好像用过这条线，就写这条线，带着回忆色彩的，带着回忆录的色彩。（KH04）

社会工作理论对社会工作从业人员解决案主问题能力的培养产生着重要影响，社会工作是解决社会问题的（李迎生，2008）。但是，在实际的工作中缺乏系统的运用和精髓的传承；并没有把理论作为解决问题的支柱；就会变成为了用理论而用理论；这体现出矫正社工们对专业理论的追求，对专业理论的认可；另外，缺乏理论的指导，服务所体现出来的是不问过程只求结果的"乱拳打死老师傅"的局面，对理论的信任度降低，实用性会下降。

> 我有一个特别好的案例，就是用家庭模式，开发了他的潜能……自己做了老总以后，生了孩子以后，就开始回报社会啦，现在有钱啦，就都困结对啦，在社区里面找了一个比较困难的。自己开了公司发展得特别好，也会去帮助别人。（DP03）

专业理论的运用，会让专业服务变得专业、有成效。运用理论，社工看到服务对象背后的深层原因，真正解决问题。这就是理论的魅力，帮助看清、看懂事物背后隐藏着的真相，从而能够准确找到解决的办法，完成蜕变；也让社工们更加认可自己，认可专业。

（5）复杂的专业伦理

> 社工的很多付出是（领导）看不见的。唯一能看得见的是什么，感觉下面很平稳。所说的平稳就是，这些对象不错嘛，没有闹事嘛，挺老实的。表象是这样的，但实际上不是这样的，很多问题是一线社工靠各种方法给解决掉啦，没有捅出大的娄子。上面没有事情，下面平安、平稳，不等于没有事情。（KH04）

Reamer将伦理困境分为三种类别：直接服务对象（包括个体和家庭）、设计和运用社会福利政策和项目、与专业同事之间的关系（Reamer，1983）。伦理更多地呈现在社工和服务对象之间，但社工和领导之间的关系也会影响其心态以及对工作的认可。在这个时候，他们需要机构领导给予相应的关注和关心。但是，这种纵向层级的停滞、沟通的不畅让社工心有积怨、不满，有一种认真工作却没有得到认可的感觉。

> 我发现社工之间在人际关系处理上面，还是有伦理的，可是我们很多社工就感觉，我是为对象出发，但是这个对象跟另外一个社工的对象之间的关系，有时候社工会利用的，利用对象来打击其他社工。也是存在这种问题的。（DP03）

在关注社工与服务对象之间的伦理关系时，我们发现，部分社工在工作中会偶尔迷失自己，忘记了同事之间的伦理关系，忘记了自己的职责，做出不符专业伦理的事情。因此，应该加大对社工的专业价值培养力度，不仅要处理好跟服务对象之间的专业关系，也要关注同事之间的伦理关系，让工作关系变得纯粹。

2. 理想丰与现实凉：社工主体性感受的负面呈现

（1）骨感现实浇灭激情

> 那时，我以为自己是神，什么都能帮。只要自己意志坚定，什么都可以做成。几年下来，没有成果，而且发觉自己的能力就这么一点，不可能帮助别人。还有一个就是，那个时候的专业真的很差，纯粹是

凭着一腔热血在做。根本没有真正发挥助人自助，如何去开发他自己本身的优势资源，我们只是一味地帮助他。反而形成了等、靠、要，靠在你身上，就等帮我找个工作。他等在那里，一有困难就靠过来啦，要，逢年过节要钱。（KH04）

专业性的缺失，社工没有主心骨的支撑，来自周围不认同的声音，自身努力的不认可，会让坚定的内心逐渐动摇。专业成长的不足、专业经验的缺乏，不能有效发挥服务对象的能动性，从而使服务对象对社工形成一种偏执的依靠。内在负面情绪的积累，更容易让凭着一腔热血的社工逐渐迷失自己，对专业的质疑慢慢浮现；从前累积的激情也消磨殆尽。这也从另一方面体现出社工对于专业的渴求。

（2）现实困境带来的消极

应该说是 2006 年之后的三四年，感觉到工作上的疲倦，这段时间特别强烈一点。你可以理解为刚刚特别想从事的工作遇到现实的困境，就开始退缩，就想换个环境看看，没有找到，也没有找到合适的机会。一定要干啥，能干啥，能做好的时候，就做好；不能做好的时候，就得过且过了呀。（HX01）

然后（2006 年），差不多五年，（对自己专业）怀疑会不断地加深，你会深深地怀疑，就会非常疲倦，也很容易陷入一个迷茫、困惑的境地，然后当你陷入这个迷茫和困惑的时候，你去怎么解决问题，这又是一个很麻烦的问题。（HX02）

专业出身的社工抱着非常大的信心和决心想在这一行里做出一番成就，但是面对工作的阻碍、专业的不重视，自己的理想和现实的差距越来越远，更多的是一种消极状态。一方面可以看出他们对社会工作的理想状态的渴望以及对现实状况的无奈，另一方面表明专业的发展与工作需求的不匹配。

（3）行政工作占据的"专业化"

这段时间呢，我们的专业工作几乎没有开展过，那个时候不重视，也没领导支持。我们自己没有什么专业化呢。（HX01）

政策对于社区矫正的工作开展似乎有着致命的影响。政策支持专业发展的区站能够有机会较早地尝试、推行社区矫正的专业工作；注重日常管理工作的区站更多地扎根于行政工作，忽视了专业工作的开展。即便已经实施了五六年的时间，部分区站的相关领导并没有意识到社会工作的特有作用，阻碍了其成长；这也可以看出，矫正社工自主性不足，对政府、政策的依赖度过大。

社工经历几年的工作之后，伴随着专业实力的增强，对专业化的理解应该更加深刻和积极，才能与专业化发展匹配。但是在专业化水平发展的过程中，自身实力与对象需求的不匹配、相关政策的要求和专业发展的目标让社工感受到自身的不足，产生一定的负面情绪，从而把前一阶段所积累的激情逐渐消磨。另外，社工需要更多的自主性和灵活性去开展相关的活动，但周围环境的不允许，促使他们也开始迷失自己，对社会工作的喜爱逐渐降低；即使专业能力在不断地上升，但是对社会工作的感受却是一种负面的呈现。

六　社区矫正社工的专业化发展成长期

根据舒茨的"手头库存知识"，当前所处的实务环境使社工的主观能动性受到一定的限制，专业化道路并没有从负面的泥潭中摆脱出来；相反，在强调专业化提升的过程中，行政工作却不降反升。本部分主要介绍社工的专业提升和行政工作之间的互动情况，本阶段指2011年至今这段时间。

1. 综合提升的专业化轨迹

（1）提升的专业工作方法和技巧

> 个案的话，相对来说，我觉得还是成熟一点，特别我们的社工的话，基本上十年的话，十年以上的社工，都有自己的一套，都有自己做社工的模式在，相对成熟一点。（DP03）

个案工作经过了十几年的淬炼，部分社工从实践的经验中找到了属于自己的工作方法，形成了专属工作模式，这对于专业化发展是极为重要的，也是本土化发展、专业化发展的重要一步。

　　这几年来，小组这一块，一个就是接一些项目、招投标，那么我们的形式上是按照小组的过程来，怎么定计划，怎么结束，理论支撑，会挑选有共同问题的对象，开一些小组。整个区站，一年也就是五六个小组，每个小组 6～8 节，基本上就是这个题量。（DJ01）

　　项目化运作的需求和机构总部的工作要求为社工们制定了最低的工作标准。在项目的支持之下，社工们更加专注于小组工作的专业性，在小组工作的模式和形式上更加专业；通过任务要求，促使社工在每年都有一定的硬性指标，这也在一定程度上促进了社工们的专业能力提升，有助于专业发展。

　　我们社区工作的话，我感觉我们矫正这块，更多的是一种宣传、倡导、预防。这一块比较多一点。（HX01）

　　社区活动现在是这样。我现在最没有把握的就是社区，做得不专业的就是社区。我们有集中的公益劳动，集中的活动，到了时间节点，譬如说，有一些时间节点，比如说，重阳节，我们会以节日的形式，搞一些联谊，比如和敬老院、阳光之家，我们会跟这些有一些活动。我觉得难以体现专业含量的可能就是社区活动。完了以后呢，我会搞一些计划书、问卷调查，最后搞一个分析，那就算专业啦。我们社区只能做到这个程度。（DJ01）

　　社区工作，一直是社会工作方法中较难定义的一项工作；目前的界定是有一定数量的服务对象参加的一次性的社区活动即为社区工作（费梅苹，2014）。专业的社区工作的宗旨是致力于与政府的对话、寻求政策的改变、为社区的发展助力。在现有语境之下，服务对象身份特殊，社区工作实施的可能性较弱。现在主要的社区工作就是集中于组织一些大型的活动，包括一些宣传活动、娱乐活动、服务活动、讲座活动，更多是起到一种宣传、预防和倡导作用。

　　为了契合专业的社区工作，社工更加注重自己的社工角色，在工作中寻找自己工作的特性，在身份上更加排异求同，这也是一种专业化的成长。

　　这方面（工作技巧）的话，能接纳他们。当你接纳尊重的时候，和他交流的时候，总给他一种平等的感觉，他们这个是能感受的，要倾听他们背后的话中话，听到他的实际需求是什么，做多了之后就会知道一些共同的原因，就有一些经验的沉淀和积累，会自发地朝某一种方向努力，从理论从技巧当中，我们整体有一个提升。（KH01）

通过十几年的专业技巧的运用，社工能够接纳、尊重服务对象，倾听对象的内心，建立一种较为平等的关系。在实践的淬炼之下，社工能够针对不同的对象对症下药，帮助解决问题，形成自己的专有模式，这是在专业化发展过程中极为重要的部分，亦是社区矫正实践中一笔宝贵的财富。

我是一个无专业派。现在的专业方法和技巧，你让我现在去学，让我现在去了解，类似于这种访谈技巧什么什么的，我确实不想。但是我又不得不学，为什么呢？因为我们社团，它要求我们专业化、职业化，要往这方面走，它是给我们描绘了一条比较专业的道路，你要怎么样怎么样，以后怎么样，但是我们实质的工作状态是在另外一条道路上。有很多很烦琐的事情，很烦琐的事情就制约了我们，就是说，可能在时间上、精力上，根本不可能在两条路上并行。（KH03）

行政工作的烦琐，让社工们疲于应付行政事务；机构的专业要求，又让社工没有办法抗拒。为了完成行政工作，社工无处施展专业服务，变成政府部门的"协管员"。另外，在机构专业化发展的要求之下，开展专业服务已经势在必行，但是在工作内容和服务开展上却没有专业知识的施展之处。在两条不相契合的道路上，用两条跛腿走路，艰难前进，在心态上对专业化的质疑加深。

（2）实际的工作目标

现在，总目标还是在的，重犯的原因是什么，还有就是我们针对对象的需求开展的一些服务，并把个人能力的提升也作为我们目标的一个变化。现在我们更深入地了解这些东西背后的一些原因的陈述以及它的一些背景，和它在环境过程中的一些作用和一些角色内容，而不是单方面的表现出来的东西。（KH02）

工作目标从单一的预防犯罪逐渐走向多方面的原因分析，整个工作目标变得更加立体、多元化。从而，能够将矫正对象的各方面问题纳入实际工作之中，更好、更专业地为矫正对象服务；更加注重问题产生的根源，探讨背后的因果。这对于社工的专业思维的培养、专业能力的提升，是无比重要的。

（3）细致的服务内容

> 现在内容越来越细化，然后服务越来越往前段前伸、后移。以前做好社区矫正这一块工作就好了，前伸到审前调查，在结束之后，我们还要写结案报告，往后面延了一下。然后从主体的内容来说，先是教育好了，教育好了就公益劳动，然后现在呢，除了教育学习、公益劳动，还有一些丰富的东西，原来只是集体性的教育学习，那个公益劳动就做好了，现在也注重这些人的个人发展，包括你需要的话，做小组、做社区呀，做沙龙啊，也有这种发展。（HX01）

矫正服务工作越来越细小、触及的面越来越广、范围越来越深入，需要参与的工作越来越多。从以前仅仅在街道或者矫正中心开展服务，逐渐贯穿到整个刑罚执行的过程，从审前调查一直到最后的回归社会。从最初的个体出发，到现在从整个家庭考虑，服务多元化。方式更加多样，在服务的内容上更具有针对性。另外，项目的开展，使个案、小组、社区融合在一起提供服务。

> 进而，我们需要做的行政工作就要有很多，这些东西都是需要我们有实际的记录存在的。（HX01）

雁过留声，水过留痕，社工留记录。专业服务不断向前推进，每一份工作都必须留下台账；在时间总量本就固定的情况之下，台账工作不减反增；这对于想要真正专业成长的社工而言，是一个不小的工作负担。

（4）硬融的本土化理论

理论与实践的关系问题是实践哲学的根本性问题（李龙娇，2013）。社会工作的发展本源在西方，主要是为了解决在那个情境之下的问题；中国有着自己的国情和社会问题，社会工作"水土不服"的问题一直存在。如

何把西方的社会工作融入中国的国情、社情、人情之中，成为这个阶段的
最大问题。

> 我现在还是这样认为，就是很杂，有没有理论呢？有理论，但是
> 不能很明确地使用哪种理论，把整个个案做出来，现在本土化这个东
> 西我认为还是很欠缺的。（KH04）

一方面可以看到这位社工对于专业化的渴望，另一方面认识到目前存
在的问题。如何理解理论，如何与实践相结合，是对社工专业能力的一个
极大考验，也是专业化发展的一个关键因素。

> 我觉得我现在在个案上，ABC 理论、认知疗法，我用得比较多的，
> 会用发现的眼光去看这些的。去抓住它的核心的东西。那其他方面也
> 会，你说一定要说，哪个理论用啦，也不一定。（DJ01）

理论对于社工的角色而言就是灵魂的支持。不可忽视的是，少数社工
能够在理论知识的指导下，在实践经验的基础之上，做到对症下药，帮助
矫正对象改变问题；这就是社工专业化的体现，这就是专业化所要追求的
目标。当然，也要知道这样的社工，即使经过十几年，也是寥寥无几。

（5）多重的工作伦理

> 现在就是说，困扰或者是困惑，一方面是那个跟司法民警，觉得
> 他不是我们同事，但是也是同一个个案关系里面的一个。但是他们个
> 体，我不知道个体还是群体的，有些观点我不能接受，导致我其实很
> 多东西没有跟他形成合力，对吧。（HX01）

社区矫正参与力量的多样性，会导致矫正社工在工作中，与不同力量
在专业伦理上形成"较量"，每一股力量都代表着一种伦理关系。作为提供
服务的社工，应该尽力保护服务对象的利益；另外，社工也需要面对不同
政府部门、基层社会组织，与之也存在一种工作关系。这就会导致在同一
件事上产生分歧。

> 现在，越来越发现保密原则的重要性，也不是说以前不重要哈。你对于服务对象的话，应该跟司法所的专职干部汇报，或者汇报到哪个程度，我从单纯的角度来说，是应该全部汇报的，我就可以避免责任，那是他自己的责任。但是从社工的角度来说，我其实有些东西是不能告诉他们的，是可以不告诉的，但是司法所的要求是你要全部告诉他们的。现在存在这样的一个困境。（HX01）

社区矫正的目的之一是刑罚执行。在面对行政力量和专业伦理抉择时，专业上，我们需要做到为服务对象保守秘密、案主自决，但是在行政工作上面却又不得不违背自己的专业，做出一些可能并不专业的事情。这就表明伦理守则虽然已经建立、社工已经知晓，但是在实践的过程中，往往会考虑行政层面，并没有把社会工作的核心思想体现出来，专业伦理受到挑战。

2. 专业缓与行政扩：社工主体性感受的消极评价

（1）专业发展的先天不足

> 从社团的专业角度讲，希望我们走专业化，有一些品牌化的项目，得到认可。从司法这一块来讲，把矫正工作做好，日常监管，规范化的东西做好。往往这种冲突的时候，我们专业就要让位，必须让位，因为它（政府）这个队伍没有，要保证它的日常任务完成。结果就是我们没有时间和精力去做专业工作。看起来，十几年之后，专业方面应该有很大的进步，但是我们自己知道，其实专业方面的东西都像是在原地踏步，学了的东西没有用，用的还是以前学的那点。（KH01）

社区矫正在中国内地扎根起，就伴随有先天性不足、专业发展的自主性不够、依靠性太强的特点。从本质上讲，社工应该从事专业服务，致力于服务对象；而现实却是行政工作占了工作的绝大部分，行政工作在执行力上更强于专业工作，日常行政工作更优先于专业工作，专业工作处于一种可有可无的状态。这在社会工作中似乎变为一种常态，但这是专业化发展过程中的一种非常态。

（2）专业发展趋向行政化

现在的小组、社区都算发展，我还是觉得我们的行政化的东西还是有点重。别的社工会说做着公务员的事情，政府购买服务，往好的方面说，政府人手不够，这个是双刃剑的，一个街道关系好一点，那很多申请很多活动的经费方便；但是同样的，他要用到你更多的时间和精力，这个让我们怎么走专业化。（HX02）

上海的社区矫正服务的经费来自政府购买；因此，政府部门掌握着更大的话语权。强势的行政工作和稍显弱势的专业道路，社工处在这样两难的情境之下，想要走专业化服务，着实困难。如何跟政府相处、走出行政工作、走向专业化道路，是社工面临的难题。

本阶段，社会工作专业化明显成熟些许，各个方面的呈现都比较明显，社工们对专业工作的理解更加深刻；另外，行政工作逐渐占据了社工的日常工作，专业发展和行政工作的博弈更加明显。在行政工作的强势攻击下，社工们更多的是一种行政辅助的感受。在行政工作的增加、烦琐和专业工作的持续向前发展的双重环绕中，宏观和中观的要求与微观的自身发展和需求的差异性，再一次让社工质疑自身的专业性，疲惫、无奈成为大多数社工的常态。内心渴望做专业的工作、提升自身的专业化水平，但是趋于环境的不可改变性，社工感受更多的是一种对工作的失望，对自身要求的降低，热情的退却；因此就会造成他们主体性感受的持续下降。

七 结论与反思

通过对前面三个阶段的梳理可以发现，在专业化发展的过程中，社工的主体性感受和专业化发展情况，具体如下：（1）低开高走的专业化发展，主要包括简单多变的专业方法和技巧、双重互扣的工作目标、变化多样的工作内容、浅显艰难的本土化理论和专业传统的工作伦理；（2）高开低走的主体性感受，主要表现为在这个专业化发展的历程中，对这份工作的热情、激情逐渐减弱；（3）主体性感受与专业化水平的共变，根据舒茨的"手头库存知识"，当下的行为都是根据自己早期的经验积累起来的反思性思考；当社工自身对专业化的思考以一种负面的情绪展现时，必然会影响到专业化的发展。本文基于专业化发展历程，试图提出以下关于社区矫正社会工作专业化发展的对策建议。

1. 为矫正社工助力，增强社会工作专业化信念

不论是从机构发展、专业化发展的角度，还是从社工自身能力建设的角度，都应该为社工提供物质的支持，更应该为矫正社工提供精神、心理上的支持，让这群坚守了十几年岗位的社工从内心更加认可这份工作，增强他们的归属感，增强他们对专业化道路发展的信心，从而更有动力去坚持走专业化道路，以更积极、正面的心态面对这份工作，忠于自己的职业、专业，才能促进社会工作专业化的发展。

2. 加强政社对话，发挥政策在专业化发展中的推动作用

伴随着上海市社区矫正的发展，社工的专业化水平必然需要提升，走出一条专业化道路，这就更加需要政策对社区矫正工作的定位和推动。加强政府与机构的对话，让政府相关部门更加清楚社会工作的内涵、作用和职责，通过一定的政策规范明确社会工作和行政工作的区别、界限，从而推动社工专业化的发展。

3. 走社会工作本土化道路，以本土化带动专业化

建构中国的社会工作理论，是呼应中国社会工作发展实践的需要，是超越现有西方社会工作理论的要求，是寻求"以中国为中心"的知识体系的理论自觉（何雪松，2012），也是促进社会工作者专业化发展的必经之路。通过对中国传统思想的去粗取精，糅合西方的专业理论知识，进行知识的再创造，形成中国自身的专业理论知识体系，熟练地运用，以此来带动专业化的发展。

4. 提升矫正机构的专业化水平

在专业发展上，矫正机构应该更加注重建立矫正社工人才的培养机制。从行政监管上，矫正机构更应该厘清政府管理职能和机构专业发展之间的界限，明确自己的职责、职能。矫正机构应该在每一个区站设置一个负责专业发展的专职岗位，主要负责自己内部的专业方面的工作以及与其他区站或者外面的优秀专家交流、学习，把先进的专业知识带来，提升自己内部的社工的专业化水平，增强专业能力建设。

参考文献

刘红霞，2012，《家庭因素对大学生职业选择的质性研究》，硕士学位论文，华中科技大学。

赵玉峰、范燕宁，2012，《"社区矫正社会工作"研究述评》，《长春理工大学学报》（社会科学版）第 3 期。

柴定红，2009，《英美社会工作专业化模式及其对中国的启示》，博士学位论文，南开大学。

陈伯璋，1989，《教育研究方法的新取向：质的研究方法》台湾南宏图书有限公司。

陈楠，2011，《上海市社区矫正中的问题与对策》，硕士学位论文，华东政法大学。

费梅苹，2014，《上海青少年社会工作专业化发展的十年回顾与展望》，《青年学报》第 4 期。

郭伟和，2005，《社区为本的矫正社会工作理论与实践》，《社会工作》第 3 期。

何雪松，2012，《迈向中国的社会工作理论建设》，《江海学刊》第 4 期。

靳利飞，2009，《关于我国社区矫正试点工作研究的回顾与思考》，《北京人民警察学院学报》第 4 期。

李峰，2012，《社工专业化素质开发研究——以上海市为例》，硕士学位论文，华东师范大学。

李龙娇，2013，《社会工作理论和实践的脱离和整合——基于 TS 社区社会工作实践的思考》，硕士学位论文，吉林大学。

李迎生，2008，《构建本土化的社会工作理论及其路径》，《社会科学》第 5 期。

刘继同，2013，《英美社工实务的八种类型及其结构性变迁》，《学海》第 4 期。

施险峰，2006，《江苏省属本科院校学生工作专业化发展现状与对策研究》，硕士学位论文，华东师范大学。

汤啸天，2004，《社区矫正试点与矫正质量的提高》，《当代法学》第 4 期。

王菲、王福山，2014，《香港与英美社会工作专业化模式比较研究》，《西安石油大学学报》（社会科学版）第 4 期。

徐亚丽，2011，《社会工作伦理本土化》，硕士学位论文，山东理工大学。

亚伯拉罕·弗莱克斯纳、胡杰容、邓锁，2013，《社会工作是一门专业吗?》，载王思斌主编《中国社会工作研究》第 10 辑，社会科学文献出版社。

张乐天主编，2005，《社会工作概论（第二版）》，华东理工大学出版社。

Weissgal, I., Welbourne, P. 2008. "The Professionalization of Social Work: A Cross – national Exploration," *International Journal of Social Welfare*.

Reamer, F. G. 1983. "Ethical Dilemmas in Social Work Practice," *Social Work*.

《都市社会工作研究》稿约

为推进都市社会工作研究和实务的发展，加强高校、实务机构和相关政府部门的专业合作，上海大学社会学院社会工作系与社会科学文献出版社决定合作出版《都市社会工作研究》集刊，特此向全国相关的专业界人士征集稿件。

一　出版宗旨

1. 促进都市社会工作研究的发展。社会工作系希望通过本集刊的交流和探讨，介绍与阐释国外都市社会工作理论、方法和最新研究成果，深入分析国内社会工作各个领域里的问题和现象，探索中国社会工作发展的基本路径，繁荣社会工作领域内的学术氛围，推动社会工作的进一步发展。

2. 加强与国内社会工作教育界的交流。社会工作系希望通过出版集刊，强化与国内社会工作教育界交流网络的建立，共同探讨都市社会工作领域的各类问题，共同推动中国社会工作的教育和专业人才培养的深入开展。

3. 推动与相关政府部门的合作。社会工作系希望通过集刊出版之契机，携手相关政府部门共同研究新现象、新问题、新经验，并期翼合作研究成果对完善政策和制定新政策有所裨益。

4. 强化与实务部门的紧密联系。社会工作系希望通过集刊出版，进一步加强与医院、学校、工会、妇联、共青团、社区管理部门、司法部门、老龄与青少年工作部门，以及各类社会组织的密切联系与合作，通过共同探讨和研究，深入推动中国社会工作实务的开展。

5. 积累和传播本土社会工作知识。社会工作系希望通过出版集刊，更好地总结中国社会工作理论与实务的经验，提炼本土的社会工作专业服务模式，从而推动社会工作专业的健康发展。

二　来稿要求

1. 稿件范围。本集刊设有医务与精神健康社会工作、老年社会工作、儿童与青少年社会工作、城市社区社会工作、城市家庭和妇女社会工作、学校社会工作、社区矫正、社区康复、社会组织发展、社会政策分析及国外都市社会工作研究前沿等栏目，凡涉及上述领域的专题讨论、学者论坛、理论和实务研究、社会调查、研究报告、案例分析、研究述评、学术动态综述等，均欢迎不吝赐稿。

2. 具体事项规定。来稿均为原创，凡已经公开发表的文章不予受理。篇幅一般以 8000~10000 字为宜，最多可达 20000 字。稿件发表，一律不收取任何费用。以质选稿，择优录用。来稿请使用电子文本。来稿一般不予退稿，请作者自留稿件副本。

稿件正文标题下分别是作者、摘要、关键词、作者简介。作者应将标题、作者名和关键词译成英文。文稿正文层次最多为 5 级，其序号可采用一、（一）、1、（1）、①。来稿需在文末标注作者的工作单位全称、详细通信地址、联系电话、邮政编码、电子邮箱，并对作者简要介绍，包括姓名、职称、学位、研究方向等。

3. 本集刊权利。本集刊有修订删改文章的权力，凡投本刊者被视为认同这一规则。不同意删改者，请务必在文中声明。文章一经发表，著作权属于作者本人，版权即为本集刊所有，欢迎以各种形式转载、译介和引用，但必须遵照《中华人民共和国著作权法》及有关国际法规。

4. 来稿文献引证规范。投稿本集刊的作者，请遵循以下文献引征规范。

（1）为保护著作权、版权，投稿本集刊的文章如有征引他人著作，必须注明出处，应包括作者/编者/译者、出版年份、书名/论文题目、出版者，如是对原文直接引用则须注明页码。

（2）参考文献应在文章末尾列出征引出处，在文内则简要列出作者/编者姓名和年份，例如：

（正文）对于处于初步专业化的社会工作来说，应采取这种专门化的发展模式，而在专业化程度比较高的阶段，就应采取整合的社会工作模式

（李增禄，1996）。

（文末）李增禄，1996，《社会工作概论》，台北巨流图书公司。

例如：征引书籍

对作者的观点做综述性引用：

（文内）（Richmond，1907）

（文末）Richmond, M. 1907. *The Good Neighbor in the Modern City.* Philadelphia：J. B. Lippincott.

（文内）（李增禄，1996）

（文末）李增禄，1996，《社会工作概论》，台北巨流图书公司。

引用原文应注明页码，如：

（文内）（李增禄，1996：25）

（文末）李增禄，1996，《社会工作概论》，台北巨流图书公司。

说明：英文参考文献中，书名请用斜体字；中文参考文献中，书名请用书名号。

例如：征引文集中的单篇文章

（文内）（Hill，1987）

（文末）Hill, J. 1987. "Evaluating Effectiveness." In J. Harding（ed.），*Probation and the Community：A Practice and Policy Reader.* London：Tavistock, pp. 226 – 238.

（文内）（阮曾媛琪，1999）

（文末）阮曾媛琪，1999，《迈向 21 世纪香港社会工作的趋势、挑战与使命》，载何洁云、阮曾媛琪主编《迈向新世纪社会工作理论与实践新趋势》，香港八方文化企业公司，第 441 ~ 472 页。

说明：英文参考文献中，书名请用斜体字，并标明页码；中文参考文献中，文章题目及书名请用书名号，并标明页码。

例如：征引期刊中的单篇文章

（文内）（Reamer，1998）

（文末）Reamer, F. G. 1998. "The Evaluation of Social Work Ethic." *Social Work* Vol. 43, No. 3, pp. 488 – 500.

（文内）（王思斌，1995）

（文末）王思斌，1995，《中国社会工作的经验与发展》，《中国社会科学》第 2 期，第 97 ~ 106 页。

说明：英文参考文献中，刊名请用斜体字，并标明页码；中文参考文献中，文章题目及刊名请用书名号，并标明页码。

③转引文献，应注明原作者和所转引的文献，如：

（文内）在成立大会上，会长崔乃夫对社会工作做了如下界定："社会工作是……"（崔乃夫，1991）。

（文末）崔乃夫，1991，《1991 年 7 月 5 日在中国社会工作者协会成立大会上的讲话》，转引自《中国社会工作百科全书》（第 1 版），中国社会出版社，1994，第 2 页。

④参考文献的排序采取中文、英文分别排列，中文在前，英文在后；中文按作者姓氏的汉语拼音、英文按作者姓氏分别以字典序列排列。

⑤作者对文章内容需要进一步说明的，采用脚注，序号一律采用"①、②、③……"。

⑥行文中，外国人名第一次出现时，请用圆括号附原文，文章中再次出现时则不再附原文。在英文参考文献中，外国人名一律姓氏在前，名字以缩写随后，以逗号分隔。

如：Mary Richmond 应写为：Richmond，M.

⑦外国人名、地名的翻译以商务印书馆 1983 年出版的《英语姓名译名书册》和《外国地名译名书册》为标准。

图书在版编目(CIP)数据

都市社会工作研究. 第 4 辑 / 张文宏主编. -- 北京：
社会科学文献出版社，2018.6
ISBN 978 - 7 - 5201 - 2811 - 7

Ⅰ.①都… Ⅱ.①张… Ⅲ.①城市 - 社会工作 - 研究
- 中国 Ⅳ.①D632

中国版本图书馆 CIP 数据核字(2018)第 109734 号

都市社会工作研究 第 4 辑

主 编 / 张文宏
执行主编 / 范明林 杨 锃

出 版 人 / 谢寿光
项目统筹 / 杨桂凤
责任编辑 / 胡庆英 孙连芹

出 版 / 社会科学文献出版社·社会学出版中心 (010) 59367159
地址：北京市北三环中路甲 29 号院华龙大厦 邮编：100029
网址：www. ssap. com. cn
发 行 / 市场营销中心 (010) 59367081 59367018
印 装 / 三河市尚艺印装有限公司

规 格 / 开 本：787mm × 1092mm 1/16
印 张：15 字 数：255 千字
版 次 / 2018 年 6 月第 1 版 2018 年 6 月第 1 次印刷
书 号 / ISBN 978 - 7 - 5201 - 2811 - 7
定 价 / 69.00 元